철학적 꿈분석

이 저서는 2022년 대한민국 교육부와 한국연구재단의 인문사회분야 중견연구자 지원사업의 지원을 받아 수행된 연구임(NRF-2022S1A5A2A01050118)

This work was supported by the Ministry of Education of the Republic of Korea and the National Research Foundation of Korea(NRF-2022S1A5A2A01050118)

철학적 꿈분석

Philosophical Dream Analysis

김선희 지음

필로소픽

이 책은
인간이라는 거대한 우주에 대한
실험적 사유다.

차례

일러두기

1. 이 책에서 말하는 꿈분석은 다른 설명이 없는 한, 즉 정신분석 등 다른 종류의 꿈분석을 언급하지 않는 한, 모두 '철학적 꿈분석'을 일컫는다.
2. 이 책에서 제시한 꿈의 명제와 꿈의 분석 사례들을 출처를 밝히지 않고 도용하거나 임의로 사용해선 안 된다.

서문

누구나 꿈을 꾼다. 그러나 꿈은 쉽게 이해되지 않기에 해석을 필요로 한다. 물론 꿈은 수면의 찌꺼기에 불과할 수도 있지만, 사람들은 자신의 꿈에서 의미를 찾으며 때로는 중요한 통찰을 얻기도 한다. 지금까지 철학은 꿈을 탐구한 적이 없다. 하지만 꿈이 인간의 보편적 현상이라면 철학이 이 주제를 탐구에서 배제하거나 도외시해서는 안 될 것이다. 이 책에서 꿈의 연구를 처음 시도하지만 많이 늦은 감이 있다.

십수 년 전 이 연구의 초기에 만났던 한 내담자가 인상에 남아 있다. 그의 꿈은 문제의 실마리를 찾아주었고, 꿈과의 대화를 통해 그는 자신에게 필요한 변화를 스스로 이끌어 냈다. 철학실천을 하면서 만났던 사람들이 꺼내 놓은 꿈의 이야기들은 나에게 커다란 도전장을 제시했다. 이 문제를 무시하거나 비켜 갈 수도 있었지만(아마도 내가 학자로서만 일관했다면 이 주제를 다루는 데 뛰어들지 않았을 것이다), 철학실천가로서 그럴 수는 없었다는 것을 고백한다. 철학의 역사에서 꿈을 다룰 방법이 전혀 없는 상태에서, 없는 것을 만들어 내야 했고 그것은 나에게 새로운 도전이 되었다. 이 무모한 도전을 흔들림 없이 밀고 나갈 수 있었던 것은 꿈분석이 사람들에게 일으키는 중대한 변화를 경험할 수 있었기 때문이다. 꿈이라는 미지의 세계에서 철학자로서 기댈 것이 아무것도 없던 나를 지탱해 준 것은 그런 놀라운 경험에서 나온 확신이었다. 그 경험이 던져 준 문제의식을 화두 삼아 지속적으로 사유하고 대화하면서 철학적 꿈분석이라는 형태를 갖추게 되었다.

이 책이 의도하는 것은 철학적 꿈분석을 기존의 정신분석과 비교하려는 것이 아니다. 그보다 정신분석이 가정하는 것은 꿈의 의미에 접근하는 하나의 방식일 뿐이라는 것, 그것이 꿈에 대한 유일한 분석 방법이 아니며 반드시 좋은 탐구 방식도 아니라는 것, 그리하여 철학적 분석으로도 꿈의 무의식과 대화하며 대단히 풍부한 의미를 찾을 수 있다는 것을 보이는 것이다. 새롭게 시도하는 꿈에 대한 철학적 분석이 얼마나 깊고 폭넓게 자신을 성찰할 수 있는 대화인지 보이려는 것이다. 이를 위해 나의 40여 년의 철학 연구를 토대로 새로운 질문과 개념과 가능성을 타진하며 '철학적 꿈분석'이라는 건축물을 지을 수 있었다.

이 연구를 위해 오랫동안 꿈분석 상담을 해왔고, 참여자의 꿈을 몇 시간씩 씨름하며 분석한 날이 많았다. 꿈의 사례들을 분석하며 떠오른 아이디어를 가설로 세우고 그것을 검증하는 과정을 거쳐 꿈의 명제들이 하나씩 탄생했다. 그런 아이디어를 정돈하여 36개의 명제로 구축한 것이 철학적 꿈분석 방법론이다. 이 명제들의 안내에 따라 꿈이 분석되는 과정을 따라가다 보면 독자들도 스스로 자신의 꿈을 분석할 수 있을 것이다. 그렇게 꿈을 통해 자신을 더욱 폭넓게 이해하고 각자 자신의 꿈으로부터 삶의 통찰을 얻을 수 있을 것이다. 이 책을 통해 독자들이 자신의 꿈을 해석하고 이해할 수 있기를, 나아가 그 방법을 배울 수 있기를 기대한다.

이 책을 세상에 내보내면서 생각나는 분들에게 감사 인사를 전하려 한다. 가장 먼저 철학적 꿈분석에 참여하여 꿈의 세계를 함께 마주했던 수많은 사람들이 떠오른다. 그들은 이 연구의 재료가 되는 꿈들을 제공해 주었고, 동시에 그들은 꿈분석을 통해 자신을 성찰하고 문제를 해결하면서 꿈과 함께 성장해 갔다. 그들에게 진심으로 감사를 전한다. 또 오랜 세월 철학의 공동체 안에서 함께 토론하며 생각을 나누었던 선후배와 동료들, 그리고 세상을 따스하게 바라볼 수 있는 우정과 우애를 나누었던 친구들에게 감사드린다. 또 이 저서의 첫 독자로서 원고를 꼼꼼하게 읽고 성의껏 검토해 준 필로소픽 구윤희 편집인에게도 감사를 전한다. 이 책은 40여 년에 걸친 나의 철학의 여정이 낳은 결실이기도 하다. 그동안 나를 존중하고 배려하며 적극 지지해 준 가족의 도움이 있었기에 학문에 정진할 수 있었다. 이 기회를 빌려 사랑하는 딸 S와 남편 J에게 고마운 마음을 전한다. 그리고 언제나 나를 믿어 주셨던 아버지와 얼마 전 세상을 떠나신 어머니에게 이 책을 드린다.

2026년 새해 아침에

김선희

1. 왜 철학은 꿈을 진지하게 탐구한 적이 없는가?

왜 철학자들은 한 번도 꿈을 진지하게 탐구한 적이 없는가? 왜 꿈을 탐구 주제에서 배제해 왔는가? 2~3천 년 철학의 역사를 거슬러 올라가 보아도 철학자들이 본격적으로 꿈을 다룬 흔적은 찾아볼 수 없다. 그 이유를 생각해 보는 것은 그다지 어렵지 않다. 철학은 이성의 합리적 사고를 지향하는 반면에, 꿈은 이성의 사유와 논리를 따르지 않는 비합리적 영역이라고 여겼기 때문이다. 꿈은 의미를 파악하기 어려운 상징이나 이미지, 수수께끼로 가득하다. 꿈은 논리적 비약이 심한 것은 물론이고, 그 전개가 느닷없고 맥락 없이 장면이 바뀌며 알 수 없는 생경한 요소들로 넘쳐난다. 대개의 꿈들은 일관적으로 의미를 파악하기엔 난삽하고 도무지 종잡을 수 없는 것으로 보인다. 이런 꿈들을 내보내는 무의식의 장은 이성에 의해 접근되거나 파악되지 않는 비합리성의 영역처럼 보인다. 그리하여 꿈의 무의식은 합리적 이성의 논리를 거스르며 의식이 접근할 수 없는 것으로 간주되었다. 철학은 보편타당한 근거가 있는 사유를 추구하는 반면에, 꿈은 애초에 이유를 묻고 비판적으로 숙고하는 철학적 사유의 대상이 될 수 없는 것처럼 생각되었다. 그렇게 꿈은 이성적인 사유의 대상이 될 수 없었고 철학의 탐구 대상에서 배제되어 왔다.

철학이 꿈의 탐구를 배제해 온 또 다른 이유는 철학이 심리주의에 빠지는 것을 경계해 온 것과 관련이 있는 듯하다. 인간에게 자연적 경향에 따르는 행동 방식이 있듯이, 사유의 흐름에도 논리를 거스르는 심리적 경향성이 작동한다. 철학자들은 오랫동안 심리주의에서 벗어나고자 했는데, 심리주의에 빠지는 것은 이성의 논리를 왜곡할 수 있기 때문이다. 꿈은 이성의 논리를 따르기보다 심리적 메커니즘의 작동과 결부된다고 보았기에, 꿈을 철학적 탐구의 대상으로 간주하지 않았다. 정신분석의 등장은 이런 생각을 더욱 강화했다. 정신분석을 창시한 프로이트는 꿈의 의미와 무의식을 발견하기 위해 자유연상의 방법을 사용했는데, 그것은 보편타당한 객관적 근거와 기준이 아니라 심리적이고 주관적인 사고방식에 따라 꿈의 의미에 접근하려는 시도이다. 자유연상에 의해 도달한 꿈의 의미는 개인의 심리적 기제에 좌우되는 주관적인 사유 경향을 표현한 것에 가깝다. 그렇게 분석된 꿈의 의미는 보편적 근거를 확보하지 못하기에, 주관적 확신이나 우연적인 것에 머물며 개념적 사유의 대상이 되지 못한다. 이처럼 자유연상이 지배하는 꿈의 영역은 철학적 탐구와 거리가 있는 것처럼 보인다.

이상의 두 가지 이유는 서로 연관되어 있다. 전자가 꿈은 비합리적이어서 철학의 영역이 아니라는 생각이라면, 후자의 경우 꿈의 의미를 찾는 길은 숙고하는 이성의 지배를 받지 않는다고 본 점에서 그러하다. 자유연상은 꿈의 의미를 주관적인 심리 영역에 묶어 놓았고, 이는 이성적 개념적 사유를 요구하는 철학의 탐구 영역에서 꿈을 배제하는 결과를 낳았다.*

그런데 꿈에 대한 그러한 생각들은 진정 타당한 것인가? 꿈이 비합리적이라는 생각이나, 정신분석의 자유연상법이 꿈해석의 유일한 방법인 양 생각하는 것은 오래된 편견에 불과하다. 그런 가정이나 생각들은 꿈의 의미가 획득되는 방식이나 꿈의 탐구에 대한 검토되지 않은 전제들에 의존한다. 여기서 검토되어야 할 중요한 전제 중 하나는 꿈의 무의식은 이성의 논리가 작동하지 않는 심리 영역이라는 생각이다. 하지만 꿈의 의미 분석이 논리의 비판을 배제한 심리와 자유연상으로만 얻어지는 것은 아니며 그것이 반드시 꿈의 무의식에 접근하는 좋은 방법도 아니다. 심리학이나 정신분석의 주관적 연상이나 자연적인 심리 경향에 의존하지 않고도, 철학적 사유와 방법으로 꿈의 분석이 가능하고 오히려 더 적절한 분석을 제공할 수 있다.

지난 한 세기 동안 정신분석이 꿈의 연구에서 독보적인 역할을 했다는 것을 부인할 필요는 없다. 그럼에도 불구하고 꿈에 대한 정신분석의 주요 가정들이 객관적 근거가 있는 것인지는 검토가 필요하다. 100년 가까이 정신분석은 꿈을 전문적으로 다루는 학문을 자처하며 꿈의 의미를 독점해 왔다. 마치 정신분석이 꿈분석의 교본인 것처럼 생각되어 왔다. 사람들은 자신의 꿈에 나타난 상징을 이해하기 위해 정신분석이 제시하는 상징들의 해석 목록을 참조하기도 한다. 대표적으로 돌출된 물건이나 지팡이와 뱀은 남근을 상징한다는 프로이트적 사고는 널리 퍼져 있다. 정신분석가야말로 꿈의 전문가라는 생각이

---

* 물론 철학사를 보면 꿈에 대한 언급이 없었던 것은 아니다. 실제로 고대의 아리스토텔레스를 비롯하여 데카르트, 쇼펜하우어, 니체와 같은 근현대 철학자들이 꿈을 언급했던 흔적을 문헌에서 찾을 수 있다. 그럼에도 그러한 언급들은 꿈 자체를 철학적 주제로 받아들여 탐구한 것에서 나온 것이 아니다. 그것은 주로 꿈과 현실(혹은 환영과 실재)의 관계와 대비에 초점을 두거나, 꿈에 대한 기존의 신경생리학적, 수면학적 관점을 반영한 수준에 불과하다. 즉 꿈의 내용을 철학적, 논리적으로 분석하는 등 철학의 탐구 주제로 간주한 적이 없었다는 의미다.

만연하고, 철학자들도 그 생각에 동조하는 듯한 태도를 보여 왔다. 이는 철학상담에서 꿈을 이야기하는 내담자들을 만나는 철학실천가들조차 꿈을 터부시하고 꿈 연구의 역할을 정신분석으로 미루는 경향에서도 알 수 있다.

누구나 꿈을 꾼다. 어쩌면 꿈은 인간의 보편 현상이라고 할 수 있다. 또한 꿈을 분석하다 보면 꿈의 세계가 결코 무시하지 못할 중대한 역할을 하고 있다는 것을 알게 된다. 그럼에도 불구하고 꿈에 대한 관심을 멀리해 온 것이 철학의 현실이다. 이론적으로나 실천적으로나 철학자들은 꿈의 세계를 다루려는 시도는 물론 생각조차 하지 못하고 있다. 철학자들은 꿈이라는 미지의 세계를 심리학이나 정신분석에 통째로 내어 준 채 안주하고 있다. 하지만 꿈의 연구를 배제하는 것은 인간을 탐구하려는 철학자로서 자신의 의무를 방기하는 것이 아닐까? 물론 꿈의 무의식을 철학적으로 탐구하는 길에는 수많은 난관이 있다. 꿈의 영역에 대한 철학적 도전이 맞닥뜨릴 어려움은 다 예상하기 어려울 정도다. 어디서 어떻게 시작해야 하는지 참고할 전례도 없다. 철학의 도전이 의미 있는 작업이 되려면 꿈에 대한 기존의 개념들에 기대지 않고 새로운 접근을 취하는 것이 필요하다. 어쩌면 모든 것을 다시 시작해야 할지도 모른다.

그럼에도 왜 나는 철학사에 유례없는 이 연구를 시작하게 되었는가? 왜 나는 이토록 난해한 철학적 꿈분석 연구에 뛰어들었는가? 필자 역시 꿈은 철학의 영역이 아니라는 생각을 했던 적이 있다. 하지만 철학상담을 실천하는 중에 자신의 꿈을 이야기하는 내담자들을 만나면서 그 생각이 꿈에 대한 편견이라는 것을 깨닫게 되었다. 그리고 꿈에 대한 철학적 대화를 해 나가면서 개인의 삶에서 꿈의 역할이 중요하다는 것과 그것을 철학적으로 탐구하는 것이 의미 있다는 것을 알게 되었다. 그리고 철학적 꿈분석을 실천해 나갈수록 그 의의와 역할을 확인할 수 있었다. 지금은 나의 모든 연구 에너지를 집중하여 도전해 볼 만한 의미 있는 과제라는 생각에 이르게 되었다.

이 연구의 출발은 철학실천의 경험에서 비롯되었다. 처음에는 '철학상담에서 꿈을 이야기하는 내담자와 어떻게 꿈에 대한 철학적 대화를 나눌 수 있을까?' 하는 소박한 생각에서 연구를 시작하였다. (철학상담을 하면서 내담자가 제시하는 꿈을 이해하기 위한 작업을 정신분석가에게 위임할 수는 없지 않은가! 그렇다고 꿈을 이야기하는 내담자의 언급을 막거나 모른 척할 수도 없지 않은가! 그렇다면 철학상담의 정신에 따라* 철학적 대화 안에서 꿈의 이야기를 나누는 것이 필요했다. 돌이켜 보면 그런 시도와 과정 들이 철학적 꿈분석을 향한 길을 개척하는 계기가 되었다.) 철학적 꿈분석이 철학상담 실천에서 시작되었지만, 이제 그것에 한정하지 않고 철학의 새로운 영역을 개척하는 데로 나아가고자 한다. 철학적 꿈분석의 연구 결과와 앞으로의 가능성을 고려할 때 그럴 만한 충분한 의미와 역할이 있다고 보기 때문이다. 또한 철학의 방법으로 꿈을 연구할 충분한 가치가 있다고 확신하기 때문이다.

필자는 십수 년 전 철학적 꿈분석을 시작하였고, 2천여 개의 꿈의 사례 분석을 통해 '철학적 꿈분석'이라는 방법론을 구축하였다. (철학

---

* 철학상담은 '오직 철학적 대화로' 수행하는 상담이다. 그런 의미로 철학상담에서 이루어지는 꿈에 대한 대화도 철학적 대화의 범위 안에 있다. 김선희(2015), 「서론」, 『철학상담: 나의 가치를 찾아가는 대화』, 아카넷.

적 꿈분석 연구가 시작된 십수 년 전으로 거슬러 올라가면 그보다 더 많은 꿈들을 만났고 많은 사례들을 성공적으로 분석할 수 있었다. 지금도 꿈의 사례 분석은 계속되고 있으며 앞으로 더 많은 사례들을 분석하고 축적할 수 있을 것이다.) 필자는 수많은 꿈들을 만나고 분석하면서 꿈에 대한 주요 테제들을 정립하고 관련된 전제와 근거 들을 찾고자 했다. 그리고 그 테제들을 지지하는 사례들을 통해 꿈의 핵심 명제들을 정당화하고 꿈의 주요 개념들을 재검토하거나 다시 분석하였다. 이처럼 지속적인 사례 분석과 검토를 거쳐 꿈의 기본 원리 내지 명제들을 도출하였다. 이런 과정을 통해 **'철학적 꿈분석'이라는 체계적인 방법론을 정립**할 수 있었다. 여기서 그 방법론의 원리들과 꿈분석의 사례들을 소개하려고 한다.

2. 꿈에 대한 철학적 탐구는 가능한가?

꿈에 대한 철학적 탐구는 가능한가, 어떻게 가능한가? 이 물음에 답변하기에 앞서 먼저 물어야 할 질문이 있다. 그것은 꿈의 무의식의 탐구가능 근거를 묻는 물음이다. 즉 꿈의 무의식에 대한 탐구가 가능하려면 만족해야 할 조건을 묻는 것이다. 무의식의 탐구가능 조건을 알아야 탐구의 올바른 방향을 잡을 수 있다. 이 물음은 어떤 현상의 가능 근거를 묻는 선험적 물음이자 철학적 물음이다. 대표적으로 언어의 가능 근거를 묻거나, 경험의 가능 근거, 혹은 인식의 가능 근거를 묻는 경우가 그 예이다. 칸트는 경험/인식의 가능 근거를 묻고, 경험이 가능하려면 우리에게 경험/인식의 보편 형식이 미리 갖추어져 있어야 한다고 답한다. 그것이 바로 경험 및 인식을 가능하게 하는 선험적 조건이다.

마찬가지로 우리가 무의식을 이해하고 탐구하기 위해서는 무의식에 대한 이런저런 가정을 하기 이전에 무의식의 탐구가능성 및 인식

가능성에 대한 선험적 조건을 먼저 물어야 한다. 그 답변도 비슷한 양상을 갖는다. 즉 무의식의 객관적 탐구가 가능하려면, 또 무의식이 학문적으로 보편타당한 근거를 가지려면, 무의식에 대한 의식적 접근 및 숙고적 사유가 가능해야 한다. 다시 말하면, 이성과 의식의 인도를 받아 무의식에 도달할 수 있어야 한다. 무의식은 의식에 드러나지 않는 것일지라도, 무의식에 도달하기 위한 숙고적인 객관적 방법은 있어야 한다는 것이다. 그렇지 않다면 우리는 무의식에 대해 알 도리가 없기 때문이다. 그 결과 무의식을 탐구할 수도 없고 그에 대한 객관적 지식을 얻을 수도 없다.

의식이 무의식에 접근할 객관적 방법을 보여 주는 것이 바로 철학적 꿈분석의 중심 작업이다. 자유연상처럼 자동적으로 흘러가는 수동적 사고가 아니라, 숙고하는 능동적 사유에 의해 무의식에 접근하는 방법이 곧 철학적 꿈분석 방법이다. 철학적 꿈분석은 정신분석의 자유연상을 숙고적 연상으로 대체한다. 후자는 자동적인 사고 흐름을 따르는 것이 아니라, 철학적 사고의 논리 규범을 따르며 객관적 근거를 토대로 비판적으로 검토하는 숙고적 사유 방법이다. 무의식의 탐구가 가능하려면 숙고하는 사유가 접근가능한 것이어야 하며, 또한 그런 무의식의 개념을 지지하고 논증하는 것이 필요하다. 이 작업을 위해 정신분석이 상정하는 **무의식의 개념을 비판적으로 검토**하는 동시에, 무의식의 개념 자체를 재규정할 필요가 있다.*

나는 철학적 꿈분석의 과정에서 다음의 물음을 수없이 되새기곤

* 필자가 이 책에서 제시하려는 무의식 개념은 철학적 꿈분석을 형성하는 핵심 개념 중의 하나로서 4장에서 상세하게 논의하고 있다.

했다. **"비합리성이 작용하는 것처럼 보이는 꿈(혹은 꿈의 무의식)의 영역에도 모종의 논리가 있지 않을까?"** 이 물음은 비합리성과 논리라는 양립하기 어려워 보이는 두 가지를 연결한다는 점에서 긴장감을 포함하고 있다. 모순의 위험도 있어 보인다. 하지만 꿈의 논리가 없다면 철학적 꿈분석을 학문적으로 정립하는 일은 거의 가망이 없을 것이다. 어떤 의미에서 철학적 꿈분석은 주관적 확신이나 자유연상을 넘어서는 보편타당한 객관적 근거를 가진 모종의 꿈의 논리를 구축하는 작업이기 때문이다. 철학적 꿈분석이 보편적이고 객관적인 근거를 가지려면 일관적으로 적용되는 분석의 논리를 제시할 수 있어야 한다.*

필자가 철학적 꿈분석의 출발점으로 삼는 것은 '텍스트로서의 꿈 개념'이다. 주관주의나 심리주의에 빠지지 않으면서도 꿈을 분석할 수 있는 하나의 방법은 꿈을 의미가 드러날 가능성을 지닌, 그리하여 의미의 생성을 기다리는 이야기된 텍스트로 간주하는 것이다. 누구나 꿈을 꾸지만 꿈이 그 자체로 어떤 의미를 갖는 것은 아니다. 자신의 꿈을 이야기하거나 기록하는 순간 비로소 꿈은 '의미의 장' 안으로 들어오며, 비로소 의미를 생성할 가능성을 갖는다. 무엇보다 꿈이 이야기된, 혹은 말해지거나 기록된 텍스트라는 것이야말로 우리에게 일차적으로 주어진 것이다. 우리는 오직 그런 방식으로 꿈을 만난다. 그렇기에 꿈의 텍스트 개념은 꿈에 대해 달리 전제함이 없이도 주어진 것으로부터 받아들일 수 있는 최소한의 개념이다. 나는 꿈이 텍스트라는

* 철학적 꿈분석은 철학적 사유 방법—즉 비판적 사고와 분석적 사고, 비판적 해석학과 현상학 등의 철학적 방법—과 꿈에 대한 철학적 대화를 통해 꿈의 무의식을 분석하는 것을 지향한다.

것을 꿈의 정의인 동시에 철학적 꿈분석의 제1원리(혹은 제1명제)로 제시한다. 그것은 꿈을 꾼 원인이나 무의식적 실체 및 신체 자극 등의 인과 작용을 통해 꿈분석의 실마리를 찾는 것이 아니라, 기록된 꿈의 텍스트 자체를 분석함으로써 꿈의 의미를 해석하려는 것이다. 그리고 꿈이 텍스트라면, 꿈의 텍스트와 맥락 안에서 철학적 분석이 가능한 논리와 구조를 찾을 수 있다. 이 책에서 필자는 그 가능성을 탐색하고 꿈의 사례를 분석함으로써 꿈의 세계에서 무의식과 의식이 소통하는 방식을 탐색하고자 한다.

3. 꿈을 철학적으로 탐구할 가치가 있는가?

꿈에 대한 철학적 탐구는 가치가 있는가? 철학적 탐구만이 가진 고유한 가치가 있는가? 철학적 꿈분석의 가치와 역할이 있다면 그것은 무엇인가? 첫째, 철학적 꿈분석은 꿈을 일종의 자신과의 대화로 간주한다. 꿈은 무의식과의 대화를 통해 자기성찰을 하게 한다. 꿈의 텍스트에는 무의식의 언어가 포함되어 있기에 꿈의 텍스트를 분석하는 것은 자신의 무의식을 이해하는 통로가 된다. 그리하여 꿈에 대한 철학적 분석을 통해 자신의 꿈을 이해하고, 의식적으로 깨닫지 못했던 부분까지 포함하여 자신과 소통함으로써 자기이해와 성찰을 도울 수 있다. 철학적 꿈분석의 가장 중요한 역할은 바로 자기성찰에 있다. 우리는 철학적 사고로도 자기성찰을 할 수 있지만, 철학적 꿈분석은 무의식의 영역을 포함하여 더 넓고 깊게 자기성찰을 도울 수 있다.

둘째, 철학적 꿈분석은 자신의 문제를 이해하는 데 중요한 역할을 한다. 이는 철학상담에서 자주 확인되는데, 상담을 받는 중에 꾸는 꿈들은 내담자들이 자신의 문제 상황을 이해하는 데 결정적인 단서와 계기를 제공하는 경우들이 많다. 그리하여 철학적 꿈분석은 철학상담 방법론의 한 축이 될 수 있으며, 나아가 '꿈분석으로 수행하는 철학상담 모델'을 제공해 준다. 물론 그 모델이 철학상담의 모든 경우에 사용될 필요는 없으나, 꿈의 감수성이 뛰어난 내담자에게는 꿈을 도입한 철학상담의 효과가 크다는 것을 확인할 수 있다. 꿈은 자신과의 소통이기에, 꿈분석을 통해 고민하는 문제에 대한 메시지나 통찰을 얻을 수 있다. 이것은 전문가나 외부의 권위에서 오는 것이 아니라, 자신의 꿈속에서 발견되는 의미와 통찰이기에 더욱 강력한 힘을 갖는다.

셋째, 철학적 꿈분석은 일상 속에서 만나는 꿈들을 해석하는 방법을 제공함으로써, 일반인을 위한 꿈분석 및 일상 속 철학실천의 역할을 할 수 있다. 대부분의 사람들은 꿈을 꾸지만 꿈을 제대로 이해하는 것이 쉽지만은 않다. 기억하지 못하거나 관심이 없어서 흘려보내기도 한다. 철학적 꿈분석은 누구나 철학적 사고와 꿈분석 훈련을 통해 스스로 꿈을 해석할 수 있도록 하는 것을 지향한다. 즉 꿈을 기록하고 꿈의 텍스트를 이해하기 위해 질문하고 답을 찾아가는 과정을 통해 어느 정도 자신의 꿈을 분석하고 이해할 수 있도록 한다.* 철학적 꿈분석은 프로이트의 접근과 달리, 꿈을 어떤 질환의 증상으로 보지 않는다. 성적 억압이나 신경증의 증상으로 보지도 않는다. 그리하여 치료가 필요한 환자, 혹은 상담이 필요한 내담자만이 아니라, 정상과 비정상의 구분 없이 누구나 자신의 꿈을 분석하고 이해할 수 있는 방법론

---

* 5~6개월에 걸친 꿈분석 경험이나 10회 정도의 철학적 꿈분석 상담을 받은 내담자들은 자신의 꿈에 대해서 일정 수준의 분석과 이해에 도달할 수 있었다. 그런 이해만으로도 자신을 성찰하고 숙고하며 문제를 다루는 데 큰 도움을 받는다.

을 제공한다. 철학적 꿈분석은 **일반인을 위한 꿈분석 모델**이다.

4. 기존 꿈 이론의 전제들을 재검토해야 하는 이유

생각보다 우리는 꿈을 잘 알지 못한다. 꿈을 접할 기회도 많지 않다. 대부분 자신의 꿈을 경험하는 데 그친다. 개인의 꿈이 널리 공유된 적도 별로 없다. 꿈은 개인의 내면 생활처럼 쉽게 공개되지 않는 영역이기도 하다. 그리하여 사람들은 저마다 자신의 꿈만으로, 혹은 주변 사람에게 들은 꿈이나 정신분석에서 발표된 꿈들을 포함하여 얼마 되지 않은 사례를 토대로 꿈에 대한 상을 가지고 일반화를 시도하곤 한다. 한 세기 가까이 환자들의 꿈을 다루어 온 정신분석에서조차 꿈의 본질과 정의, 꿈의 기능, 무의식의 개념 등에 관해 성급하고 편협한 일반화가 진행되었다.

프로이트는 어떤 꿈들을 만났으며, 과연 그가 다룬 꿈들은 보편성을 갖는가? 그가 연구한 꿈의 사례들은 꿈 일반에 대해 말할 수 있을 정도로 대표성을 갖는 것인가? 프로이트는 신경증이나 질환을 앓는 환자들의 꿈을 주로 분석하였으며 정신분석을 통해 그런 질병을 치료할 수 있다고 보았다. 기본적으로 꿈의 분석이 질환의 치료를 위한 기능을 한다고 보았다. 즉 프로이트가 연구 대상으로 한 꿈의 사례들은 일반적이지 않고 특정 부류의 꿈, 즉 신경증 환자들의 사례에 편중되어 있다. 그 결과 신경증에 대한 전제들이 꿈에 대해서도 그대로 반영되거나 적용되는 경향이 있다.*

---

* 프로이트는 꿈 형성의 메커니즘이 신경증 징후들이 일어나는 방식과 매우 유사하다고 보았다. 그는 대부분 분석치료를 받고 있는 신경증 환자들의 꿈을 연구하였

하지만 신경증을 가진 사람이나 환자들만 꿈을 꾸는 것은 아니다. 누구나 꿈을 꾸며, 정상적인 사람들 역시 대부분 꿈을 꾼다. 프로이트가 생각했던 것보다 꿈은 (신경증의 징후를 넘어) 대부분 사람들의 사유세계와 관계할 만큼 훨씬 광범위한 현상이다.* 꿈의 세계는 사람마다, 또 개별적으로 매우 다양하여 어느 하나로 수렴될 수 없다. 프로이트가 주장한 이론의 프레임에 들어맞는 꿈들도 있겠지만 그것은 전체의 아주 작은 부분에 불과하다. 아마도 프로이트가 만났던 환자들 중에서도 이 프레임이 적용되는 환자는 일부에 한정될 것이다. 환자들의 꿈이라고 해도 일률적으로 같은 결론에 도달한다고 보기는 어렵기 때문이다.

꿈의 세계는 놀라울 만큼 광활하다. 프로이트를 비롯한 정신분석이 가정하듯이 꿈의 세계는 그렇게 획일적이지도 않고 협소하지도 않다. 무궁무진하게 펼쳐지는 수많은 꿈들은 개인들의 얼굴만큼이나 고유하고 또 개성적이다. 똑같은 꿈(혹은 똑같은 의미로 분석되는 꿈)은 거

으며 신경증 연구를 위한 대상이 되는 꿈을 다루었다. 프로이트의 정신분석학에서는, 모든 꿈들이 성적인 의미를 가진 것으로 간주된다. 즉 "매우 심하게 왜곡된 꿈은 거의 대부분 성적인 소망의 표현이라는 것"이 정신분석 연구의 결과이다. Freud, Sigmund(1917), *Vorlesungen zur Einführung in die Psychoanalyse*, S. Fischer Verlag. [임홍빈 · 홍혜경 옮김(2011), 『정신분석 강의』, 열린책들], 12강.

* 프로이트는 꿈을 신경증의 증상으로 간주하였지만, 정상적인 사람들도 꿈을 꾸며 그들의 꿈도 환자들의 꿈과 별반 다르지 않다. 이 문제에 대응하는 그의 입장은 참으로 기이하다. 정상적인 사람들도 잠재적인 신경증 환자라는 것이다(Freud, 1917, 28강). 꿈을 신경증으로 보는 가설이 틀릴 수 없다는 그의 편견이 정상인을 잠재적 신경증 환자로 만들어 버린 것이다. 하지만 대부분의 정상인들도 꿈을 꾸며 환자의 꿈과 특별히 구분되지도 않는다면, 이로부터 꿈은 신경증의 증상과 무관하다는 결론을 도출하는 것이 지당하다. 꿈을 꾸는 모든 사람을 신경증 환자로 보는 것이야말로 근거가 없다.

의 없다. 설령 비슷한 내용의 꿈처럼 보이는 것도 개인의 삶의 맥락에 따라 전혀 다른 의미로 분석된다. 모든 꿈의 결은 그 배경이 되는 개인의 역사만큼이나 다르고 독특하다. 이런 다양하고 고유한 꿈들을 획일적인 프레임에 집어넣어 해석하려는 시도는 대단히 편협하고 의문스럽다. 또한 그런 분석이 이루어진다고 하더라도 그 꿈이 보여 주는 주요 의미나 메시지를 제대로 포착하지 못한다. 편협하고 협소한 의미만을 읽어 낼 뿐이다. 그런 방식의 분석은 꿈을 통해 자신을 성찰하는 데 기여하지 못한다. 성적 억압이나 결핍에서 비롯된 소망 충족, 또는 정신질환의 치료라는 협소한 범주에서 꿈의 의미를 찾는 것은, 꿈의 원대하고 놀랍도록 깊은 사유의 가능성을 애초에 차단하고 만다. 반면 철학적 꿈분석은 더 넓은 사유의 지평에서 꿈의 의미를 탐색한다.

철학적 꿈분석은 꿈에 대한 기존의 가정이나 이론에 기대지 않으며, 근거가 불충분한 전제들을 도입하지 않는다. 단지 우리에게 주어진 것, 즉 언어로 구성된 꿈의 텍스트에서 출발한다. 오히려 꿈에 대한 기존의 이론이나 전제들에 내포된 편견이나 편협한 사고가 작동하는 것을 배제하기 위해 그것들을 재검토하고 걸러 낸다. 그런 가정 자체가 꿈에 대한 편견을 낳거나 편협한 분석을 조장하기 때문이다. 또한 꿈에 대한 특정한 가정들로 인해 특정 해석과 결론을 유도하는 악순환에 빠질 수 있기 때문이다. 철학적 꿈분석은 정신분석을 비롯하여 기존의 이론이 주장해 온 꿈의 본질이나 기능, 검토가 필요한 무의식의 개념, 상징들에 대한 해묵은 해석 등 근거가 불충분한 가정들을 모두 괄호 속에 넣고 출발한다.

그런 가정들을 괄호 치는 것이야말로 우리가 기존의 낡은 전제나 물음들에 사로잡히지 않고 편견 없이 꿈을 분석하고 이해할 수 있는

지름길이다. 대표적으로, 어딘가에 무의식적 실체를 가정하는 데서 오는 문제, 의식에 떠오르지 않은 저 아래 깊숙한 곳에 실재하는 무의식의 메타포가 제기하는 물음 따위에 사로잡힐 필요가 없다. 철학적 꿈분석에서는, 꿈의 무의식이 어딘가에 따로 존재하는 것이 아니라 텍스트 안에 있기 때문이다. 그리하여 무의식은 모종의 인과력으로 드러나는 것이 아니라 텍스트 분석을 통해 드러난다. 이렇듯 무의식의 실체적 가정이 바뀌면 관련된 개념과 전제들이 바뀔 수밖에 없다. 꿈을 텍스트로 간주하고 출발하는 철학적 꿈분석 방법론은 텍스트의 논리를 따를 뿐, 무의식을 비롯한 모든 관련 개념들을 재검토하고 재조정할 필요가 있다고 본다.

그리고 이 책에서 필자는 철학적 꿈분석의 방법론을 전개하면서 간혹 중요한 대목에서 프로이트와의 차이를 언급할지라도, 나의 꿈분석 방법을 프로이트의 정신분석 방법과 전체적으로 비교하거나 그것을 일일이 비판하는 방식을 취하지는 않을 것이다. 철학적 꿈분석이라는 나의 방법론은 프로이트의 정신분석과는 꿈에 대한 기본 생각(꿈의 정의나 무의식의 개념 등)이 출발부터 완전히 다르기 때문이다. 다만 둘 중에 어느 것이 더 나은 분석 방법인지는 꿈의 사례 분석에서 어떤 방법이 더 보편적이며 꿈에 대한 사람들의 생각이나 이해에 더 부합하는지를 통해 밝혀질 것이다. 때때로 이해를 돕기 위해 핵심 개념에 대해 그 차이를 논의할 때도 있겠으나, 꿈에 대한 철학적 분석을 프로이트 정신분석과 체계적으로 비교하는 것은 본 연구의 중심 작업이 아니다. 철학적 꿈분석은 정신분석의 문제를 보완하기 위한 것이 아니라 전혀 다른 것을 지향하며, 꿈분석의 새로운 방법을 제시하려는 것이기 때문이다.

5. 이 책의 구조와 서술 방법

이 책의 목표는 꿈을 철학적으로 사유하기 위한 방법으로서, 꿈의 특성과 분석 원리에 관한 명제들을 도출하고 체계화하여 철학적 꿈분석의 방법론을 정립하는 것이다. 그러면 **철학적 꿈분석의 방법론을 구성하는 꿈의 명제들을 어떻게 얻었는가?** 필자는 꿈을 하나의 텍스트로 간주하고, 수많은 꿈들을 사례 분석하면서 꿈에 관련된 전제와 근거들을 찾아 꿈의 중심 개념과 주요 원리(명제 혹은 테제)들을 정립할 수 있었다. 가설을 세우고 꿈의 사례들이 이를 지지하는지 확인하며, 지속적인 분석과 검증을 통해 꿈의 기본 명제들을 도출하였다. 이렇게 도출된 명제들을 그 상호 관계를 고려하여 6개의 범주와 대명제로 분류하고, 각 범주마다 5개의 하위명제를 배열하여 꿈분석의 원리들을 체계적으로 구성하였다. 그 결과 **철학적 꿈분석은 총 36개의 명제로 이루어진 방법론적 체계**가 되었다.

여기서 꿈분석의 원리와 사례 분석은 상호 보완 관계에 있다. 꿈분석의 가설을 세우고 사례 분석을 통해 꿈의 원리를 구성하는 작업은 개별 사례에서 보편적인 원리 및 개념을 발견하거나 구성해 내는 작업이다. 이는 꿈의 특수 사례에서 보편적인 가설을 상상하고 명제를 구성하는 것이다. 여기서 꿈의 분석 사례와 분석 원리는 일방적 추론이나 적용의 관계가 아니라, 가설에서 출발하여 실험적 사유를 거치면서 상호 지지하는 관계로 맞물려 있다. 이는 단순히 여러 사례들로부터 일반명제를 도출하는 귀납의 방식과 다르다. 일방적으로 꿈분석 원리를 사례에 적용하는 것도 아니다. 특수한 사례에서 보편적인 것을 발견하기 위해 실험적 가설을 세우고 검증하는 방식이다. 이는 귀추법의 접근과 유사한 것으로, **관찰된 꿈의 현상에 대해 최선의 설명을**

부여하는 가설적 작업이다.*

이 책의 서술 방식은 정립된 꿈의 명제들과 그 명제를 예시적으로 잘 보여 주는, 혹은 예시적으로 정당화해 주는 꿈의 분석 사례들을 함께 제시하는 방식을 취했다. 나는 철학적 꿈분석의 방법론을 구성하는 핵심 명제들을 제시하고, 이에 부합하는 성공적인 분석 사례들을 통해 그 명제를 정당화하는 동시에 꿈의 명제와 분석 사례 사이의 긴밀한 상호 연관성을 드러내고자 하였다. 이 명제들에 근거해서 꿈분석이 납득할 만한 설명력을 갖거나 꿈의 사례들에 대해 일관적으로 성공적인 분석을 할 수 있다면 이러한 명제들 역시 지지되거나 옳은

---

* 귀추법, 혹은 최선의 설명 추론은 관찰된 어떤 현상을 설명하기 위해 가장 적절한 가설을 세우는 과학적 모델이다. 관찰된 꿈의 현상에 대해서도 이 모델을 적용하여 적절한 가설을 세울 수 있다. 하나의 예를 들어 보자. 오랫동안 지속적으로 같은 꿈을 반복하여 꾸던 사람이 철학적 꿈분석을 통해 같은 꿈을 꾸지 않거나 꿈을 꾸는 횟수가 현저하게 줄어들었다는 것(현상)을 어떻게 설명할 수 있을까? 이런 현상을 설명하는 하나의 가설 H는 '반복적인 꿈을 꾸던 사람이 자신의 꿈을 이해하고 나면(즉 꿈분석을 통해 반복적인 꿈의 메시지를 이해하고 나면) 더 이상 같은 꿈을 꾸지 않는다'이다. 이를 다음과 같이 귀추법의 형식으로 나타낼 수 있다.

1. 같은 꿈을 반복하여 꾸던 사람이 철학적 꿈분석을 통해, 같은 꿈을 꾸지 않거나 꿈을 꾸는 횟수가 현저하게 줄어들었다.
2. 만일 가설 H가 참이라면, 위 현상이 설명된다.
3. 따라서 가설 H는 참이다. (혹은 참이라고 생각할 좋은 근거가 있다.)

여기서 가설 H는 반복적인 꿈의 현상에 대해 최선의 설명을 해준다. (다음 명제들은 이 가설을 보완 설명해 준다. '꿈은 무의식의 메시지를 전달하는 매체다' & '그 메시지가 전달되면 꿈의 역할이 끝난 것이기에 더 이상 같은 꿈을 꿀 필요가 없어진다.') 또한 다른 꿈의 사례들에서도 이 가설이 확인된다면 이 가설은 더욱 지지되거나 강화된다. 그리고 이 가설과 더불어 '반복적인 꿈'이라는 주요 개념을 얻을 수 있고, 이 개념을 사용하여 꿈에 대한 보편적이고 개념적 수준의 사고와 논의를 전개할 수 있다. 이 예는 3장 2절의 [명제 3-2]를 얻는 과정과 방식을 보여 준다.

것이라고 말할 수 있다.

이 책의 철학적 꿈분석 방법론은 꿈의 중심 명제와 하위 명제들로 조직되어 구성된 건축물의 형태로 제시되었다. 이런 구성 방식을 선택한 이유는 엄밀한 논증 체계의 형식을 의도한 것은 아니었으며, 이것이 철학적 꿈분석이 무엇인지를 가장 효과적으로 일목요연하게 전달하는 방법이라고 생각했기 때문이다. 인간의 꿈의 세계라는 복잡하고 거대한 우주에서 길을 잃지 않고 나아갈 지표를 마련하기 위한 이정표 같은 것이기도 하다. 철학적 꿈분석의 방법론을 구성하는 꿈의 명제들은 그에 부합하는 꿈의 사례들과 성공적인 사례 분석이 축적될수록 더욱 지지받을 것이다. 가설 차원의 원리가 결정적으로 의미 있는 사례들에 의해 양적, 질적으로 지지받음으로써 안정적인 방법론적 원리로 정착될 것이다.

1장

꿈의 정의: 꿈은 텍스트이다

명제 1 꿈은 언어로 구성된 텍스트이다.

꿈은 텍스트다. 꿈은 어딘가에 숨겨진 실체나 실재물이 아니라 언어적으로 구성된 텍스트이며, 누구나 접근가능한 객관적 자료다. 꿈은 왜곡된 것이 아니며 우리를 속이기 위한 표현들로 위장된 것도 아니다. 꿈의 무의식은 텍스트 밖이 아니라 텍스트 안에 있으며, 꿈 이전의 모종의 실체나 사고를 상정하는 것은 근거 없는 가정이다. 꿈의 텍스트가 꿈의 전부이며, 꿈은 텍스트의 논리를 따른다. 텍스트의 구조와 맥락에 대한 분석을 통해 꿈의 의미가 드러난다. 이러한 분석은 분석질문과 답변을 통해 이루어지며, 그 과정에서 자유연상이 아니라 객관적 근거에 기초한 숙고적 연상이 작동한다. 철학적 꿈분석은 꿈의 기록에서부터 시작되며, 기록된 꿈이 철학적 꿈분석의 기초 자료가 된다.

1. 꿈의 텍스트

명제 1-1 꿈은 실재물이 아니라 언어적 구성물이다.

우리는 이따금 잠에서 깬 뒤 꿈에 대해 말하고, 때로는 꿈을 기록하기도 한다. 꿈의 내용을 완벽하게 기억하여 기록하는 경우도 있지만, 대부분 꿈에 대해 기록하는 과정에서 불완전한 기억을 되살리고 보완하면서 꿈의 텍스트를 형성해 나간다. 어딘가에 있는 꿈의 실재를 기술하는 것이 아니라, 꿈에 대해 이야기하거나 기록하면서 꿈은 하나의 텍스트로 형성된다. 즉 꿈은 현미경으로 관찰되거나 발견될 수 있는 실재물이 아니다. 모종의 실체도 아니고, 하늘에서 떨어진 것도 아니다.* 순수한 사유체도 아니다. 꿈꾼 이가 꿈에 대해 말하는 방식을 비롯하여 이야기를 전개하는 방식을 선택하고 꿈속 장면을 묘사할 어휘를 고르면서 꿈은 언어적으로 구성된다. 예컨대, 꿈을 기록하면서 캄캄한 어둠 속에 있는 장면을 '어둠에 휩싸인다', '어둠이 시야를 가린다', '어둠이 덮친다'고 표현할 수도 있고, '어둠 속에 빠진다'고 기술할 수도 있다. 언어의 선택에 따라 꿈의 장면은 무서움과 연결될 수도 있고 불안의 맥락과 관계할 수도 있다.

꿈에 대한 다양한 개념들이 제시되어 왔으나 우리에게 직접 주어진 것은, 꿈은 '이야기된 텍스트'라는 사실뿐이다. 언제나 꿈은 우리에게 텍스트로 주어진다. 꿈은 단순히 이미지의 나열이 아니다. 꿈속의

* 꿈을 계시나 예언으로 보는 관점도 있다. 성서의 복음서에 등장하는 요셉의 꿈이 대표적이다. 그러나 이 꿈 역시 꿈꾼 이가 그것을 신의 계시로 해석하고 그에 따라 행동을 선택하는 과정을 거친 뒤에야 비로소 계시가 된다. 이는 꿈을 계시나 예언으로 간주하기 위해서도, 일종의 텍스트 해석의 과정을 거친다는 것을 말해 준다.

이미지는 그것이 아무리 생경하다 해도 그 장면을 떠올리며 그것을 언어로 표현함으로써 꿈의 텍스트 안으로 삽입된다. 꿈은 기억해 내어 말하거나 기록함으로써 텍스트를 형성할 때 비로소 꿈으로 드러난다. 이처럼 꿈은 언어적으로 구성된다.

꿈의 텍스트 개념은 꿈에 대한 다른 가정 없이도 주어진 사실로 받아들일 수 있는 최소한의 개념이다. 나는 '**꿈은 텍스트다**'라는 명제를 꿈의 정의인 동시에 **철학적 꿈분석의 제1원리**로 삼고자 한다. 텍스트로서의 꿈 개념은 필자의 철학적 꿈분석 방법론의 핵심 원리다. 동시에 필자의 꿈분석의 고유한 개념이자 출발점이기도 하다. 앞으로 논의하겠지만, 이 개념을 통해 기존 꿈 이론의 모호한 개념과 불필요한 가정과 난제들을 해소하거나 피할 수 있다. 이 개념은 꿈을 꾼 원인이나 무의식적 실체 및 신체 자극 등의 인과 작용을 통해 꿈분석의 실마리를 찾는 것이 아니라, 기록된 꿈의 텍스트를 분석함으로써 꿈의 의미를 이해할 수 있는 유리한 위치에 서게 해준다.

꿈의 텍스트 개념을 제1원리로 하는 철학적 꿈분석은 '오컴의 면도날 원리'에 비추어 볼 때 방법론적 우위를 지닌다. 이 원리는 만약 경쟁하는 이론이 동등한 설명력을 갖는다면 더 적은 수의 가정으로 설명할 수 있는 이론을 선택하라는 것이다. 이는 더 단순하게 설명하는 이론이 더 나은 이론이라는 단순성의 원리를 표방한다. 이 원리에 따라 철학적 꿈분석은 꿈을 텍스트로 간주하고 텍스트의 논리에 따라 꿈을 분석하는 것 이외에 꿈에 대한 어떤 가정에도 의존하지 않는다. 꿈의 텍스트론은 정신분석을 비롯한 기존의 꿈 이론이 상정하는 꿈과 무의식에 대한 온갖 부풀려진 가정들을 도입할 필요가 없으며, 꿈의 상징을 예외적으로 다루는 방법론적 비일관성의 문제에도 직면하지 않는다. 그리하여 철학적 꿈분석은 불필요한 가정들을 제거하고 최소한의 가정만으로 충분히 일관적으로 꿈을 분석할 수 있다. 이러한 방법론적 간결성은 철학적 꿈분석이 기존 이론들과 차별화되는 특징이자 장점이다.*

정신분석과 같은 기존의 꿈 이론은 검증되지 않은 수많은 가정들에 근거해 있다. 예컨대, 꿈은 성적 소망의 성취다, 꿈의 상징은 성적이다, 같은 꿈의 본질에 대한 가정이 대표적이다. 이외에도 모종의 무의식의 실재에 대한 가정, 꿈은 왜곡된 것이라는 가정, 꿈을 이분법적으로 보는 가정 등이 있다. 그런 가정들에 따르면, 꿈의 의미는 무의식만이 아는 것이며, 의식이 접근할 수 없는 무의식의 영역에 이미 존재하고 있는 것이다.**

하지만 꿈이 언어로 구성된 텍스트라면, 말해지기 이전에도 꿈이 있다거나, 기억하지 못하지만 어딘가에 꿈의 실재가 있다고 말하는 것은 무의미하다. 즉 말해지기 이전의 꿈이나 기억하지 못하는 꿈이란 존재하지 않으며, 당연히 분석의 대상이 될 수도 없다. 우리에게 주어진 것은 기록되거나 말해진 텍스트로서의 꿈밖에 없다. 텍스트 밖에서 꿈을 찾거나 모종의 꿈의 실체를 상정하는 것은 근거가 없을 뿐 아니라 무의미하다.

---

* 철학적 꿈분석의 체계는 36개의 명제로 구성되어 있지만, 꿈의 명제 혹은 테제들은 거의 대부분 꿈의 텍스트와 콘텍스트 개념으로부터 나온 것이다. 즉 꿈의 테제들은 꿈의 텍스트를 분석하는 과정에서 파악되거나 최선의 설명 추론을 거친 것이라는 점에서 꿈의 텍스트 개념의 연장이며, 새롭게 추가되는 가정이 아니다.

** 이에 관한 자세한 논의는 4장 3절을 참고하라. 프로이트와 달리 꿈의 텍스트론에 의하면, 꿈은 우리의 의식이 결코 '접근할 수 없는' 곳에 위치한 무의식적 실재가 아니다.

텍스트란 언어로 직조되어 구조화된 체계를 일컫는다.* 실을 자아 천을 직조하듯이, 문자들의 관계망을 조직하여 텍스트를 구성한다. 그리하여 텍스트는 언어로 구성된 구조와 맥락의 관계 속에서 의미가 드러날 가능성을 지닌 '의미의 장'이라고 말할 수 있다. 텍스트 내의 요소들은 각기 그 자체로 특정 의미를 갖는 것이 아니라, 텍스트가 구성된 전체 체계의 구조와 체계 속의 위치 및 상호 관계하는 방식에 따라서 의미가 드러나거나 결정된다. 즉 텍스트의 요소들의 의미는 체계의 구조와 맥락에 의존한다.

꿈의 텍스트의 의미도 마찬가지다. 꿈의 텍스트는 꿈의 내용을 기록한 문장들의 집합체이자 하나의 언어 체계로서 구조적으로 직조되어 있다. 꿈은 꿈의 조각, 이미지, 내용들을 단어와 문장을 사용하여 건축한 언어적 구성물이다. 꿈의 텍스트는 그에 대응하여 실재하는 완결된 의미를 갖는 것이 아니라, 텍스트의 맥락 안에서 꿈요소들의 관계에 관한 일련의 질문과 응답을 통해 의미가 생성되는 장소이다. 그리하여 꿈의 텍스트 안의 개별 단어와 문장 및 요소들은 각기 독자적 의미를 갖지 않으며 전체의 구조적인 체계와 맥락 안에서 의미가 형성되고 결정된다. 이처럼 **꿈의 의미는 총체적이고 맥락 의존적**이다. 꿈의 의미는 텍스트의 전체 맥락 안에서 분석되고 해석된다. 즉 꿈

* "텍스트는 복합적이고 내구성 있는 일종의 직조물이다. 라틴어 동사 텍세레(texere)는 '직물을 짜다'에서 파생된 단어이다. … 이 라틴어 동사 텍세레에서 현대 서구어의 텍스트(text), 직물(textile), 천(tissue), 직물의 씨실(trame, weft) 등이 파생된다. 그리하여 텍스트라는 단어는 '문자로 직조된 글'을 가리킨다." Cassingena-Trévedy, François(1999), *Quand la parole prend feu*, Abbaye de Ballefontaine, Bégrolles-en-Mauges[서인석 옮김(2002), 『말씀의 불꽃』, 분도출판사], 16장.

의 텍스트 안의 어떤 요소들도 전체 관계를 떠나 그것만 따로 떼어 내어 의미를 가질 수 없다.

이 점은 꿈의 상징도 예외가 아니다. 꿈의 상징 해석 목록이나 해몽집이 제시하는 상징의 의미를 비롯하여 잘 알려진 상징들도 꿈의 맥락을 떠나 단일한 의미를 갖지 않는다. 텍스트의 맥락에 따라 다양하고 새로운 의미를 갖는다. 텍스트의 각 요소들은 다른 요소들, 다른 태도와 반응들, 다른 관념들, 다른 사건들과 관계하며, 구조적으로 유사하거나 대립하거나 차이를 보이면서 복합적인 관계 속에 놓여 있다. 예컨대 벌레가 등장하는 꿈에서, 벌레 무리를 가볍게 눌러 죽이는 행동이나 사건, 벌레를 하찮게 여기는 태도와 반응, 쉽게 없앨 수 있는 벌레와 없애기 어려운 벌레의 대비 등의 복합적 관계 안에서 벌레의 상징적 의미가 드러난다. (이들 사례에 대한 분석은 2장 5절을 참고하라.) 이렇게 복합적인 관계망으로 조직되어 구성된 꿈은 텍스트의 전체 맥락과 관계 안에서 분석을 통해 그 의미를 드러낸다.*

* 텍스트의 맥락은 내적 맥락과 외적 맥락을 포함한다. 전자는 텍스트 내의 요소들의 관계들에 의해 형성되며, 후자는 텍스트 외부의 맥락으로 꿈꾼 이의 삶의 역사를 포함한다는 점에서 보다 넓은 맥락을 형성한다. 그럼에도 이 둘은 분리되지 않고 총체성 안에서 서로 연관되어 있다. 텍스트의 내적 맥락과 외적 맥락 사이에서도 상호 관계를 통해 의미가 재창출된다. 즉 꿈의 의미는 꿈의 텍스트와 텍스트 내적, 외적 맥락의 구조와 관계에 의해 드러나며, 그 관계가 복합적이고 중층적일수록 의미도 복합적이고 다양한 층위에서 지속적으로 생성된다.

2. 꿈 텍스트의 객관성

명제 1-2 **꿈의 텍스트는 누구나 접근가능한 객관적 자료이다.**

꿈의 텍스트 개념은 다음과 같은 이유로 꿈에 대한 객관적 탐구를 가능하게 해준다. 첫째, 텍스트의 **객관적 접근성**이다. 텍스트는 심리적인 것도 주관적인 것도 아니며 누구나 객관적으로 접근할 수 있는 것이다. 꿈의 텍스트 역시 꿈꾼 이 본인만이 아니라 누구나 접근가능하고 공유할 수 있는 객관적 자료다. 우리는 텍스트를 분석하듯이, 일관된 방식으로 꿈의 사례들을 분석하고 그 결과를 토대로 가설의 단계를 거쳐 꿈의 원리와 명제들을 정립할 수 있다. 꿈의 언어는 무의식을 포함하고 있어 곧바로 이해하기 어렵지만, 텍스트로 기록된 꿈은 타당한 근거를 통해 객관적 분석에 도달할 수 있다. 그리하여 꿈의 텍스트론은 꿈에 대한 객관적 탐구를 가능하게 해준다.

기존의 꿈 이론은 꿈을 의식이 접근할 수 없는 무의식에 존재하는 실체로 보았는데, 그런 의미의 꿈은 타인은 물론 꿈꾼 이 자신도 접근할 수 없는 것이 되고 만다. 나의 꿈에 대해서도, 누구의 꿈에 대해서도 의식적인 접근이 불가능하다. 이런 꿈 개념은 무의식만이 알고 있다고 상정되는 꿈의 의미를 어떻게 의식이 알게 되는지, 혹은 접근할 수 없는 감추어진 무의식이 어떻게 의식에 떠오르는지를 일관되게 설명하기 어려운 문제를 안고 있다. 하지만 꿈의 텍스트론은 주어진 꿈의 내용을 있는 그대로 받아들이며, 이때 꿈은 누구나 접근할 수 있는 공적이고 객관적인 자료가 된다. 따라서 누구나 꿈의 텍스트에 대해 질문하고 답변을 찾으며 함께 검토하는 것이 가능하다. 이는 꿈을 주관적인 내면 상태에서 벗어나게 해준다. 또한 꿈의 텍스트론에서는 텍스트의 의미가 저자의 의도만으로 결정되지 않으므로, 꿈을 기록한 저자, 즉 꿈꾼 이가 반드시 그 의미를 더 잘 안다고 말할 수 없다. 물론 꿈꾼 이가 꿈에 대해 더 많은 배경 정보를 가진 것은 사실이지만 그 정보만으로 바로 꿈의 의미가 제공되는 것은 아니기 때문이다. 꿈해석의 객관성은 텍스트의 근거에서 나오는 것이지 꿈꾼 이의 내면이나 분석가의 권위에서 나오는 것이 아니다.

둘째, 텍스트 분석 방법의 객관성이다. 꿈의 텍스트는 꿈꾼 이의 주관적 마음 상태에 대한 기술이 아니라 자신의 꿈을 보고한 객관적 자료다. 꿈을 기록할 때 꿈꾼 이는 꿈의 내용만이 아니라, 꿈의 배경 및 꿈에 대한 자신의 반응을 (현상학적 방법을 도입하여) 있는 그대로 기술한다.* 이렇게 기록된 꿈의 텍스트가 주어지면, 꿈에 대한 철학적 탐구와 분석을 시작할 수 있다. 그 과정에서 꿈의 의미를 찾을 수 있도록 숙고적 연상을 불러일으키는 질문들이 제기되고 이러한 철학적 숙고를 통해 객관적으로 꿈을 분석할 수 있다.** 객관적 분석이 가능한 꿈의 텍스트는 철학의 사유 방법과 아이디어 들을 도입하여 꿈에 대한 합리적인 사고를 가능하게 한다.

셋째, 분석의 일관성이다. 꿈은 텍스트이기에, 텍스트 분석의 방법이 꿈의 모든 요소들에 일관적으로 적용되며, 꿈의 텍스트를 구성하

---

* 꿈기록 방식 및 꿈기록에 사용된 현상학적 방법에 대해서는 1장 5절을 참고하라.

** 꿈의 기록에 포함된 꿈분석의 질문을 다루는 방식은 필자의 실천적 사고실험 모델의 상담 방법과 유사하다. 김선희(2016), 『철학상담 방법론: 철학적 사고실험과 자기치유』, 아카넷 참고.

는 요소들에 대해서는 의식의 언어이건 무의식의 언어이건 분석을 위한 접근 방식이 다르지 않다. 그리하여 꿈의 텍스트 개념을 기본 원리로 하는 철학적 꿈분석은 꿈속의 언어나 이미지, 상징에 대해서도 텍스트의 논리와 같은 객관적 방식으로 접근할 수 있다. 철학적 꿈분석은 꿈의 상징이 중요한 요소라는 것을 부정하진 않지만, 상징도 텍스트의 한 요소로서 텍스트의 맥락에서 분석되고 의미를 얻는 것으로 간주한다. 당연히 꿈의 맥락에 따라, 텍스트에 근거하여 상징은 여러 가지 의미로 분석되기에 상징은 고정된 의미를 갖지 않는다. 더구나 프로이트처럼 모든 상징이 성적인 것이라는 터무니없는 결론을 받아들일 필요가 없다.

꿈을 텍스트로 간주할 경우, 어떻게 꿈을 분석할 수 있는지 사례를 통해 살펴보자. 다음 꿈의 텍스트는 필자의 꿈을 기록한 것이다.

〈하늘 높이 곧게 자라나는 나무〉 (이하 '하늘 나무')

나는 나무를 심는다. 본 적이 없는 나무다. 나무가 하늘 위를 향해 똑바로 매우 곧게 자라나기 시작했다. 자라는 모습이 눈에 보일 정도로 빠르다. 곁가지가 없고 매끄러운 서너 개의 은빛 기둥 나무가 무럭무럭 자라 하늘 위로 곧게 뻗어 오르고 있다. 신기하고 처음 보는 일이다. 옆에서 지켜보던 친구(S)가 '어떻게 나무가 그토록 하늘 높이 곧게 자랄 수 있을까'라고 놀라워하며 말한다. 내 시선이 하늘 위로 곧게 뻗은 나무 기둥을 따라 (슬로우 비디오처럼) 천천히 올라가니 꼭대기에 봉오리가 보인다. 연꽃 봉오리 같기도 하고 어떤 열매 같기도 한 단단한 봉오리다. 그 뒤로 흰 구름과 푸른 하늘이 보인다.

> 나는 언덕 위에 심은 나무를 사람들이 지나는 길목에 옮겨 심으려 한다. 먼저 적당한 자리를 찾아, 인가의 비옥한 토양에다(양분이 풍부해 보이는 거무스름한 흙을 만져 본다) 그 나무를 옮겨 심는다. 그러고 난 후 그 친구가 다른 사람들에게 이 신기한 일을 알린다. "그토록 나무가 곧게 하늘 위로 높이 자라나는 것을 본 적이 없다. 적절한 토양에 자리를 찾아 나무를 옮겨 심었는데 놀랍게도 잘 자랄 것 같다." 나도 그 얘기를 듣고 옮겨 심은 나무가 잘 있는지 확인해 보려고 한다. 아마 잘 이식된 것 같다.

이 꿈은 비교적 내용이 잘 기록된 텍스트다. 꿈을 꾸고 나서 끊김 없이 전체 내용을 모두 생생하게 기억했던 꿈이다. 꿈의 내용은 '내가 아무도 본 적이 없는 나무를 심고 하늘 높이 곧게 키운 후 인가의 길목에 잘 이식하는 것'으로 요약된다. 애매모호한 것이 별로 없고, 텍스트로서도 마치 하나의 이야기처럼 기승전결의 구조마저 잘 갖추고 있다. 이 텍스트 자체에 어려운 단어나 문자적으로 이해하기 어려운 문장은 없다. 그럼에도 이 꿈의 의미가 무엇인지는 알기 어렵다. 꿈의 텍스트는 무의식의 언어와 문법을 사용하여 기록되며, 무의식의 언어는 분석을 통해 비로소 의미가 드러나기 때문이다. 꿈은 사실의 보고가 아니기에 꿈의 언어는 무언가를 지시하지 않는다. 꿈속의 문장이나 어휘는 사실에 대응하지 않고 현실의 무엇을 지시하지도 않는다. 즉 꿈속의 나무는 현실의 나무를 가리키지 않으며, 그 자체로 고정된 상징적 의미를 갖지도 않는다. 꿈속에서 내가 심은 나무가 무얼 의미하는지는 꿈분석을 통해 드러날 것이다. 이 꿈을 이해하기 위해서는, 텍스트에 대해 제기할 수 있는 일련의 질문을 하고, 그에 대한 답변을 찾는 것이 필요하다.

이 꿈은 필자의 꿈이지만 텍스트로 기록되어 있어 누구나 읽고 질문하고 비판적으로 검토하며 분석할 수 있는 객관적 자료이다. 여느 텍스트와 마찬가지로, 궁금한 물음들을 묻고 그 답을 찾아가면서 우리는 꿈의 텍스트를 이해하게 된다. 우선 이 꿈의 텍스트를 보면 누구나 궁금하거나 제기할 만한 질문들이 떠오를 것이다. 즉 나무는 무엇을 상징하며 '누구도 본 적이 없는' 나무는 무엇을 의미하는가? 이 나무의 상징에 이어서 텍스트에 등장하는 곁가지가 없는 서너 개의 은기둥 나무, 꼭대기의 봉오리, 비옥한 토양, 나무 옮겨심기 등이 의미하는 것이 무엇인지도 궁금할 것이다. 그리고 언덕에서 인가로 나무를 이식하는 것은 무엇을 의미하는가? 잘 이식된 것 같다는 평가와 친구의 두 번의 발화가 의미하는 것은 무엇인가? 또한 그 친구는 어떤 친구인가? 이런 정도의 물음은 이 텍스트로부터 누구나 물을 수 있다.

그런데 꿈의 텍스트의 구조와 흐름을 자세히 관찰하면 보다 진전된 물음을 생각해 낼 수 있다. 예컨대, 꿈속에서 본 적이 없는 나무를 키운 것처럼 남들이 한 적이 없는 새로운 것을 집중하여 키워 온 것이 있다면 무엇인가? 혼자 시작했지만 많은 사람들과 함께하거나 공유하고자 하는 것이 있다면 무엇인가? 하던 일이 잘 진행되거나 잘 진척되고 있으며 결실을 앞두고 있는 것이 있다면 무엇인가? 등이 그것이다. (텍스트 분석을 위한 질문, 즉 분석질문에 관해서는 1장 4절에서 자세히 논의하고 있다.)

꿈을 분석하기 위한 이런 질문들에 답하면서 이를 토대로 질문들을 계속 이어 나갈 수 있다. 이와 동시에 그 질문들의 답변을 찾아 궁금증이 풀릴 때 우리는 꿈의 텍스트를 이해하게 될 것이다. 그런데 그

질문의 답은 이미 어딘가에 간직되어 있는 것을 꺼내거나 발견하는 것이 아니다. 또한 꿈꾼 이라고 해서 항상 질문의 답을 모두 아는 것도 아니다. 꿈은 이 질문들에 동반되는 사유 과정을 거치면서 답을 찾아가고 그 과정에서 의미가 드러날 것이다. 그 사유를 촉진하고 돕는 것은 꿈꾼 이의 관심사 및 삶의 역사와 연관하여 제기되는 분석질문들이다. 그러한 삶의 맥락에서 분석질문의 답이 드러나고 꿈은 그 의미를 찾게 된다.* 얼핏 보아도 이 꿈은 무언가 상서로워 보이는 꿈이지만, 텍스트 자체만 보는 것으로는 그 의미가 분석되지 않는다. 위에서 제기된 물음들을 가지고 철학적 대화(비판적 분석과 논리에 근거한 질문과 답변의 대화 방식)를 통해 답을 얻을 수 있다면 이 꿈의 의미가 드러날 것이며, 또 충분히 분석될 것이다. (삶의 맥락을 도입한 꿈 전체의 분석은 2장 1절에서 다룰 것이다.)

---

* 그런 이유로 삶의 맥락을 알 수 없는 꿈의 텍스트는 분석의 한계를 갖는다. 맥락 없는 의미가 되어 버린다. 즉 철학적 꿈분석을 위해, 꿈의 텍스트 개념을 나타내는 제1명제(혹은 제1원리)만으로는 아직 충분치 않다. 진전된 분석을 위해서는, 꿈을 생성한 꿈꾼 이의 삶의 맥락을 도입한 꿈의 콘텍스트 개념에 해당하는 제2원리가 필요하다. 이 주제는 2장에서 본격적으로 논의할 것이다.

3. 꿈의 무의식

명제 1-3 **꿈의 무의식은 텍스트 안에 있다.**

꿈이 언어적 구성물이라고 할 때, 꿈을 구성하는 텍스트에는 의식의 언어만이 아니라 무의식의 언어가 함께 들어 있다. 즉 꿈은 무의식의 언어와 의식의 언어로 쓰인 텍스트이다. 꿈이 무의식의 언어와 문법으로 쓰였다는 것은, 꿈은 무의식의 언어를 (혹은 무의식이 말하는 것을) 의식이 다 이해하지 못한 채 기록한 텍스트라는 것을 뜻한다. 즉 우리는 의미를 다 모른 채 자신의 꿈에 대해 이야기하고 있는 셈이다. 여기서 꿈의 무의식은 이미 꿈의 텍스트 안에 언어적으로 직조되어 있으며, 텍스트 바깥 다른 곳에 존재하지 않는다. 그렇기에 텍스트를 떠나 무의식의 존재를 가정할 필요가 없다.

마찬가지로 꿈의 의미도 텍스트 밖 어딘가에 존재하는 것이 아니다. 꿈을 기록한 무의식의 언어는 텍스트 밖의 대상이나 사실을 지시하지 않기에 텍스트 밖에서 의미를 구할 수 없다. 즉 꿈의 의미는 무언가를 지시하지 않는다. 꿈에서 사과나 벌레를 보았다고, 그것이 현실세계의 사과와 벌레를 지시하거나 의미하지 않는다. 꿈의 언어가 일대일로 지시하는 실체는 없다. 오직 텍스트의 맥락과 구조 안에서 무의식이 구성되는 방식에 의해 꿈의 의미가 생성되고 드러날 뿐이다. 꿈의 텍스트는 그것을 구성하는 요소들이 각기 의미를 지시하기보다 전체 체계 안에서 분석을 통해 의미가 드러나는 장(field)이다. 꿈은 의미의 장인 텍스트와 독립하여 다른 곳에서 의미를 찾을 수 없다. 결국 철학적 꿈분석은 자신의 무의식이 말하는 언어를 이해하는 것, 즉 꿈의 무의식과 의식이 소통하는 방식을 분석하는 것이라고 말할 수 있다. 달리 말하면, 나의 무의식과 대화하는 것이다.

프로이트는 우리가 꿈의 의미를 이해하기 어려운 것은 본래적 꿈('잠재적 꿈사고')이 우리에게 드러난 꿈('외현적 꿈내용')을 왜곡하기 때문이라고 주장한다. 프로이트에 따르면 우리에게 알려지거나 보고된 꿈은 무의식의 검열을 거쳐 왜곡된 방식으로 나타난 것이다.* 하지만 철학적 꿈분석의 꿈의 텍스트론에 의하면, 기록된 꿈의 의미를 바로 이해하기 어려운 것은 꿈의 텍스트가 왜곡되어 있기 때문이 아니라 무의식의 언어로 쓰였기 때문이다. 꿈은 무의식의 언어로 쓰인 객관적인 텍스트이며, 비판적 검토와 숙고를 통해 의미를 파악할 수 있다. 꿈은 프로이트의 가정처럼 왜곡된 결과물이 아니다. 프로이트는 '왜곡된 꿈'이라는 가정과 꿈을 왜곡하는 모종의 실체가 있다는 가정 아래 꿈의 텍스트 밖에 있는 무의식의 실체를 찾는 것을 주요 과제로 삼았다. 반면에 나는 삶의 맥락에 놓인 꿈의 텍스트 자체에서 의미를 찾을 수 있을 뿐, 텍스트 바깥에 따로 상정된 꿈의 의미나 무의식의 실체를 찾는 일은 헛된 것이라고 본다. 그런 의미의 꿈의 실체는 없기 때문이다.

이제 꿈의 텍스트 안에서 무의식의 언어가 어떻게 작동하는지 다음의 사례를 통해 살펴보자.

〈검은 어둠 속 마녀의 집〉

마녀의 집이다. 태양같이 활활 타오르는 불길 앞에 마녀가 서 있

---

* 프로이트는 꿈의 텍스트 이전에 본래적인 꿈, 혹은 우리가 접근할 수 없는 꿈의 무의식적 실체, 소위 '잠재적 꿈사고'라는 것이 있다고 가정했다. Freud(1917), 7강.

> 다. 마녀의 방은 불길로 환하지만 그 주위는 어두컴컴하다. 나는 어둠 속에서 마녀를 향해 무언가 말을 하려고 손을 뻗는다. 그러자 불길이 무섭게 화를 내며 큰 어둠을 만들어 내서 나는 캄캄한 어둠 속에 빠질 것 같다. 불은 나에게 두려움과 불안을 일으키며 어떤 동작이나 말도 하지 못하게 방해한다. 내가 하려는 행동을 멈추어야 불길도 잠잠해지고 주변이 안정된다. 그래서 난 아무것도 할 수 없었다.

이 꿈은 대학 졸업 후 취업 준비 중인 젊은 여성이 유년기에 꾼 꿈이다. 어린 시절 잊지 않으려고 기록해 둔 이 꿈은 20년 이상 해석하지 못한 채 남아 있었다. 그녀는 이 꿈이 무언가 자신의 삶의 비밀을 알려줄 것 같아 간직해 왔으며 그 해답의 열쇠를 찾기 위해 오랜 세월 꿈의 세계를 정처 없이 떠돌기도 하였다.

이 꿈을 이해하려면, 우선 꿈의 텍스트에 등장하는 많은 상징들을 분석해야 할 것이다. 꿈의 텍스트에는 마녀와 불과 어둠이 등장한다. 불은 무엇을 상징하는가? 또 마녀는 무엇을 상징하는가? 검은 어둠은 무엇을 의미하며, 또 어둠에 빠지는 것은 무엇을 상징하는가? 등을 물어볼 수 있다. 이 텍스트를 보며 누구나 이런 정도의 물음들을 제기할 수 있다. 꿈꾼 이 또한 이런 물음들을 스스로에게 던졌으나, 오랫동안 그 답을 찾을 수 없었다.

아마도 프로이트는 불이나 마녀 등에서 자유로이 연상되는 것을 통해 의미를 밝히려 하거나, 상징 해석 목록(혹은 축적된 상징의 의미)을 참조하여 이 꿈을 분석하고자 시도할 것이다. 하지만 그것으로는 이 상징들의 의미가 제대로 드러나지 않는다. 실제로 꿈꾼 이는 그런 방식으로는 아무것도 연상하지 못했으며, 해몽책을 찾아보는 것도 도움이 되지 않았다.

꿈의 텍스트가 무의식의 언어로 구성되었다면, 그 안에 내재된 무의식을 어떻게 분석해야 하는가? 꿈은 언어적 구성물이며 텍스트 전체의 맥락 안에서 의미가 생성된다는 것을 상기하자. 이 꿈의 텍스트가 어떤 방식으로, 어떤 언어로, 어떤 관계로 구성되었는지를 파악할 때 텍스트 안의 무의식의 언어가 의미를 드러내기 시작한다.

이 꿈의 텍스트를 자세히 살펴보면, 여기서 가장 눈길을 끄는 것은 불이라는 것을 알 수 있다. 불의 행동 방식은 특이하며 그 역할도 지대하다. 이 텍스트에서 불은 가장 적극적으로 행동한다. 불은 무서운 기세로 태양처럼 활활 타오른다. 불은 무섭게 화를 내며, 공격적이기조차 하다. 나는 어둠 속에 있다. 불은 나와 관계한다. 불은 나의 행동과 의지를 방해하며 나를 깊은 어둠 속으로 빠트린다. 검은 어둠은 무엇을 의미하며 또 어둠에 빠지는 것은 무엇을 의미하는가? 불은 나와 어떤 관계인가? 이 꿈을 분석하기 위해서는 '꿈속의 불처럼 화를 내며 나를 꼼짝 못하게 만드는 것이 무엇인가?'를 밝히는 것이 필요하다.

이런 분석질문 앞에서 스스로 답변을 찾는 경우도 있지만, 전혀 답을 찾지 못하는 경우도 많다. 이러한 물음에 아직 답을 찾지 못했다면, 그것은 꿈을 구성하는 무의식의 언어가 무엇을 의미하는지 분석하기엔 정보가 불충분하기 때문이다. 부족한 정보와 맥락을 채워 주는 것은 그 텍스트를 생성한 꿈꾼 이의 삶의 맥락이다. 꿈의 무의식과 의미는 텍스트만이 아니라 꿈의 텍스트가 관계하는 삶의 맥락 속에서 드러난다. 이는 꿈의 콘텍스트라는 개념으로, 이에 대해서는 2장에서 자세히 다루고 있다.

4. 텍스트의 논리와 분석질문

명제 1-4 **꿈은 텍스트의 논리와 분석질문을 통해 분석된다.**

꿈의 텍스트는 텍스트의 논리를 따라 분석된다. 즉 꿈 텍스트를 구성하는 요소들(인물, 장소, 사물, 사건, 행동, 감정 등)의 관계망을 파악하고, 그 전체적인 논리와 구조를 파악함으로써 꿈의 의미를 이해할 수 있다. 따라서 올바른 분석을 위해서는 텍스트의 논리와 구조를 드러낼 수 있는 질문을 찾아야 한다. 이러한 질문은 전체 구조 속에서 요소들 사이의 차이, 대조, 공통점 및 관계를 묻거나, 등장하는 인물들의 행동 방식과 말하는 방식 및 감정 표현 등에 나타난 모종의 역할과 관계를 밝혀 주는 것이어야 한다. 꿈의 의미는 그 관계들 속에서 생성되기 때문이다. 이와 같이 꿈의 텍스트를 분석하기 위해 필요한 질문들을 나는 '**분석질문**'이라고 명명한다. 분석질문은 텍스트의 내적 논리만이 아니라 꿈꾼 이의 삶의 맥락을 포함하며, 분석질문을 구성하고 답하는 철학적 대화의 과정에서 꿈의 의미가 드러난다.

철학적 꿈분석에서 분석질문은 텍스트의 논리와 의미를 파악하기 위해 중요한 역할을 하는 개념이다. **분석질문은 텍스트의 구조와 논리에 근거하여 숙고적인 연상을 불러일으킨다.** 꿈의 철학적 대화는 분석질문을 제기하고 그것에 답하는 과정에 동반되는 숙고적 연상을 통해 꿈의 의미를 찾아 나간다. 여기서 분석질문은 꿈의 텍스트에 작동하는 논리를 관찰하고 지각하여 꿈의 의미를 파악할 수 있도록 사고를 자극하는 질문인 동시에, 꿈의 무의식의 반응을 끌어내는 질문이다. 분석질문은 텍스트를 이해하기 위한 비판적이고 숙고적인 사고를 촉발하며, 또 객관적으로 적합한 꿈의 가설을 세울 수 있는 근거와 통찰을 제공한다. 그런 점에서 적절한 분석질문은 철학적 꿈분석의 핵심 역할을 한다.

철학적 꿈분석에서 분석질문은 꿈을 주관적이고 자유로운 연상에 맡기는 것이 아니라, 객관적 근거에 바탕을 둔 숙고적 질문을 통해 꿈의 의미를 보편적으로 탐구하도록 인도한다. 이는 비판적인 숙고를 배제한 채 꿈의 요소에 대해 그저 연상되는 것을 묻는 자유연상법과 차이가 있다. 철학적 꿈분석은 연상의 방법을 사용할 경우에도, 우연적이고 개인적인 차원의 주관적 연상에 머무르는 것이 아니라, 비판적이고 숙고된 연상을 통해 보편적 근거의 지평에서 꿈의 의미를 분석한다.*

꿈에 대한 적절한 분석질문은 숙고적인 사유와 연상을 불러일으키며, 개인의 꿈의 무의식을 보편적으로 이해할 수 있게 해준다. 그 결과 지극히 개인적이고 개별적인 꿈이지만 그 사람의 고유한 삶의 맥락을 이해한다면 그 안에서 드러나는 꿈의 의미를 보편적으로 이해가능한 것으로 받아들일 수 있다. 이는 꿈꾼 이에게도 마찬가지다. 많은 꿈들이 분석 이전에는 온전히 이해되지 않지만, 분석을 통해 이해가 더 깊어지거나 예상하지 못한 새로운 이해에 이르기도 한다. 때로는 풀 수 없는 암호 같은 꿈이지만 철학적 분석을 통해 수수께끼가 풀리고 꿈의 의미가 드러나기도 한다. 나아가 보편적 이해에 근거하여, 꿈에 대한 **적절한 분석과 부적절한 분석을 구분할 수** 있고 분석의 올바름 내지 적

* 연상의 본질은 없으며 다양한 종류의 연상이 가능하다는 아이디어는 비트겐슈타인의 가족유사성 개념(Wittgenstein, 1958)에 착안한 것이다. 그 개념에 비추어 생각하면, 우리가 꿈을 분석하기 위해 연상적 사유를 할 경우 자유로운 연상만이 아니라 숙고에 의해 인도되는 연상도 가능하다고 볼 수 있다.

절성을 평가할 수 있다.

철학적 꿈분석에서 분석질문은 꿈의 텍스트를 해석하기 위한 단서와 실마리를 제공한다. 분석질문은 텍스트에 나타난 개별적인 요소에 대한 물음만이 아니라, 체계적으로 전체 구조를 바라보며 파악되어야 할 핵심 사유를 묻는다. 이러한 질문에 대해 답을 찾는 과정만으로 꿈의 의미를 확연하게 드러내 주기도 한다. 그런 경우에 분석질문은 꿈의 텍스트를 이해하는 열쇠가 된다. 철학적 꿈분석에서 분석질문은 바로 그런 **분석의 열쇠 역할**을 지향한다. 그런 질문은 꿈의 텍스트를 구성하는 언어들이 어떤 구조와 관계 속에서 짜여 있는지를 파악하는 폭넓고 깊은 이해와 고정관념에 치우치지 않고 여러 각도에서 바라볼 수 있는 시각에서 나온다.

분석질문의 주요 역할은 다음 세 가지로 요약할 수 있다. 첫째, 꿈의 텍스트의 논리적 구조를 드러냄으로써 꿈의 의미를 생성한다. 둘째, 숙고적 연상을 통해 꿈의 무의식의 반응을 불러일으킨다. 셋째, 적절한 가설과 부적절한 가설을 구분할 수 있는 객관적 기준을 제시한다. 이러한 세 가지 역할을 꿈의 사례를 통해 각각 살펴보자.

첫째, 분석질문이 텍스트의 차이와 대조 등의 논리적 구조를 드러내는 방식으로 꿈의 의미를 생성하는 예를 살펴보자. 다음은 호랑이가 나오는 꿈을 반복하여 꾸는 한 남성의 꿈이다. '꿈 a'는 젊은 시절에 꾼 꿈이고, '꿈 b'는 퇴직을 앞둔 시기에 꾼 꿈이다. 텍스트의 대조를 통해 그 차이가 어떤 의미를 드러내는지 이해할 수 있다.*

---

* 두 꿈 사이에서도 차이와 대조에 의해 꿈의 의미가 생성된다. 이는 상호 콘텍스트 개념으로 2장 4절에서 다루게 될 것이다.

꿈 a) … 호랑이를 때려눕히는 꿈을 꾸었다.

꿈 b) 유럽의 어느 거대한 성채를 관광하고 있었다…. 사람들이 어디론가 이동하고 있는데, 나이가 들고 초췌해 보이는 커다란 호랑이 한 마리가 누워 있었다.

꿈꾼 이는 젊은 시절부터 최근까지도 가끔 호랑이 꿈을 꾸는데, 호랑이가 자신을 상징하는 것 같지만 꿈의 의미가 무엇인지, 그 텍스트가 무얼 말하고 있는지 해석하긴 어렵다고 했다. 그런데 두 개의 텍스트를 살펴보면, 두 꿈에 등장하는 호랑이는 분위기가 확연히 다르다.

두 개의 꿈에서 호랑이의 모습과 행동 방식의 차이는 무엇인가? 그러한 차이를 꿈꾼 이의 삶의 맥락과 연결시키면 어떤 의미를 읽을 수 있는가? 꿈꾼 이는 호랑이를 때려눕히는 '꿈 a'가 당시 취업의 최종 면접에서 상대를 물리치고 합격한 것을 의미한다고 해석하였다. 경쟁 상대인 동료가 호랑이로 등장했다면, 꿈속의 자신 또한 호랑이라고 볼 수 있다. 따라서 '꿈 a'는 젊은 시절 경쟁 상대를 물리치던 패기 넘치는 자신의 모습을 나타낸다. 반면 '꿈 b'의 힘없이 누워 있는 늙은 호랑이는 퇴직을 앞두고 노화기에 접어든 자신의 처지와 상태를 나타낸다.

또한 '꿈 b'의 세부 텍스트를 보면, 호랑이는 사람들과도 대조되는 행동을 보이는데, 그 맥락에 위치한 '호랑이'는 또 다른 의미를 생성한다.

… 사람들은 건물 사이를 이동하고 있는 중인데… 호랑이 무리가 사람들에 개의치 않고 누워 있었다. 처음에는 깜짝 놀랐으나 사람들이 아무렇지도 않게 다니는 걸 보고 나도 곧 적응하고 사

람들을 따라 계속 이동하였다. …

사람들은 계속 이동하며 움직이는데 호랑이는 움직임 없이 누워 있다. 꿈속의 이동하는 사람들과 누워 있는 호랑이에서 이동과 정지는 삶의 활력의 증감을 나타낸다. 혹은 살아가는 이들과 죽음을 앞둔 이들을 상징한다. 이 꿈에서 꿈꾼 이는 누워 있는 늙은 호랑이에게 자신을 이입한다. 마치 움직임이 없는 호랑이에 속한 듯이, 움직이는 사람들을 따라가기를 힘들어한다. 이동하는 사람들 틈에서 자신은 자꾸 뒤처지고 있는 모습을 보인다. 퇴직을 앞두고 자신은 전자에서 점차 후자로 물러남을 성찰하고 있는 꿈이다.*

분석질문의 두 번째 역할은 숙고적 연상을 통해 꿈의 무의식의 반응을 끌어내는 것이다. 철학적 꿈분석은 꿈의 텍스트에서 작동하고 있는 무의식과 의식 사이의 대화와 소통 방식을 이해하기 위한 것이다. 그렇다면 의식은 무의식과 어떻게 소통하는가? 철학적 꿈분석은 분석질문을 통해 무의식의 응답을 이끌어 낸다. 이때 분석질문은 숙고적 연상을 촉발하는 역할을 하며, 이를 통해 의식이 무의식과 소통하는 경로를 탐색한다. 그런 점에서 분석질문은 의식이 무의식과 관계하거나 무의식에 도달하는 방법이 된다. 적합한 분석질문은 자유연상이 아니라 숙고적 연상을 유도하며 꿈의 언어와 상징과 이미지가 텍스트와 삶의 맥락 안에서 어떻게 작동하고 어떤 역할을 하는지를

---

* 이런 분석의 과정에서, "젊은 호랑이와 늙은 호랑이에서 느끼는 감정의 차이는 무엇인가?", "누워 있는 늙은 호랑이에 자신을 이입하는 이유는 무엇인가?", "이동하는 사람들을 잘 따라가지 못하는 것은 누워 있는 호랑이와 어떤 관계를 갖는가? 등의 분석질문이 꿈의 의미를 생성하는 역할을 한다.

드러내어 고유한 의미를 찾도록 해준다. 다음 사례를 통해 분석질문의 그러한 역할을 살펴보자.

〈수달이 끈질기게 쫓아오는 꿈〉

나는 남자친구와 함께 1층에 동물원이 있는 도서관에 들렀다. 그 동물원에 수달이 있었는데, 그 수달에게 먹이를 준다고 한 후에 안 주었다. 그랬더니 수달이 무섭게 우리 둘을 따라왔다. 우리는 수달을 피해 달아나기 위해 급히 도서관 4층까지 올라갔다가 미끄럼틀을 타고 일층으로 내려왔는데, 수달도 우리를 쫓아서 4층까지 올라간 후 미끄럼틀을 타고 내려왔다. 도서관을 벗어나도 수달이 계속 따라오자 우리는 기차역으로 갔다. 수달이 계속 우리를 따라오기에, 서둘러 재빨리 기차를 탔는데도 우리를 따라잡았고 결국 수달이 남자친구를 붙잡았다. 그러자 나는 남자친구와 떼어 놓기 위해 판때기로 계속 수달을 밀쳐 냈다. 열차 안에 있던 경찰이 상황을 수습한 후, 우리가 수달을 1층 동물원에서 나오게 한 요인이라며 보상금을 내야 할 수 있다고 말했다. 난 그 말을 듣고 조금 억울했다.

이 꿈에서 수달이라는 동물의 상징이 무엇이며, 수달이 그 자체로 무엇을 의미하는지 묻는 것은 이 꿈을 분석하는 데 도움이 되지 않는다. 박제되어 있는 수달의 상징적 의미란 없기 때문이다. 수달에서 자유롭게 연상되는 것을 찾는 것도 암담한 일이다. 꿈의 상징에서 아무것도 연상되지 않는 일이 부지기수이기 때문이다.* 이런 자유연상의 방식은 꿈의 의미를 이해하는 데 별 도움이 되지 못한다. 수달은 꿈의 무의식에 걸려든 우연한 요소일 뿐이다. 동물원이나 그림책에서 수달을 보았기 때문에 수달이 등장할 순 있지만, 그런 경험 자체가 꿈의 텍스트에 의미를 부여하진 않는다. 꿈분석의 임의성과 우연성에서 벗어나려면 전체 맥락 안에서 정당화될 수 있는 적절한 분석질문을 통해 의미를 찾아야 한다.

이 꿈을 분석하면서 수달의 상징을 파악하기 위해 필자가 물었던 주요 분석질문은 다음과 같다. "**나와 남자친구가 무언가 해야 할 의무를 하지 못한 것이 있다면 무엇인가?** 나와 남자친구가 이행해야 할 채무처럼 생각하는 것이 있다면? **또한 그 때문에 끈질기게 추궁받게 될 것이 있다면?**" 이 질문은 꿈의 텍스트 안에서 수달의 행동 방식 및 역할과 관계 등을 통해 구성된 것이다. 수달에게 먹이를 준다고 하고서 주지 않은 것은 의무를 다하지 않은 것과, 그 때문에 남자친구와 자신이 끈질기게 쫓기는 것은 추궁당하는 것과 연결된다. 즉 텍스트에 등장하는 요소들의 관계망으로부터 이 질문이 타당하게 제기된다. 그리고 이는 꿈꾼 이의 무의식의 반응을 불러일으킨다. 꿈꾼 이는 이 질문을 받자 바로 떠오른 것이 있었다. 그 질문을 들으니 모든 것이 확연해진다며 소름이 돋는다는 반응을 보였다. 그는 이 분석질문이 촉발한 숙고적 연상에 근거하여 수달이 의미하는 바를 찾을 수 있었다. 그 질문을 받기 전에는 생각해 보지 못했던 꿈의 무의식의 목소리를 대면하게 되었고, 임의적인 추측이 아니라 근거에 기반해 꿈의 의미를 분

---

* 자유연상을 주장하는 프로이트조차도 피분석자들에게 자유롭게 무엇이든 연상해 보기를 강요해도 아무것도 떠오르지 않는 '연상이 꽉 막히는 일'이 수시로 일어난다는 것을 언급한다(Freud, 1917, 10강). 연상이 막히는 경우는 특히 상징을 다룰 때 일어난다. 이는 프로이트가 상징을 자유연상의 예외적인 방식으로 다루는 것과 관련된다.

석할 수 있었다. 적절한 분석질문만으로 꿈의 핵심적인 상징에 대한 의문을 풀 수 있었던 사례다. (이 꿈을 자세히 분석하려면, 꿈의 배경과 삶의 맥락 등에 대한 정보가 더 필요하다. 꿈의 콘텍스트 개념을 도입한 꿈 전체의 분석은 다음 장에서 다루기로 한다.)

셋째, 분석질문에 의한 숙고적 연상은 가설을 평가하는 객관적 근거를 제시해 준다. 철학적 꿈분석에 의하면, 처음에 연상된 것이 반드시 좋은 것은 아니며 모든 연상이 다 좋은 것도 아니다. 꿈분석 과정에서 새로운 가설을 세울 수도 있으며, 가설들이 경쟁할 수 있다. 이때 분석질문과 숙고적 사유를 통해, 제시된 가설이 텍스트의 맥락에 부합하는지, 경쟁하는 가설 중 어떤 가설이 더 적합한지를 묻고 검토하여 가설들의 우위를 비교 평가할 수 있다. 즉 분석질문은 적절한 가설과 부적절한 가설을 구분하고, 경쟁하는 가설들 사이에서 취사선택할 수 있게 해준다. 다음 꿈의 사례를 보자.

〈집도 부모도 없는 떠돌이 남자아이〉

나는 학교 캠퍼스에서 천천히 산책을 하고 있었는데, 자연스럽게 한 남자아이를 만나서 이야기를 하게 되었다. 어떻게 하다가 대화를 시작했는지, 무슨 대화를 했는지 정확히 기억이 나지는 않지만, 아이가 대화가 끝나고도 한참 동안 집에 가지 않기에 내가 왜 집으로 가지 않느냐고 물었다. 그러자 아이가 말하길, 자신은 부모가 없고 집이 없어서 항상 그날그날 잘 곳을 찾아다니는 신세라고 했다. 나는 아이의 신세가 너무 딱해서 아이를 내가 지내는 기숙사에서 지내도록 하고 싶었지만, 내게 그만큼의 돈은 없어서 아이를 데려갈지 말지 고민을 많이 하였다. 기숙사에

> 사람 하나를 더 살게 하려면 내가 매달 내는 기숙사비에 그 아이의 기숙사비까지 더 내주어야 했기 때문에 기존에 내던 기숙사비의 두 배가 들어갈 것이기 때문이었다. 하지만 고민 끝에 아이를 기숙사로 데려가기로 했다. 그렇지 않으면 아이가 당장 잘 곳이 없었고 아이가 너무 딱했기 때문이다.

이 꿈은 G가 일 년 동안 유럽에서 교환학생으로 지내던 시기에 꾼 꿈이다. 그녀는 외국에서 공부도 하며 경험을 쌓고 싶어했다. 부모님과 남동생이 있는데, 꿈을 꿀 당시 남동생은 입시를 앞둔 수험생이었다.

이 꿈은 '집도 없고 부모도 없는 떠돌이 남자아이'가 불쌍해서 기숙사로 데려오는 꿈이다. 여기서 **떠돌이 남자아이가 상징하는 것**은 무엇인가? 그녀가 이 꿈을 꾸고 나서 처음 연상한 것은 '같은 기숙사에 거주하는 한국인 유학생들'이었다. 이들이 외국인 친구와의 관계가 서툴러서 함께 잘 어울릴 수 있도록 도와주고 있었고 그 과정에서 약간의 스트레스를 받고 있었기 때문이다. G는 성격이 비교적 외향적이고 영어로 의사소통을 하는 데 불편함이 없어서 외국인 친구들과 특히 더 어울려 다니는 편이었다. 하지만 다른 한국 친구들은 성격이 소극적이거나 영어를 사용하는 것에 자신이 없어서인지 외국인 친구들과 어울리는 데 어려움을 겪었다. 그녀는 그런 한국 친구들을 챙겨 주고 싶어서 외국인 친구들과 놀러 갈 때마다 그들을 불러서 동행하는 등 나름의 노력을 했다. 하지만 한국 친구들이 거기에서도 잘 어울리지 못해 다른 외국인 친구들이 불편해했고, 그 때문에 두 그룹 사이에서 스트레스를 받았다. G는 한국 친구들을 배려하며 지내는 것이 마냥 쉽지는 않았다. 그래서 그들을 도우면서도 무언가 압박을 느끼기도 하는 심정이 떠돌이 남아를 기숙사에 데려와 돌보는 것으로, 그리고 그 때문에 여러모로 부담감을 느끼는 꿈으로 나타난 것이라 해석하였다.

하지만 그녀는 한국 유학생들이 약간 불편한 정도이지 자신이 책임지고 '돌봐야 할 존재'라고 여길 정도로 짐스럽진 않았고, 실제로 그들 때문에 그리 크게 희생한 것도 없기 때문에 떠돌이 남아가 한국 유학생을 상징한다는 가설(A)은 너무 과장된 해석이거나 적절하지 않아 보인다. 꿈꾼 이가 저절로(자유로이) 연상한 것이지만 석연치 않은 부분이 있다.

이럴 경우엔 더 나은 새로운 가설을 찾아봐야 한다. 꿈속의 떠돌이 남아는 누구일까? 내가 돌봐야 할 어떤 존재 때문에 피해를 보거나 큰 부담을 느낀다면, 그것은 누구일까? 이 물음에 따라 새로운 가설을 찾아보았다. 필자는 수능을 준비하며 기숙사 생활을 하고 있는 남동생을 제시했고, 수험생인 '남동생'을 '떠돌이 남아'의 대안적 가설(B)로 검토해 보기로 했다. 이 가설의 근거는 G의 삶의 맥락에서 얻은 다음 정보에 있다. 동생은 현재 학교 기숙사에서 지내고 있다. 그래서 그녀는 여름방학에 부모님과 함께 유럽 여행을 하려고 계획 중이었다. 그런데 동생이 방학 동안 기숙사에서 나와 집에서 공부하겠다고 하는 바람에 부모님과의 유럽 여행이 무산되었다. G는 동생의 선택 때문에 가족여행이 무산된 것이 매우 속상했다.

이 맥락을 토대로 꿈의 텍스트를 분석해 보자. 남동생에 대한 원망과 속상한 마음에는 '동생을 뺀' 가족여행을 즐기고 싶은 마음이 반영되어 있다. '집에 오지 말고 그냥 기숙사에 있지'라는 동생에 대한 마음과 '그랬으면 부모님과 즐겁게 유럽 여행을 할 수 있었을 텐데'라는 생각 속에서 동생은 가족에서 제외되고 집에 돌아오지 못하는 상황에 처한다. 그것이 꿈에서 '집도 없고 부모도 없는 떠돌이 남아'로 표상된 것이다. 꿈꾼 이가 기대하는 대로 만약 부모님이 여름방학에 자신과 함께 유럽 여행을 하게 되면, 동생은 집으로 돌아오지 못하고 기숙사에 남아야 한다. 혹은 꿈꾼 이는 그렇게 되기를 기대한다. 그야말로 부모와 함께하는 가족여행에도 끼지 못하고 집에도 들어오지 못한다는 점에서 '집도 없고 부모도 없는 떠돌이' 신세가 되는 것이다.

하지만 입시 준비로 고생하는 남동생에게 연민을 느끼고(자신도 그 과정을 거쳤기에 동생이 힘든 것을 이해한다) 배려하기로 했다. 많이 아쉽고 속상했지만 부모님과의 여행을 양보하고 혼자 유럽 여행을 하기로 결정하였다. 이런 선택과 고민을 꿈은 떠돌이 남아를 기숙사로 데려와 돌보는 선택을 한 것으로 형상화한다. 동생을 배려한 선택을 한 것은 꿈속의 남아를 기숙사로 데려오는 것으로, 그럼에도 무산된 가족여행에 대한 아쉬움과 동생을 먼저 배려해야 하는 부담감은 남아를 부양해야 하는 부담으로 꿈은 표상하고 있다. 이처럼 꿈의 텍스트와 콘텍스트(삶의 맥락)에 따르면* 두 번째 가설(B)이 꿈의 텍스트와 맥락에 잘 들어맞고 충분한 설명을 해주는 적합한 가설이라는 것을 알 수 있다.

하나의 꿈에 대해 두 개의 분석 가설이 경쟁할 때, 가설을 비교하고 어느 것이 더 나은 가설인지 평가할 수 있어야 한다. 이는 평가의 기준을 동반한다. 가설 B가 A보다 더 나은 이유는 꿈의 맥락(콘텍스트) 위에 꿈의 텍스트를 비춰 보면 분명하다. 앞에 설명한 대로 가설 A는 부적합한 부분들이 있었으나, 가설 B는 그 미흡한 부분을 채워 주

---

* 또한 4장 3절의 숙고적 연상의 역할을 참고하라. 이 가설 B는 4장 3절에서 다룰, 꿈꾼 이의 다른 꿈의 맥락과도 잘 들어맞는다.

고 적합한 설명들을 제공해 주기 때문이다. 대안 가설 B야말로 꿈의 텍스트와 콘텍스트에 딱 들어맞는다.

그런데 **자유연상만으로는 두 가설 A와 B의 우열을 밝히기 어렵다.** 프로이트는 그게 무엇이든 맨 처음 연상된 것을 답으로 간주했다. 그러나 위의 사례에서처럼 처음 떠오른 연상이 꿈의 맥락(콘텍스트)에 맞지 않는 경우도 분명히 있다. 이럴 경우 처음의 가설을 밀고 나가기보다 대안 가설을 찾는 것이 바람직하다. 또한 양립하지 않는 두 가지 연상이 가능할 경우, 숙고를 배제하는 자유연상법으로는 어떤 가설을 선택하는 것이 정당한지 평가하거나 설명할 수 없다. 그렇다면 자유연상은 불충분한 방법론이라는 걸 인정해야 할 것이다.

자유연상과 달리 철학적 꿈분석의 경우, 분석질문을 통한 꿈의 대화는 대안적 가설을 탐색하고, 둘 이상의 가설들을 비교, 검토하여 더 적합한 가설을 선택할 수 있게 해준다. 이 과정에서 분석질문을 통한 숙고적 연상은 가설의 평가와 취사선택에 중요한 역할을 한다.

꿈의 텍스트에 대해 제기하는 일련의 분석질문과 그에 대한 답변은 삶의 맥락 안에서 이루어지는 철학적 대화이다. 이러한 대화를 통해 적합한 분석질문을 제기하기 위해서는 꿈의 텍스트의 내적 구조만이 아니라 텍스트를 기록한 꿈꾼 이의 삶의 맥락에 대한 정보와 이해가 필요하다. 즉 꿈의 텍스트는 그 텍스트가 놓인 삶의 맥락 안에서 분석되어야 한다. 꿈은 텍스트 해석의 콘텍스트가 되는 삶의 맥락이 들어올 때 비로소 분석이 완성된다. 결국 꿈을 분석하는 것은 꿈의 텍스트를 생성한 사람의 삶의 맥락과 배경에서 꿈의 언어 혹은 무의식의 언어를 해독할 실마리를 찾아내는 것이다. 이는 철학적 꿈분석의 두 번째 원리에 관한 것으로 다음 장에서 다루게 될 것이다.

5. 꿈을 기록하는 방식

명제 1-5 **꿈기록은 철학적 꿈분석의 기초 자료이다.**

기록된 꿈의 텍스트는 철학적 꿈분석의 기본 자료이다. 따라서 꿈을 체계적으로 기록하는 것이 필요하다. 필자는 이를 위해 '꿈기록 양식'을 사용한다.* 이 양식은 2010년 꿈분석 연구를 시작할 당시에 만들었던 것으로 현재까지도 그대로 사용하고 있다.

꿈기록의 양식은 크게 다음과 같은 4가지 항목으로 구성되며, 꿈의 기록은 이 항목들에 답하는 것으로 이루어진다.

첫 번째, 꿈의 배경. 이 항목에는 꿈을 꾼 시기와 당시의 주요 관심사를 기록한다. 구체적으로 당시의 경험과 고민, 중심적인 사고, 꿈꾸기 전날의 인상적 사건 등을 기록한다. 이는 꿈꾸기 전의 경험과 사건을 통해 꿈의 배경과 맥락에 대한 정보를 제공한다.

두 번째, 꿈의 내용. 이 항목에는 떠오르는 꿈의 내용을 기록한다. 이 부분이 바로 꿈의 텍스트를 구성한다.

셋째, 꿈에 대한 다음 두 가지 물음에 답한다. ① 꿈에서 나는 어떤 행위를 했고 어떤 생각이나 느낌이 들었으며, 꿈에서 깬 후 그것에 대해 어떻게 이해했는가? ② 그 꿈이 나에게 어떤 메시지를 주었다고 생각하는가? (혹은 자기이해 및 자신의 문제 상황에 어떤 도움이나 암시를 받

---

* 물론 꿈기록 없이 꿈꾼 것을 말하면서 분석하는 경우도 있다. 하지만 꿈이 길고 복잡할 때는 꿈기록 없이 텍스트의 구조를 자세히 관찰하며 분석하기란 쉽지 않다. 더구나 꿈꾼 이의 삶의 맥락을 모른다면 꿈분석은 더욱 제한을 받는다. 그렇기에 필자는 대부분의 경우, 먼저 꿈기록 양식을 보내 준 후, 대면으로 만나 그 양식에 기록된 꿈을 분석하는 방식을 취한다.

았는가?) 이 물음은 꿈의 경험에 대한 현상학적 기술과 꿈의 메시지를 찾는 과정이다. 이 두 가지 기본질문에 대한 답변을 기초로 꿈의 텍스트에 대한 더 진전된 분석질문과 답변이 진행된다.

넷째, 자신의 꿈에 대한 1차 해석. 위의 세 가지 항목에 대한 답변을 토대로 스스로 꿈을 해석해 보는 것이다. 사람들은 꿈기록 양식의 배경과 질문에 답하는 것만으로도 자신의 꿈을 조금은 이해할 수 있다. 꿈기록 양식의 질문들 자체가 이미 꿈분석의 중요한 역할을 하고 있는 것이다. 또한 이 기록 자체가 꿈에 대한 비판적 숙고의 자료가 되기도 한다. 구체적인 방법을 모르더라도 꿈기록 양식에 답변하는 과정에서 이미 일차적으로 꿈분석이 이루어지기도 한다. 물론 이러한 1차 해석은 분석의 초기 단계에 머무르거나 아직 초견적 해석에 불과하기에, 철학적 대화를 통해 본격적으로 꿈의 무의식이 전하는 메시지와 의미를 찾아 나가야 한다.

이 꿈기록 양식 안에는 철학적 꿈분석이 지향하는 바를 보여 주는 요소와 물음들이 들어 있다. 모든 질문에 답하고 기록 양식을 모두 채워야 하는 것은 아니지만, 이 기록이 충실할수록 기본 자료가 풍부해지고 그만큼 분석에 도움이 된다. 그러나 기록이 불충분하다고 염려할 필요는 없다. 부족한 부분은 꿈을 분석하는 대화* 과정에서 다시 채워질 것이기 때문이다.

꿈기록 양식에 맞추어 잘 기록된 꿈은 꿈분석을 위한 기초 자료가 된다. 때로는 이것만으로도 대략 꿈의 의미가 드러나기도 한다. 하지

* 꿈의 대화는 좁은 의미로는 '꿈에 대해 분석하는 대화'이며, 넓은 의미로는 꿈에 대한 모든 종류의 대화를 포괄하여 말한다.

만 진정한 꿈분석은 분석질문과 응답으로 이어지는 꿈의 대화 과정을 통해 이루어진다. 그때 꿈의 무의식이 모습을 드러내며 꿈의 의미가 분석된다.

필자는 꿈기록을 토대로 꿈분석에서 사용할 철학적 방법론을 '비판적 현상학'으로 규정한다. 꿈분석의 방법론에서 **비판적 현상학**이란, 꿈의 경험을 현상학적 방법으로 있는 그대로 기술한 뒤 그 기술된 내용을 비판적으로 검토하는 과정을 포괄하는 접근법이다. 이는 꿈의 의미를 구성하는 사고방식과 분석의 근거를 검토하는 작업을 포함한다는 점에서 비판적 성격을 지닌다. 이 방법론은 분석질문을 통해 구체화된다. 분석질문은 꿈의 구조와 맥락, 꿈꾼 이의 반응과 태도, 그리고 그 반응에 담긴 사고방식을 파악하도록 구성된다. 따라서 위에서 설명한 꿈기록 양식은 단순히 꿈을 묘사하는 것이 아니라, 그 기술된 것의 의미와 전제를 비판적으로 검토하도록 설계되어 있다. **특히 분석질문은 꿈 텍스트를 이해하고 분석하기 위한 실마리와 단서를 제공한다는 점에서 중요하다.**

꿈의 기록이 중요한 이유는 분명하다. 꿈은 기록된 텍스트 외의 다른 것이 아니다. 기록하지 않은 꿈은 잊히고, 분석의 대상도 되지 못한다. 의미를 찾을 수도 없다. 꿈분석의 출발점은 꿈의 텍스트이자 꿈의 기록이다. 실제로 철학적 꿈분석 상담을 받았던 한 내담자는 어릴 적부터 거의 날마다 꿈을 꾸어 왔다고 보고했지만, 처음 만났을 때는 기억해서 제대로 말하거나 전달할 수 있는 꿈이 거의 없었다. 꿈을 자주 꾸면서도 꿈속의 이미지나 단편적인 장면밖에 떠올리지 못하는 이들도 있었다. 꿈의 내용을 기억하진 못하고 꿈을 꾸었다는 사실만 기억하는 이들도 있었다. 그러나 필자의 꿈기록 양식에 따라 꿈의 내용을 텍스트로 기록하는 약간의 훈련을 받은 후에는 대부분 꿈을 문장으로 기록하여 텍스트를 완성할 수 있었다. 그들은 꿈이 원래 파편적인 이미지의 조각들이라고 생각했기에 텍스트로 기록할 생각을 하지 못했다. 그런 점에서, '텍스트로서의 꿈'은 당연한 것이 아니라 전혀 새로운 개념이다.

2장

꿈의 맥락: 꿈의 텍스트와 콘텍스트

명제 2 꿈의 텍스트는 콘텍스트 안에서 분석된다.

꿈의 텍스트 개념이 철학적 꿈분석의 제1원리를 나타낸다면, 꿈의 콘텍스트 개념은 제2원리를 나타낸다. 꿈이 텍스트라면 그 텍스트는 콘텍스트 안에 위치한다. 꿈의 콘텍스트는 꿈이 생성된 맥락, 즉 꿈꾼 이의 삶의 맥락이다. 이제 철학적 꿈분석의 두 원리를 결합하여 꿈을 다시 정의할 수 있다. 즉 꿈은 꿈꾼 이의 삶의 맥락(콘텍스트) 안에서 구성된 텍스트이다. 꿈의 의미는 꿈의 텍스트와 콘텍스트가 겹쳐지며 그려 내는 무늬에 비유할 수 있다. 꿈의 의미는 맥락에 의존하며, 꿈의 텍스트가 놓인 맥락이 좁은지 넓은지에 따라 꿈의 의미가 달라진다. 꿈의 맥락이 확장됨에 따라 그 의미도 확장된다. 또한 한 개인에게 속한 일련의 꿈들은 상호 콘텍스트가 된다. 하나의 꿈이 다른 꿈의 분석에 콘텍스트로 작용하며, 꿈들은 서로의 맥락이 된다. 꿈의 상징 또한 맥락 의존적이다. 꿈속의 상징들은 맥락 안에서 그 의미가 결정되며, 꿈의 맥락을 떠나 그 자체로 독자적인 의미를 갖지 않는다.

1. 꿈의 콘텍스트

명제 2-1 **꿈의 콘텍스트는 꿈꾼 이의 삶의 맥락이다.**

꿈의 텍스트 개념은 꿈의 콘텍스트 개념과 짝을 이룬다. 즉 꿈이 텍스트라면, 그 텍스트는 콘텍스트 안에 위치한다. 콘텍스트는 텍스트를 해석하는 데 필요한 배경 정보와 그것들 사이의 관계의 총체를 말한다. 꿈의 콘텍스트는 꿈을 해석하는 데 필요한 모든 정보를 포함한다. 여기에는 꿈꾼 이의 삶의 역사와 맥락, 가치관, 삶의 방식 전반이 포함된다. 텍스트가 콘텍스트 안에 배치되어 해석되듯이, 꿈 역시 꿈꾼 이의 고유한 삶의 맥락 안에서 이해되어야 하며, 그 맥락이 제공하는 정보를 바탕으로 해석되어야 한다.

꿈의 콘텍스트는 꿈이 생성된 맥락, 즉 꿈꾼 이의 삶의 맥락이다. 그것은 자신의 세계관, 가치관 및 정체성과 관심사를 포함하는 넓은 맥락으로 확장된다. 꿈의 텍스트는 그것이 생성된 삶의 맥락이라는 보다 넓은 콘텍스트 안에 위치한다. 필자는 '꿈꾼 이의 삶의 맥락'이라는 꿈의 콘텍스트 개념을 도입하여 철학적 꿈분석의 두 번째 원리를 다음과 같이 제시한다. **꿈의 콘텍스트는 꿈꾼 이의 삶의 맥락이며, 꿈은 삶의 맥락 안에서 분석된다**. 그리고 꿈의 텍스트 개념과 콘텍스트 개념을 결합하여 꿈을 다시 정의할 수 있다. 즉 꿈은 꿈꾼 이의 삶의 맥락 안에 놓인 텍스트로서, 삶의 맥락 안에서 의미가 드러나는 잘 조직된 언어적 구성물이다. 그리하여 꿈의 텍스트 안의 어떤 요소들도, 어떤 단어나 문장, 심지어 상징조차도 그것만 따로 떼어 내어 다룰 수 없으며, 꿈속의 각 요소는 다른 요소들, 다른 진술들, 다른 태도와 반응들, 다른 이미지들, 다른 사건들과 복합적인 상호 관계 속에서 의미를 갖는다. 이는 **꿈의 의미의 총체성**을 뜻한다. 이처럼 철학적 꿈분석의 작업은 꿈의 텍스트와 삶의 맥락 사이의 모든 관계를 분석함으로써 생성되는 꿈의 의미를 파악하는 것이다.*

꿈은 꿈의 요소들 사이의 관계에 의해 의미가 드러나는 텍스트이며, 개인의 경험과 삶을 반영하는 꿈의 요소들을 가지고 구성한 건축물과 같다. 그만큼 꿈의 텍스트는 삶의 맥락과 유기적인 의미 연관을 가지고 있다. 꿈에 대해, 꿈꾼 이의 삶은 고유한 차원들을 지닌 총체적 관계망 안에서 서로 떼어 놓을 수 없는 문맥(콘텍스트)의 역할을 한다. 즉 꿈과 우리의 삶이 서로 조명하며 의미를 드러낸다. 따라서 꿈은 꿈꾼 이의 고유한 삶의 맥락 안에서만 온전히 분석되며 그 맥락에 따라 고유한 꿈의 의미가 드러난다.

텍스트의 맥락은 텍스트 자체의 내적 맥락과 외적 맥락, 두 가지를 모두 포함한다. 꿈의 텍스트는 그 자체의 내적 맥락과 삶의 외적 맥락 안에서 의미가 드러나도록 잘 조직된 구성물이다. 꿈은 텍스트이며, 꿈의 텍스트와 별개로 숨겨진 꿈이나 무의식적 실재는 존재하지 않는다. 꿈을 기록한 텍스트(꿈의 내용)는 그 자체로 독립적인 의미를 가지지 않으며, 텍스트가 형성된 맥락과 콘텍스트 안에서 분석을 통해 비로소 의미가 생성되고 드러난다. 꿈은 프로이트의 주장처럼, 의식은 모르지만 무의식만이 알고 있는 꿈의 의미(즉 무의식)에 도달하기 위한 자유연상의 자료가 아니다. 즉 꿈의 의미는 꿈의 텍스트 바깥 어딘

* 꿈 의미의 총체성이란, 꿈의 의미는 꿈의 텍스트를 구성하는 단어나 낱개 문장이 아니라 그 단어나 문장이 속해 있는 꿈의 텍스트와 맥락의 총체에 의해 결정된다는 것을 말한다. 의미의 총체성을 받아들이면, 의미는 관계적이고 맥락 의존적이다.

가에 실재하는 것이 아니다.

꿈의 의미는 두 가지 차원의 맥락에 의존한다. 하나는 꿈을 구성하는 내적 요소들 사이의 관계에서 의미가 형성되는 텍스트 내적 맥락이고, 또 하나는 꿈꾼 이의 삶의 배경 안에서 의미가 생성되는 텍스트 외적 맥락이다. 콘텍스트는 일상적으로 외적 맥락을 의미하는 경우가 많으나, 철학적 꿈분석에서는 내적 맥락과 외적 맥락 모두를 포괄한다. 철학적 꿈분석은 꿈이 이 두 가지 맥락을 가지고 구성된 것으로 보고 텍스트의 구조와 관계 및 맥락을 파악하여 분석을 수행한다.

첫 번째 의미의 맥락으로, 텍스트 내적 맥락에서 의미가 생성되는 방식을 살펴보자. 예컨대, 텍스트에 사용된 '환자'라는 단어(혹은 기호)가 무얼 의미하는지는 1차적으로 텍스트의 내적 관계에 따라 결정된다. 즉 '환자'라는 단어가 의사의 치료와 관계한다면 '질병을 가진 자'를 의미하며, '혼자 걷지 못하고 들것에 실려 남의 돌봄을 받는 자'라는 기호와 연관된다면 '의존하는 자'를, '용서'와 관련된 기호라면 '죄인'을, '구속된 자'의 기호와 관계한다면 '억압되거나 자유롭지 못한 자' 등의 의미로 드러난다. 즉 텍스트 구조의 관계와 차이에 따라서 '환자'의 의미는 질환자, 의존자, 죄인, 부자유한 자, 속박된 자 등으로 다르게 드러난다. 이와 같이 텍스트를 구성하는 '환자'라는 단어는 그 자체로 고정된 의미나 사전적인 특정 의미를 갖는 것이 아니라, 텍스트의 구조적 관계와 맥락에 따라 다양한 의미를 나타낸다.*

* 「마태복음」 9장에는 중풍병 환자 이야기가 나온다. 사람들이 중풍병 환자를 들것에 누인 채 데려오자 예수는 그 믿음을 보고 환자에게 "그대의 죄는 용서받았소, 일어나 들것을 들고 집으로 가시오"라고 말한다. 그러자 환자는 일어나 들것을 들고 집으로 돌아간다. 여기서 '환자'가 관계하는 요소는 다양하다. 기호학자이자 신학자인 서인

두 번째 의미의 맥락은, 꿈을 꾼 이가 어떤 삶의 경험과 역사, 가치 속에서 꿈의 텍스트를 생성했는지를 살펴보는 것이다. 그 사람이 추구하는 중심 가치가 자유라면, 꿈을 꿀 당시의 인상적인 사건이나 관심사를 배경으로 자신이 지향하는 가치와 충돌하는 상황의 맥락이 꿈속의 환자로 표상되었을 수 있다. 이런 가설을 근거로 분석질문과 꿈의 대화를 통해 꿈의 콘텍스트에 따른 의미가 무엇인지 파악할 수 있다. 꿈의 텍스트 분석에서는 이 두 가지 맥락을 함께 고려하기에, 두 층위의 복합적 맥락을 파악하여 분석질문을 구성하고 그 답을 찾는 대화 과정을 통해 꿈의 의미를 파악한다.

이제 앞 장에서 제시했던 세 가지 꿈의 사례로 돌아가 꿈의 콘텍스트로서 삶의 맥락을 도입했을 때 분석이 어떻게 진전되는지 살펴보자.

먼저 1장 2절의 〈하늘 나무〉 꿈이다. 여기서 내가 심어서 기르고 이식한 나무가 무얼 상징하는지를 이해하려면, 내가 추구하는 가치와 집중해서 해온 일이 있다면 무엇인지, 언덕 위 나무를 사람들이 사는 인가로 옮겨 심는 행위는 나의 삶의 여정에서 무얼 의미하는지, 거기서 연상되는 것과 그 근거는 무엇인지, 꿈속의 친구는 삶에서 어떤 의미를 갖는지 등 내 삶의 역사적 맥락과 연관된 분석질문을 제기하고 또 그러한 맥락 속에서 답(의미)을 찾아야 한다. 이처럼 꿈의 텍스트와 콘텍스트에 근거하여 질문하고 그 답을 찾아가는 일련의 대화 과정을

석은 텍스트 자체의 내적 관계에 의해 '환자'의 다의적 의미를 읽어 낸다. 이런 기호학적 독서 방법에 대해서는 다음을 참고하라. 서인석(1989), 『기호학 교육론』, 성바오로출판사.

통해 꿈의 의미를 이해할 수 있다.

앞에서 우리는 꿈의 텍스트 분석에 비추어 다음 질문을 제기했었다. "꿈속에서 본 적이 없는 나무를 키운 것처럼 남들이 한 적이 없는 새로운 것을 집중하여 키워 온 것이 있다면 무엇인가?" 그러나 꿈의 텍스트 자체만으로는 이 질문에 답하기 위한 정보가 불충분하다. 이 물음에 대답하기 위해서는 삶의 맥락에 대한 정보가 필요하다.

꿈의 배경을 보면, 이 꿈은 필자가 철학적 꿈분석 방법론을 집중적으로 연구하며 꿈분석의 원리에 해당하는 명제들의 체계를 대략 완성한 단계에서 꾸었던 꿈이다. 연구의 체계적인 윤곽이 드러나고 연구의 기본 틀이 어느 정도 형성되었으며 꿈의 사례들도 꽤 축적되어 있었다. 지속적으로 저서와 논문들을 구상하며, 이 연구의 결실을 어떤 방식으로 저술하고 출판할지 여러모로 생각 중이었다. 당시 나는 꿈분석 연구와 분석 사례들을 체계적으로 정리하여 하나의 방법론으로 구조화하는 것에 온통 관심이 가 있던 시기였기에, 꿈속에서 내가 심은 '처음 보는 나무'가 무엇을 의미하는지는 꿈에서 깨자마자 바로 알 수 있었다. 꿈의 텍스트만으로는 '처음 보는 나무'의 상징이 무얼 의미하는지 드러나지 않지만, 꿈꿀 당시 나의 관심사와 삶의 맥락에서 보면 그것이 무얼 상징하는지 의미가 드러나기 때문이다.

이 꿈의 배경(맥락)을 토대로, 꿈의 텍스트를 본격적으로 분석해 보자.

- **내가 나무를 심는데, 그 누구도 본 적이 없는 나무다.** 꿈속의 나무가 내가 연구하는 철학적 꿈분석 방법론을 상징한다는 것은 당시 내 삶의 맥락에서 너무도 분명하다. 이 주제는 철학의 역

사에서 누구도 시도하거나 생각해 본 적이 없는 철학의 연구 주제다. 나는 이 연구의 씨앗을 뿌렸고, 이 씨앗은 하늘나무가 되어 무럭무럭 자라나고 있다.

- 심자마자 나무는 하늘을 향해 곧고 똑바르게 빠른 속도로 자라기 시작한다. 이 모습은 철학적 꿈분석 연구가 순조롭게 잘 진행되고 있음을 보여 준다. 나무가 하늘 위로 빠르게 자라는 것은 빠르게 진전되고 있는 나의 연구 속도에 대응한다. 또한 곧고 똑바로 뻗어 올라가는 나무의 모습은 철학적 꿈분석의 단순하고 담백한 특성과 오직 철학적 대화로 일관하는 방법론의 성격을 나타낸다. 그것은 꿈을 굴절하고 왜곡하기보다 오직 주어진 꿈의 텍스트와 삶의 맥락에 근거하여 꿈의 무의식을 향해 일관적으로 질문을 던지는 나의 태도를 반영한다.
- 언덕 위로 한 뿌리에서 나온 서너 개의 은빛 나무 기둥이 솟아오른다. 내가 심은 나무가 내가 연구 중인 철학적 꿈분석이라면, 나무 기둥들은 철학적 꿈분석의 핵심 개념들을 나타낸다. 기둥이 셋이거나 넷인 것은 당시에 꿈분석의 주요 개념을 세 가지로 정리했으나, 추가될 개념이 하나 더 있다고 생각하던 것을 반영하는 듯하다.*
- 나무의 기둥은 은빛이다. 은빛은 근래에 나의 꿈들에 자주 등장하는 색채이다. 그것은 생애주기에서 볼 때 노년에 다가가는 인생 후반기의 주요 가치를 상징하는 색깔로 등장한다. 나의 꿈의

* 철학적 꿈분석을 구성하는 핵심 개념에는 꿈의 텍스트 개념, 숙고적 연상, 무의식의 개념, 혹은 상징 개념이 있다.

세계에서 은빛은 내 삶의 결실 내지 가치를 반영한다.

- 시선이 나무 기둥을 따라 올라가 보니 꼭대기에 봉오리가 맺힌 게 보인다. 내 연구가 단단하고 알찬 열매처럼 결실을 맺을 것이고, 그것은 미학적으로도 아름다울 것임을 보여 준다.
- 나는 잘 키운 그 나무를 토양이 비옥한 인가의 길목에 옮겨 심는다. 내가 철학적 꿈분석이라는 나무를 심고 하늘 높이 자랄 만큼 성장시켰다면, 앞으로 사람들이 그 방법을 사용할 수 있도록 인적이 있는 곳으로 이식하려고 한다. 이는 사람들이 철학적 꿈분석으로 자신의 꿈을 분석하며 스스로 성찰할 수 있도록 연구 결과를 발표하고 안내해야 할 때라는 생각을 보여 준다.
- 친구의 두 번의 발화는 참 특이하다. 꿈속에서 이런 선언을 명료하게 반복하는 꿈은 흔치 않다. 꿈에서 나무를 심고 자라나는 순간, 그리고 이식하는 순간의 두 번의 발화는 주의를 집중하고 주목하게 만든다. "그토록 나무가 곧게 하늘 위로 높이 자라나는 것을 본 적이 없다. … 나무를 옮겨 심었는데 놀랍게도 잘 자랄 것 같다"라는 친구의 말이 증언처럼 등장한다. 내가 나무를 심은 것과 이식한 것에 대해 중요한 지점의 두 순간을 잡아 마치 의례처럼 같은 방식의 말을 반복하여 발화하는 것은 이 꿈에서 수행하는 일들에 특별한 의미와 가치를 부여한다. 더구나 그 친구는 내가 신뢰하는 친구로, 친구의 두 번의 발화는 처음 보는 이 나무의 성장과 이식과 존립에 대해 확신을 준다.
- 이식이 잘된 것 같다. 이식한 나무가 잘 있는지 확인하려고 하지만, 꿈속에서 나는 이미 이 나무가 잘 이식된 것을 알고 있다. 나의 연구에 대한 믿음과 그 결실에 대한 확신을 나타낸다.

이상의 분석을 통해 꿈의 의미가 명료하게 드러난다. 하늘 나무로 상징되는 철학적 꿈분석이라는 내 연구의 시작과 진행과 결실에 관한 꿈이다. 이 연구가 뿌리를 내려 잘 자라고 있고, 이제 나무를 언덕에서 인가의 길목으로 이식하듯 대중의 꿈분석 실천의 장으로 옮겨야 할 때라는 생각을 보여 준다. 또한 그 일이 잘 이루어져서, 사람들에게 이 연구가 잘 전수되고 전달될 것이라고 인정하며 격려하는 꿈이기도 하다.

보다 넓게 내 삶 전체의 역사에서 보면, 내가 심은 나무는 평생에 걸친 나의 철학 연구와 실천 전체를 의미한다. 꿈은 나의 고유한 연구와 철학실천을 누구도 본 적이 없는 '하늘나무'로 구현해 준다.

1장 3절에서 다루었던 〈검은 어둠 속 마녀의 집〉 꿈을 삶의 맥락(콘텍스트) 안에서 다시 살펴보자. 꿈꾼 이는 우울증과 ADHD 등의 진단으로 정신과 치료를 받아 왔다. 약물 치료가 초반에는 도움이 되는 듯했으나, 약을 먹으면 생각을 제대로 할 수 없는 부작용 때문에 최근에 치료를 중단했으며 불안이 상존하는 일상을 살고 있다. 늘 불안이 엄습하고 무엇에도 제대로 집중하지 못하며 어떤 일도 차분히 계획하여 진행하지 못한다. 열심히 살기 위해 발버둥 치듯 수없이 일을 벌이고 있지만 제대로 해내는 일이 거의 없다. 해야 할 일을 계속 미루며 게임에 빠져 있다가 마감시간이 닥쳐서야 과제를 마치느라 밤을 새우는 일상을 반복하고 있다. 그렇게 수면 부족과 불규칙한 생활로 건강을 해치며 하루하루 불안정하게 지내고 있다.

앞 장에서 보았듯이, 이 꿈은 유년 시절의 꿈으로 꿈꾼 이가 해석하지 못한 채 20여 년을 간직해 온 꿈이다. 그녀의 어린 시절 사건의 비밀이 깃들어 있는 꿈이기도 하다. 그녀는 나와 처음 만난 날, 첫 대면임에도 아무런 경계심 없이 나에게 어린 시절 있었던 충격적인 사건을 솔직하게 말해 주었다. 그녀는 대학생이 되어서야 어린 시절에 있었던 충격적인 사건, 즉 엄마가 자신의 발목을 잡고 베란다 밖으로 떨어뜨릴 듯 내민 사건(이를 '베란다 사건'이라고 부를 것이다)과 손에 식칼을 들고 있는 엄마의 모습 등 추락과 생명의 위협을 느낀 강력하고 인상적인 두 사건을 기억해 냈다고 했다. 그렇게 용기 내어 솔직하게 말해 준 덕분에 초반에 꿈의 주요 맥락을 짐작하고 적절한 가설을 세울 수 있었으며, 엄청난 속도로 일련의 꿈들을 심층적으로 분석할 수 있었다. 그 결과 꿈의 세계와 꿈의 흐름과 변화, 꿈의 메시지와 무의식의 소통 방식을 알 수 있었다.

어린 시절의 충격적인 사건은 스스로 감당할 수 없어 기억에서 잊히고 봉인되었지만 꿈으로 각인되어 남아 있었고, 그 꿈은 20여 년이 흐른 지금도 다른 모습으로 변주되고 있었다. 그녀는 비록 꿈의 의미를 이해하지는 못했지만, 자신의 문제와 깊이 연루된 꿈이라고 생각해 왔으며 이 꿈의 장면으로 되돌아가기 위해 수없이 많은 꿈속을 헤매기도 했다. 그래서인지 그녀는 꿈에 대한 집착이 매우 강한 편이다. 꿈을 자주 꾸기도 하지만, 꿈속에서 무언가 목표를 가지고 행동하며 꿈을 조정하려고(꿈속에서 상황을 자신의 의지대로 만들려 하는 등) 시도한다.

꿈의 내용을 다시 상기해 보자.

> 마녀의 집이다. 태양같이 활활 타오르는 불길 앞에 마녀가 서 있다. 마녀의 방은 불길로 환하지만 그 주위는 어두컴컴하다. 나는

어둠 속에서 마녀를 향해 무언가 말을 하려고 손을 뻗는다. 그러자 불길이 무섭게 화를 내며 큰 어둠을 만들어 내서 나는 캄캄한 어둠 속에 빠질 것 같다. 불은 나에게 두려움과 불안을 일으키며 어떤 동작이나 말도 하지 못하게 방해한다. 내가 하려는 말을 멈추어야 불길도 잠잠해지고 주변이 안정된다. 그래서 난 아무것도 할 수 없었다.

이 텍스트를 분석하려면, 이 텍스트의 내적 구조만이 아니라 삶의 맥락에 해당하는 꿈의 콘텍스트와의 관계를 살펴보아야 한다. 즉 꿈의 텍스트를 콘텍스트(즉 꿈을 생성한 삶의 맥락) 위에 올려놓고 꿈의 내적, 외적 맥락의 관계망 안에서 의미가 떠오르는 것을 관찰해야 한다. 꿈은 텍스트 자체의 내적 맥락과 꿈꾼 이의 삶의 맥락에 대한 정보를 통해 의미를 드러내기 시작한다.

우리는 1장 3절에서 꿈의 텍스트를 분석하며 다음의 질문을 얻을 수 있었다. 즉 '**꿈속의 불처럼 화를 내며 자신을 꼼짝 못하게 만드는 것이 있다면 무엇인가?**' 이제 이 분석질문은 꿈꾼 이의 삶의 맥락의 관계망 안에서 답을 찾게 될 것이다. 이제 우리는 이 꿈의 콘텍스트, 꿈꾼 이의 삶의 맥락으로 꿈꿀 당시 어린 그녀가 겪은 일, '베란다 사건'으로 대표되는 사건들을 비롯하여 어린 시절의 삶을 어느 정도 알고 있다.

그러면 마녀의 집에 있는 불은 무엇을 의미하는가? 그녀는 마녀에게 무언가를 말하고 싶어 한다. 그러나 무얼 하거나 말하려고 할 때마다 불은 '무섭게' 화를 내며 자기 주변을 흔들고 어둠을 더 깊게 만든다. 검은 어둠 속에 빠질 것 같이 불안하고 무섭다. 그래서 아무 말도 아무 행동도 하지 못한다. 여기서 불은 무엇일까? 화내는 불은 그 자체로는 아무것도 상징하지 않는다. 이 꿈을 생성한 콘텍스트, 즉 그녀의 삶의 맥락 안에서라야 불은 비로소 엄마라는 것이 드러난다. (위의 분석질문만으로도 엄마를 떠올릴 수 있겠지만, 꿈꾼 이는 삶의 맥락 위에 꿈을 겹쳐 보았을 때 비로소 불이 엄마라는 것을 알게 되었다.) 즉 무섭게 화를 내는 것은 불이고 엄마이다. 불이 성내는 것이 무섭듯이, 엄마가 화내는 것이 무섭다. 그녀가 원하는 것을 하려고 할 때마다 화를 내며 주변을 온통 두려움과 불안으로 빠트리는 것도 불이고 엄마다. 꿈속의 불은 바로 엄마를 상징한다. 어릴 적 '베란다 사건' 이후 그녀가 제일 무서워했던 것은 '엄마가 화내는 것'이었다. 엄마가 화나면 몸이 얼어붙을 정도로 무섭다. 엄마의 분노를 상징하는 불은 위력이 대단하다. 불은 '태양처럼 활활 타오른다.' 꿈의 세계의 중심이고 전부다. 실제로 엄마의 분노는 자신의 세계 전부를 좌우하기도 한다. 그녀는 엄마의 화를 돋우지 않기 위해 엄마의 눈치를 살피며 모든 것을 다해야 했다. 불같이 자주 화를 내는, 분노가 많은 엄마는 바로 꿈속의 불처럼 어둠을 만들고 바닥 모를 불안한 어둠의 나락으로 자신을 떨어트리는 존재다. 그녀의 어린 시절의 삶의 맥락(콘텍스트) 안에서 보면 꿈의 텍스트 속의 불과 그것의 행동 방식은 엄마의 행동과 모습을 그대로 반영한다.

꿈속에서 그녀는 무언가 하고 싶지만(마녀에게 말을 걸고 싶어 하는 것은 자신의 불안과 두려움을 호소하고 싶은 것인지도 모른다), 그럴 때마다 무섭게 화내는 불을 잠재우기 위해 아무것도 하지 못한다. 불은 마치 어둠 속으로 추락하지 않으려면 "네가 원하는 걸 아무것도 하지 마" 하고 경고하는 듯하다. 어린 시절 그녀는 엄마가 화나는 것이 자신의 잘못이라고 생각했다. 그녀는 엄마가 화나지 않도록 눈치를 보며, 엄마 마음에 들기 위해 엄마가 원하는 것을 찾아서 다하려고 했다. 자신의 욕구를 내세우면 안 될 것 같았고, 그래서 한 번도 자신이 원하는 걸 해달라고 말해 본 적이 없었다. 친구들 누구나 다 갖고 있는 그 흔한 스티커 한 장 사달라고 말하지 못했던 어린 시절이 떠올랐다. 엄마는 그녀의 생사여탈을 쥐고 있는 사람이다. 엄마가 화나면 자신이 죽을 수도 있다. 자신이 사는 길은 엄마를 기쁘게 하고 만족시켜 드리는 것이다. 엄마를 화나게 하면 안 된다.

이와 같이 꿈속의 불의 표상에서 엄마, 분노, 불안으로 연결되는 꿈의 무의식을 읽어 내는 것은 꿈의 텍스트의 내적 구조와 꿈꾼 이의 삶의 맥락의 관계로부터 분석되는 것이지, 텍스트를 떠난 불의 상징이나 그저 떠오르는 자유연상으로부터 얻어지는 것이 아니다. 삶의 맥락에 놓인 꿈의 텍스트가 언어적 요소들의 관계망— 한편으로 화내는 불, 무서운 불, 검은 어둠을 만들어 내는 불, 어둠에 빠질 것 같은 불안 등 꿈의 텍스트와, 다른 한편으로 화내는 엄마, 엄마가 화를 내면 무섭다, 베란다 밖으로 추락하는 두려움, 엄마의 분노는 내 삶과 내 주변을 온통 불안하게 만든다는 것 등 꿈꾼 이의 삶의 맥락 사이의 상호 관계망— 을 통해 무의식을 드러낸 것이다. 꿈꾼 이는 의식하지 못했지만, 심지어 엄마와 대화도 잘 통하고 관계도 좋다고 생각하고 있었지만, 꿈의 무의식은 화내는 불을 통해 자신의 삶을 뒤흔드는 불안의 근원이 엄마라고 말하고 있다. 그녀는 철학적 꿈분석을 통해 비로소 이 사실을 깨닫게 되었다. 실제로 그녀는 엄마를 만족시키는 딸, 엄마에게 인정받는 딸이 되는 것이 삶의 목표라고 생각하며, 불안의 표상을 짊어지고 살아가고 있었다. 극도의 불안으로 정신적으로 망가질 때까지 그녀는 좋은 직장에 취업하지 못하고 불안정한 삶을 사는 것에 대해, 또 엄마를 만족시키지 못하는 것에 죄책감을 느끼며 모두 자신의 탓으로 여기고 있었다.

이 꿈은 성장기 전체를 통틀어 그녀를 사로잡은 꿈으로서 밖으로 표출되지 못하고 억압받아 온 그녀의 내면과 그 내면에 잠재된 무의식을 담고 있다. 성인이 되어 우울증으로 폭발이 되고 나서야 어린 시절부터 간직해 온 꿈의 목소리에 귀 기울이면서 자신의 존재가 거부되었던 어린 시절의 경험들을 기억해 낸다. 그리고 기억하고 싶지 않았던, 또 사소한 것으로 치부했던 사건의 진실을 대면하게 된다. 이 꿈의 분석을 통해, 꿈꾼 이는 자기 존재의 안전한 바탕이 없었기에 어둠의 심연과 같은 불안에 휩싸인 성장기를 보냈음을 깨닫고, 성인이 되어서도 이어져 온 불안의 그 표상을 비로소 마주하게 된다.

이 불안감과 우울증으로 정신과 치료를 받았던 내담자가 이 꿈을 계기로 '철학적 꿈분석으로 수행하는 철학상담'을 받게 되었다. 어린 시절부터 간직해 온 이 최초의 꿈이 분석되자, 다른 꿈들도 이해되기 시작했고, 검은 어둠과 검은 물과 검은 바다를 변주하는 꿈들을 지속적으로 연달아 꾸게 되었다. 분석을 통해 그 꿈들이 서로 의미 있는 연관성을 갖는다는 것을 알게 되었으며, 그 결과 이 상징들을 가지고 의식과 무의식이 지속적으로 소통하게 되었다. 철학적 꿈분석의 도움을 받아, 꿈을 통해 자기 삶을 성찰하는 여정이 시작된 것이다. (단 하나의 꿈의 철학적 분석만으로도 꿈꾼 이의 삶의 역사의 줄기가 보이고 문제의 근원이라 할 수 있는 충격적 사건의 진실을 바로 대면할 수 있는 것은 대단히 놀랍고 인상적인 경험이었다.)

이제 1장 4절에서 다루었던 〈수달이 끈질기게 쫓아오는 꿈〉을 꿈꾼 이의 삶의 맥락에서 더 분석해 보자. 이 꿈의 핵심 요소인 수달의 상징이 의미하는 바는 꿈 텍스트의 맥락 안에서 수달의 행동과 관계 방식, 그리고 꿈꾼 이의 삶의 맥락 안에서 드러난다. 수달이라는 동물 자체가 독립적으로 어떤 의미를 갖지 않으며, 오로지 꿈의 텍스트와 삶의 콘텍스트와의 관계 안에서 수달의 역할이나 의미가 무엇인지 드러난다.

꿈꾼 이는 어릴 때부터 부모에게 사랑과 존중을 받지 못했으며, 큰 상처를 입은 연약한 아이처럼 부모님의 무시와 학대에 저항하지도 못했다. 계속되는 상처로 점점 위축되었으며, 어릴 때부터 오빠와 차별 대우를 받은 것도 큰 상처로 남아 있다. 그녀는 20대가 되어서 오랫동안 자신이 받은 상처가 '학대'라는 의미로 파악되면서, 슬프고 힘들며 우울한 시절을 보내고 있었다. 이 때문에 치료를 받은 적도 있지만 크게 나아진 것은 없었다. 자신이 받은 상처에 대해 부모님에게 호소해 보았지만 부모는 이해조차하지 못했고 오히려 그녀를 탓했다. 부모와 가치관이 달라 정서적으로 교감하기도 어려웠다. 지금도 부모님이 내뱉는 모든 말들이 가시가 되어 상처를 받는다. 한편 몇 년째 교제해 온 남자친구는 상처받아 힘들어하는 자신을 진심으로 이해해 주고 위로해 주었다. 둘은 사랑을 키워 왔고 최근에 결혼을 약속하였다. 이 꿈은 그 즈음에 꾸었던 꿈이다. 1장 4절에서 이 꿈에 대해 제기했던 분석질문을 상기해 보자.

- 수달에게 먹이를 준다고 하고서는 주지 않은 것과 그 때문에 남자친구와 자신이 끈질기게 쫓기는 상황과 관련하여, 결혼을 앞두고

'자신과 남자친구가 해야 할 의무를 수행하지 못해서 채무처럼 생각하는 것이 있다면 무엇인지'를 물었다. 이 질문을 받고, 곧 바로 그녀는 남자친구의 가정환경에 대해 부모님께 말하지 못한 것이 떠올랐다. 부모님은 남자친구가 부유하고 화목한 집안에서 자랐다고 확신하고 있다. 하지만 부모님의 기대나 예상과 달리 남자친구의 부모님은 이혼을 하셨고 경제적 형편도 부모님이 예상하는 만큼 부유하지 못하다. 부모님께 남자친구를 인사드리긴 했지만 그런 사실을 제대로 말씀드리진 못했다. 그가 좋은 대학에서 공부를 했다는 사실만으로 그의 집안이 부유하고 화목할 것이라는 자신들의 확신을 기정사실화했을 뿐이다. 밝히는 것이 의무 같았지만, 모든 것을 돈으로 재단하는 부모님의 반대나 비난이 두려워 말하지 못하고 있다. 나에겐 아무 문제도 아니지만 나와 가치관이 다른 부모님에게는 큰 문제로 인식될 수도 있다. 일부러 숨긴 것은 아니지만 결혼 직전까지 말하지 못하고 있다. 부모님께 알려야 한다고 생각하면서도 부모님이 알게 되는 것이 두렵고 또 예상되는 비난 서린 반응이 두렵기도 하다. 그런데 부모님은 쉽게 물러서지 않을 것 같다. 수달의 꿈은 가치관의 차이와 경제적 문제에 대한 사고방식의 차이로 부모님이 끈질기게 간섭하고 추궁할 것을 걱정하는 마음이 반영된 꿈이다.

- 꿈속의 수달이 내가 아니라 남자친구를 잡고 문 것은, 이 일로 나보다 남자친구가 곤혹을 당할까 두려운 마음이 표현된 것이다. 남자친구는 강인하고 독립적인 사람이라 덜 걱정스럽지만 남자친구의 엄마가 상처를 받을 것을 더 걱정한다. 부모님의 반응

은 나에게는 예상되는 것이고 이제는 그 때문에 크게 상처받지 않으려 한다. 하지만 남자친구, 특히 그의 엄마가 상처받을까 봐 염려가 된다.

- '그래도 조금 억울하다'고 생각하는 꿈의 마지막 감정은 부모님에 대한 억울하고 서운한 감정이다. 이 사태를 일으킨 것이 모두 내 잘못인가 하는 생각의 반영이다. 부모와 가치관이 다르다는 것이 내 문제이고 내 탓인가? 그런 가치관의 차이 때문에 어릴 때부터 부모님께 많은 상처를 받았는데, 나에게 책임이 있다고 말하는 것은 억울하다. 또한 부모님이 오빠만 우대하고 나를 뒷전으로 보는 등 어릴 적부터 내가 받은 차별과 상처를 이해하지 못하는 것도 억울하다는 심정을 표현한 것이다.

여기서 꿈의 콘텍스트는 남자친구와 결혼을 약속한 후, 부모 눈치를 보느라 제대로 말하지 못하고 의도치 않게 숨긴 사실들과 연관된다. 나아가 꿈꾼 이의 삶의 역사를 되돌아보면, 어린 시절 부모에게 받은 상처와 차별대우, 인정받지 못한 자신, 부모와의 가치관 차이로 말하기 어려워 숨기는 것들이 꿈의 배경이 된다. 남자친구의 사정에 대해 말하기 어려운 이유는 부모의 비난과 부정적 편견에 시달릴 일과 계속될 것 같은 끈질긴 추궁이 두려워서다. 남자친구의 가정환경 문제가 나에겐 중요치 않고 별 의미가 없는 것이지만, 이를 거의 신조처럼 중시하는 부모는 쉽게 물러서지 않을 것이다. 꿈속 수달의 행동 방식이 연상되는 지점이다. 부모님의 끈질긴 간섭과 추궁이 끈질기게 쫓아오는 수달의 행동으로 나타난 것이다.

이상에서 우리는 꿈을 생성한 삶의 맥락에 대한 정보를 토대로 꿈에 대한 분석을 충분히 진전시킬 수 있었다. 처음 보는 하늘나무, 화내는 불, 끈질기게 쫓아오는 수달 등의 인상적인 상징들로 이루어진 세 가지 꿈은 꿈꾼 이의 삶의 맥락이라는 꿈의 콘텍스트를 배경으로 분석함으로써 그 의미를 파악할 수 있다. 이처럼 꿈은 꿈을 생성한 삶의 맥락에서 비로소 분석이 완성된다. 꿈꾼 이의 삶의 맥락을 모른다면, 꿈분석은 매우 제한될 것이다.

이상의 사례 분석 과정을 통해, 꿈의 텍스트는 콘텍스트(삶의 맥락)를 가지며 그 맥락에서 분석된다는 두 번째 원리의 도입으로 꿈의 분석이 완성된다는 것을 알 수 있다. 꿈의 텍스트와 콘텍스트 개념과 그에 관한 두 원리는 철학적 꿈분석의 가장 핵심이 되는 기본원리다. 이 두 가지 원리만으로도 의미를 일정 수준까지 분석할 수 있다는 점에서 그렇다. 여기서 꿈꾼 이의 삶의 맥락이라는 꿈의 콘텍스트 개념에 의해, 꿈의 의미는 텍스트의 총체적 맥락에 의해 결정되지만 동시에 텍스트에 갇히지 않고 텍스트 밖의 현실(즉 꿈꾼 이의 삶의 맥락)과의 관계 속에서 의미가 생성된다는 것을 보여 준다.* 그리하여 꿈의 텍스

---

* 이 점에서 필자의 철학적 꿈분석 방법은 프랑스 구조주의와 차이가 있다. 구조주의는 텍스트의 의미를 텍스트의 내적 관계와 구조적 차이에서 찾는다. 텍스트의 의미를 파악하는 구조주의 방법은 철학적 꿈분석과 유사한 점이 있으나 차이점도 분명하다. 구조주의의 언어론은 기호의 자율성과 더불어 '기호체계 폐쇄의 원리'를 따른다. "기호의 체계에는 밖은 없고 오직 안만이 있다." 즉 텍스트 밖에는 의미가 없다. 그와 대조적으로 철학적 꿈분석은 텍스트의 내적 맥락만이 아니라 텍스트 외적 맥락을 도입하여, 꿈을 생성한 꿈꾼 이의 삶의 역사와 현실과의 관계망 안에서 꿈의 의미를 생성한다. 물론 텍스트 밖의 삶의 맥락이라고 해도 텍스트와의 관계망 안에 놓여 있다는 점에서, 텍스트와 무관하게 독립적인 사실을 지시하는 것은 아니다. 구조주의 언어론에 대한 비판적 해석으로는 폴 리쾨르, 『해석의 갈등』, 양명수 옮김(2012), 한길사, 3장을 참조하라.

트 개념을 텍스트의 내적 관계에 한정하는 방식으로 이해해선 안 된다. 그것은 외적 맥락과도 관계하며 의미를 형성한다. 결국 꿈의 의미는 삶의 맥락을 무시한 기호체계의 산물이 아니며, 텍스트와 무관한 독자적 실재도 아니다. 꿈의 의미가 생성되는 장은 꿈의 텍스트와 콘텍스트의 관계망이다.

철학적 꿈분석이 의미를 창출하는 방식을 **꿈의 텍스트와 콘텍스트가 겹쳐지며 그려 내는 무늬에 비유**할 수 있다. 이 비유를 이해하기 위해 다음과 같은 놀이를 상상해 보자. 어릴 적에 알 수 없는 문양이 그려진 두 장의 반투명 용지를 겹쳐서 움직이며 상을 발견하는 무늬 찾기 놀이를 한 적이 있다. 꿈의 텍스트와 삶의 (콘)텍스트라는 두 개의 천이 겹쳐지는 관계에서 의미의 상을 찾는 것을 이 놀이에 비유할 수 있다. 이 놀이에서 두 개의 천의 구조적 관계를 이해할수록 이 둘을 어떻게 겹치면 무늬가 나타나는지 알 수 있는 것처럼, 삶의 맥락에서 꿈의 텍스트의 의미를 파악하거나 성공적으로 분석하려면 꿈과 삶의 구조와 관계를 잘 살펴야 한다. 그리고 이 비유에서 무늬나 상을 찾기 위해 이런저런 움직임을 만들며 상을 맞추어 나가는 것은, 삶의 맥락에서 꿈의 텍스트의 의미 관계들을 파악하기 위해 분석질문을 제기하고 가설을 제시하는 등 이런저런 시도를 하는 것과 유사하다.

이 비유에 의하면, 삶의 콘텍스트와 꿈의 텍스트가 겹쳐지면서 상이 떠오르고, 상이 형성됨에 따라 그것이 만들어 내는 상/무늬에서 꿈의 의미를 읽어 낼 수 있다. 여기서 상과 무늬가 곧 의미다. 꿈을 생성한 삶의 맥락 안에서 꿈 텍스트의 요소들이 관계하는 방식에 의해 무늬가 형성되고 의미 있는 상이, 즉 꿈의 의미가 떠오른다. 그 문양이나 의미는 특별한 시각을 가진 사람에게만 보이는 신비스러운 것이 아니다. 그것은 언어의 의미와 사용규칙을 배우듯이 객관적으로 누구나 배울 수 있는 것이다.* 결국 삶의 맥락에서 꿈을 분석한다는 것은, 삶이라는 콘텍스트 위에 꿈의 텍스트를 놓고 구조적으로 드러나는 상을 읽고 그 의미를 파악하는 것과 같다.

* 비트겐슈타인도 단어의 의미를 단어의 무늬와 관상에 비유한 적이 있다. 이 비유는 그의 사용규칙 의미론의 연장선 위에 있는 것이다. 그리하여 단어의 관상을 보는 것은 비밀스러운 지각 능력이 아니라 규칙을 따라 누구나 배울 수 있는 것이다.

2. 꿈의 맥락 의존성

명제 2-2 **꿈의 의미는 삶의 맥락에 의존한다.**

꿈의 텍스트는 '보다 넓은 삶의 맥락이라는 콘텍스트' 안에 위치하며 그 맥락 안에서 의미가 생성된다. 꿈은 꿈꾼 이의 삶의 맥락(즉 한 개인의 삶의 역사) 안에서만 자신에게 고유한 꿈으로 분석된다. 그렇다면 철학적 꿈분석이 가능하기 위해서는 대략 다음 세 가지 조건을 만족해야 한다. 첫째, 문장으로 이루어진 꿈의 텍스트가 완성되어 있거나, 불충분한 부분을 메꿔 완성할 수 있다. 둘째, 꿈의 배경이나 꿈꾼 이의 삶의 맥락에 대한 정보를 알 수 있다. 셋째, 꿈의 텍스트에 대한 일련의 분석질문에 대해 삶의 맥락 안에서 답변을 찾을 수 있다. 이런 분석질문과 답변의 과정은 꿈에 대한 철학적 대화의 과정이기도 하다. 이 세 가지 조건을 만족하는 꿈이라면, 철학적 꿈분석이 가능하다.

또한 이 조건들이 만족되는 경우라면 직접 대면하여 꿈을 분석하는 방식이 아니더라도 꿈을 꾼 배경과 맥락을 참고하여 꿈을 분석하는 것이 가능하다. 물론 그런 경우에는 기록된 꿈의 텍스트에 대한 궁금한 점을 묻거나 분석질문에 대해 직접 답변을 들을 수 없기에, 질문과 답변을 토대로 다음 단계의 대화를 진전시키는 데 한계가 있다. 그럴 경우 꿈분석을 위한 제한된 여건으로 막연한 추측이 개입되거나 불충분한 정보로 인해 오해의 여지가 있기에, 간접 분석을 추천하지는 않는다.

필자의 꿈분석 사례 연구는 특별히 예외적인 경우가 아니라면 원칙적으로 대면으로 진행하고 있으며, 여기 소개된 사례들은 거의 대부분 대면을 통한 직접적인 분석의 결과들이다.* 대면을 통한 직접 분석의 경우, 위 세 가지 조건은 당연히 충족된다. 꿈의 기록이 양식에 따라 충분히 기재되어 있지 않았더라도, 질문하고 답하면서 꿈의 텍스트를 분석 가능한 형태로 완성할 수 있기 때문이다. 또 삶의 맥락에 대한 필요한 정보를 추가로 얻을 수 있고, 분석질문과 답변을 계속 이어 나가면서 분석을 진전시킬 수 있기 때문이다.

꿈분석의 세 가지 조건은 철학적 꿈분석을 위한 꿈의 원리와도 관련이 있다. 철학적 꿈분석에 의하면 꿈의 의미는 삶의 맥락에 의존한다. 이는 꿈의 텍스트를 삶의 맥락이라는 콘텍스트 안에서 분석할 것을 요구한다. 철학적 꿈분석의 두 번째와 세 번째 조건은 바로 이 요구를 반영한 것이다. 이 세 가지 조건이 너무 엄격하여 많은 꿈들을 철학적 분석의 대상에서 배제하지 않을까 우려할 필요는 없다. 실제로 꿈 기록 양식에 따라 기록된 대부분의 꿈은 철학적 분석의 대상이 되기에 손색이 없다.

첫 번째 조건에서, 꿈의 텍스트가 완성되어 있어야 한다는 것도 강한 조건으로 읽을 필요는 없다. 대략적인 기록이나 간단한 꿈의 기억만 있더라도 대화 과정에서 불충분한 부분을 보완할 수 있기 때문이다. 꿈에 대해 질문하고 답하면서 꿈꾼 이 스스로 새로운 내용을 떠올리기도 하고, 꿈의 세부적인 내용을 기억해 내기도 하면서 꿈의 텍스트를 완성할 수 있다.

다음의 예를 보자. 꿈속에서 누군가를 만나서 인사를 나누고 헤어

* 다만 지리적인 여건이나 특별한 사정으로 대면하기 어려운 상황에서는 간혹 줌을 이용한 온라인 꿈분석을 진행할 때가 있다.

지는 장면을 간단하게 기록한 사례이다. 꿈꾼 이는 꿈 자체는 매우 선명했지만 너무 단순한 장면뿐이어서 분석할 만한 내용은 별로 없다고 생각했다. 하지만 분석 과정에서 질문을 받자 세부 사항들을 기억해 냈고, 그 내용들을 토대로 꿈의 텍스트를 보완할 수 있었다. 그리고 그렇게 보완된 내용이 꿈분석의 열쇠가 되었다.

처음 K가 기억한 꿈 내용은 다음 정도였다.

> (퇴직 후에) 젊은 시절에 알던 S를 만나 반갑게 인사하고 헤어졌다.

꿈꾼 이는 꿈을 꾸고 나서 반가운 사람을 만났다는 것 외에 별 의미가 없는 꿈이라고 생각했으나, S와 인사하며 무슨 대화를 나누었는지 묻자 꿈속에서 S에게 둘째가 있다고 생각한 것을 떠올렸다. 그리고 만난 장소와 그곳의 분위기 및 꿈속 인물들의 행동 등에 관해 물으니 상세히 기억해 냈다. 꿈의 많은 내용들이 보완되었고, 꿈의 텍스트는 다음과 같이 중요한 의미를 드러내는 풍부한 요소들로 구성되었다.

> (내가 퇴직한 후에) 젊은 시절 함께 일했던 S샘을 만났다. 국제 회의장 엘리베이터 앞이었는데, 시내가 환히 내려다보이는 멋진 홀이었다. 그 샘은 여전히 바쁜 듯 회의 장소로 이동하는 중이었다. 그녀에게 아들이 있었는데 잘 지내고 있는지 안부 인사를 물었다. 그런데 이상하게도 나는 그 샘에게 둘째 아이가 있다는 것을 알고 있었다. (실제로는 둘째에 대해선 전혀 아는 바가 없는데, 꿈속에서는 내가 둘째의 존재를 알고 있는 것으로 등장했다.) 그녀는 인사를 나누자마자 바쁘게 저편 회의장으로 갔고, 나는 엘리베이

터가 오기를 기다리고 있다.

여기서 보완된 내용의 핵심은, 꿈꾼 이가 S에게 둘째 아이가 있다고 생각한 것이다. 그런데 꿈꾼 이는 실제로는 S의 둘째 아이에 대해 아는 바가 없다. 둘째가 있는지 없는지조차 모른다. 그런데 왜 그녀는 둘째 아이를 생각한 것일까? 이것은 무얼 보여 주는가? 그동안 그녀가 실제로 둘째를 낳은 것일까? 혹은 둘째가 생기려는 것일까? 물론 둘 다 아니다. 꿈은 그런 방식으로 우리가 모르는 정보나 의미를 제공하지 않는다. 꿈은 삶의 맥락을 떠나 새로운 정보를 제공하지 않는다. 오히려 꿈꾼 이의 삶의 맥락에 비추어 보면, S의 둘째 아이를 떠올리는 순간, 꿈은 자신의 이야기로 전환되었다는 가설이 더 적합하다. 즉 꿈속에서 만난 S는 젊은 시절 두 아이를 키우며 바쁘게 일하던 자신의 모습을 상징한다. 꿈에서 분주하게 열심히 일하는 그녀가 보기 좋았는데, 그것은 퇴직하기 전까지 열심히 살아온 자신의 젊은 시절에 대한 긍정적 평가를 나타낸다. 하지만 자신은 회의장으로 따라가지 않고 자신이 갈 길을 가려고 엘리베이터를 기다린다. 젊은 시절 열심히 살았으니, 이제 후회 없이 퇴직 후 자신이 원하는 삶을 살 시기가 왔다는 생각을 보여 주는 꿈이다.

처음에는 꿈속에서 좋아하던 이를 만나 반가워하는 단순한 꿈이라고 생각했으나, 대화 내용을 기억해 내고 보완된 텍스트를 분석한 결과 자신의 젊은 시절의 삶에 대한 긍정적인 평가와 퇴직 후의 삶에 대해 성찰하는 메시지를 주는 꿈으로 의미 있는 분석이 이루어졌다. 실제로 이런 경우는 종종 일어난다. 꿈의 모든 것을 다 기록하는 것은 어려운 일이므로, 주로 기억나는 인상적인 내용을 중심으로 기록할 수밖에 없다. 그리고 분석 과정에서 세부 내용이 보완되거나, 새로운 내용이 추가되기도 한다. 그런 과정에서 꿈의 의미를 드러내는 중요한 단서들을 발견하기도 한다.

철학적 꿈분석이 가능하기 위한 두 번째 조건은 꿈의 배경과 맥락을 알 수 있어야 하고, 세 번째 조건은 꿈꾼 이가 꿈분석 과정에 직접 참여하여 분석질문에 응답하는 대화를 진행할 수 있어야 한다는 것이다. 이 두 조건은 모두 질문과 응답이라는 꿈의 대화 안에서 이루어진다. 꿈꾼 이의 삶의 맥락에 대한 정보를 얻거나 꿈의 텍스트와 삶의 맥락 사이의 유기적 관계를 분석하기 위해서는 일련의 분석질문을 제기하고 응답하는 과정을 거쳐야 하기 때문이다. 꿈의 텍스트를 철학적으로 분석하기 위한 분석질문은 꿈의 내용과 삶의 맥락의 연관성을 파악하여 의미를 밝히도록 구성되어야 한다.

다음 사례는 꿈꾼 이의 삶의 역사에서 오랫동안 여러 차례 반복되어 온 꿈이다. 꿈꾼 이 A는 퇴직을 앞둔 중진 연구원이다. 그는 젊은 시절부터 이 꿈을 꾸기 시작했는데, 한동안 중단되었다가 최근에 다시 수시로 꾸게 되었다.

〈신발을 잃어버리는 꿈〉

거의 매번 동일한 패턴으로 신발을 잃어버리는 꿈을 꾼다. 여러 사람들과 함께 식당에 들어가 식사를 하고 나올 때마다 언제나 내 신발만 사라지고 없다. 여러 군데 신발장을 다 뒤져 보고(이때 돌연 장소가 어릴 적 학교 교실 입구의 신발장으로 바뀌기도 한다), 그 집 마룻바닥 밑의 허름한 보관함 같은 것까지 끌어내 들여다보고 해도, 다른 신발들만 보이고 내 신발은 보이지 않는다. 간혹 비슷한 신발(주로 구두)을 발견할 때도 있지만 내 것이 아니어서 실망한다. 주인한테 화도 내고 따져도 보지만 전혀 도움이 되지 않는다. 심지어 또 신발을 잃어버릴까 봐 챙겨 보려고도 하지만 같은 일이 반복된다. 꿈을 꾸면서 속으로 이건 주인과 누군가가 나를 골탕 먹이고 비교적 고가의 내 구두를 비싸게 되팔려는 수작 같다는 생각까지 한다.

이 꿈의 텍스트는 반복되는 꿈의 패턴을 기록한 것이다. 패턴은 비슷하다. 여러 사람이 식당이나 어떤 장소에서 신발을 벗고 들어가는데 나올 때면 언제나 자신의 신발만 사라진다. 식당 주인에게 화를 내기도 하고, 있을 법하지 않은 곳까지 다 뒤져 보아도 찾을 수 없다. 다른 신발들은 다 있는데 내 신발만 없다. 내 것과 비슷한 신발을 발견하지만 결국 내 것이 아니다. 이런 경험을 기억하고 다음부터는 식당에 들어갈 때 반드시 신발을 챙겨서 들어가겠다고 다짐도 해보지만 매번 잃어버리고 그런 자신에게 크게 실망한다.

퇴직을 앞둔 A는 연구 기관에서 연배가 높은 중진급 연구원이다. 그는 지위를 이용해 권위적으로 행동하고 결정하기보다 합리적으로 일처리를 하는 것을 지향한다. 그런데 기관의 일처리 방식이 비합리적이고 마음에 들지 않는다. 합리적이지 못한 후배 연구원들과의 관계도 편치 않다. A는 시기에 상관없이 잊을 만하면 반복해서 이 꿈을 꾼다고 했다. 꿈속에선 신발을 잃어버리는 것 외에 인상적인 사건은 없다. 다만 지인과 식사하러 식당에 들어갈 때나 나올 때 가끔 이 꿈이 기억나곤 한다. 현실에서 비슷한 상황에서 생각이 날 정도로 이 꿈이 반복되었지만 그는 특별한 의미가 있다거나 특정 상황이 반영된 꿈은 아니라고 생각해 왔다. 다만 그는 꿈꾸는 내내 너무 화가 나고 불편해서 그저 다시는 같은 꿈을 반복하지 않기를 바랄 뿐이었다. 그러다 최근에는 퇴직을 앞두고 노화가 시작되면서 약해져 가는 기억력에 대한 불안감을 반영하는 꿈이 아닐까 하는 정도로만 생각하고 있다.

〈신발을 잃어버리는 꿈〉을 오랫동안 같은 패턴으로 반복하여 꾸었지만, 꿈꾼 이 스스로는 잘 이해가 되지 않는다. 기분이 좋지 않은 꿈인 것은 확실하지만 별다른 의미는 없다고 생각해 왔다. 하지만 이처럼 같은 꿈이 반복되는 것은 꿈의 무의식이 계속 같은 메시지를 전하는 것이다. 그러면 꿈이 A에게 잊을 만하면 상기시키면서 지속적으로 내보내는 그 메시지는 무엇일까? 꿈이 자신과의 대화라고 할 때(3장) 이는 꿈꾼 이의 사고와도 연관이 있다.

신발의 상징이나 신발을 잃어버리는 것에서 연상되는 것을 묻는 방식으로는 이 꿈이 보내는 무의식의 메시지를 파악하기 어렵다. 어떤 연상이 일어난다 해도, 일반적인 상징 해석이나 우연한 떠올림일 뿐이고 꿈꾼 이의 삶의 맥락이나 꿈의 전체 구조와 연결되지 않는다면 그것은 근거가 없는 해석일 뿐이다. 그렇게 해석된 꿈의 의미는 꿈꾼 이 자신에게도 생소하거나 의아해 보일 것이다. 그렇다면 여전히 왜 그런 꿈을 꾸었는지, 왜 그 꿈이 자꾸 반복되는지 이해했다고 볼 수 없다.

우리는 앞에서 분석했던 방식으로, 꿈의 텍스트를 콘텍스트(꿈꾼 이의 삶의 맥락)에 놓고 숙고적 연상을 불러내는 분석질문을 구성해야 한다. 그렇게 구성된 분석질문에 근거하여 숙고적 사유를 통해 답을 찾을 때 비로소 꿈의 객관적 의미를 확보할 수 있다. 무늬의 비유를 상기하자면, 꿈의 텍스트를 콘텍스트(삶의 맥락)에 겹쳐 놓고 전체 맥락의 관계에서 드러나는 상의 무늬(즉 의미)를 파악해야 한다.

이런 방식으로 이 꿈의 텍스트 분석에서 제기한 분석질문은 다음과 같다: **'살면서 남들은 모두 잘 챙기는데, 항상 나만 챙기지 못한다는 자괴감이 드는 것이 있다면 무엇인가?'** 꿈꾼 이는 이 분석질문만으로 신발이 무엇을 상징하는지 금방 알아챌 수 있었고, 반복되던 꿈의 의미를 파악할 수 있었다. '마땅히 내 것인데도, 혹은 당연히 주어진 것인데도 내 몫을 챙기지 못한다고 생각하는 것이 있다면 무엇인가? 혹은 남들은 노력하지 않고도 자신의 것을 잘 챙기는데, 나는 그러지 못한다고 생각하는 것은 무엇인가? 심지어 챙기려고 노력해도 남에게 가로채인다고 생각하는 것이 있다면 무엇인가?' 이런 분석질문을 받고 A는 대답했다. "나는 기관의 고참 연구원이지만 내 권한이나 지분을 챙기지 못하는 것 같다. 다른 사람들은 그런 걸 잘도 하는 것 같은데(물론 나는 그런 걸 크게 원하지도 않지만) 나는 내 지위에서 할 수 있는 것도 챙기지 못한다는 피해의식이 있는 건 사실이다."

분석질문의 답변을 통해 드러나듯이, 꿈속에서 항상 자신만 신발을 잃어버리는 것은 자신의 지위에서 행사할 수 있는 권한이나 자기 몫을 챙기지 못하는 것을 상징한다. 남들은 지위를 활용해 권위를 휘두르거나 권한을 사용하여 자기 몫을 다 챙기지만, 자신은 그렇지 못하다. 의사결정을 할 경우에도 성격상 자신의 지위에서 사용할 수 있는 권한도 제대로 사용하지 못한다. 자기는 늘 그런 일에 서툰 것 같다. 이것이 항상 자신만 신발을 잃어버리는 꿈으로 형상화된 것이다. 다음에는 챙기겠다고 다짐해 보아도 성격상 잘 되지 않는다. 그러는 자신에게 실망하기도 하고 자괴감을 느끼기도 한다. 꿈속에서 자신이 신발을 챙기지 못해 잃어버릴 것을 의식하듯이, 현실의 그는 자신이 그럴 수 있는 위치에 있지만 남들처럼 권위를 내세우고 이익을 챙기지 못하는 성격임을 알고 있다. 그것이 자신의 성격이고 모습이기도 하다. 그런 면에서 이 꿈은 그의 사고방식이나 가치관을 반영한다.

이미 논의했듯이, 꿈의 텍스트의 의미는 꿈꾼 이의 삶의 맥락에 의해 고유한 의미를 드러낸다. 즉 꿈에서 신발을 잃어버리는 것이 누구에게나 자신의 지위에 맞는 권한이나 몫을 챙기지 못하는 것을 의미하지 않는다. 이 꿈은 A가 살아온 삶의 방식과 삶의 역사라는 맥락에서 그렇게 분석되고 그런 의미를 갖게 되는 것이다. 다른 삶의 역사를 가진 개인이라면 그와 비슷한 꿈을 꾸었더라도 그런 의미를 갖진 않을 것이다.* 꿈의 맥락이 다르기 때문이다. 꿈의 맥락이 달라지면 당연히 꿈의 의미도 달라진다. 그러므로 신발을 잃어버리는 꿈이 그 자체로 무엇을 의미하는지, 단독으로 그 상징의 의미가 무엇인지를 묻는 것은 무의미하다. 꿈꾼 이의 삶의 맥락을 떠나 꿈의 의미가 주어지지 않기 때문이다. 삶의 맥락과 겹치는 꿈의 텍스트를 근거로 제기된 분석질문을 통해 비로소 꿈의 요소들이, 유독 자신만 신발을 챙기지 못하고 잃어버리는 것이 의미하는 바가 드러난다.

민간에 떠도는 해몽집에서는 신발을 잃어버리는 꿈이 '소중한 사람과 헤어지는 것', '중요한 것을 상실하는 것' 등을 의미한다고 하지

---

* 다음 꿈 사례에서 신발은 전혀 다른 의미를 갖는다. 〈기차를 타고 여행하는 도중에 신발을 잃어버렸다. 가족이 두고 간 많은 짐들을 챙기다가, 신발을 잃어버리고 목적지에 내리지 못했다. … 장면이 바뀌어 난 집에 도착해 있다. 다시 외출하려는데 현관에 잃어버린 그 신발이 놓여 있다. 다행이라고 생각하며 그 신발을 신고 나갔다.〉 여기서 신발은 목적지에 도달하기 위해 필요한 것을 상징하며, 꿈꾼 이의 삶의 맥락에서 볼 때 신발을 잃어버린 것은 목적지에 도달하지 못하게 방해하는 것들로 가족이 주는 부담 내지 상처와 관련되어 있다.

만, 맥락을 떠난 일의적이고 고정적인 꿈의 상징이란 없다. 또한 이러한 해석은 너무 추상적이어서 이 꿈이 구체적으로 자기 삶에서 무엇을 뜻하는지 아는 데 도움이 되지 않는다. 즉 자신을 성찰하는 데 기여할 만한 구체적인 의미 파악에 도달하지 못한다.

그리하여 꿈의 맥락과 텍스트의 구조와 무관하게 신발의 상징을 찾거나 잃어버린 신발에서 자유롭게 연상되는 것이 무엇인지 묻는 것으로는 우리가 분석한 의미를 찾을 수 없을 것이다. 철학적 꿈분석은 이 꿈의 텍스트와 콘텍스트 안에서 객관적 근거를 가진 정확한 분석질문을 제기함으로써 자신의 삶에서 답을, 즉 의미를 찾을 수 있도록 사유를 자극한다. 이처럼 꿈을 삶의 맥락에 놓고 숙고에 의한 연상과 사유를 촉발하는 분석질문을 제기하는 것이 철학적 꿈분석의 주요 작업이다.

한편 꿈의 의미는 맥락에 의존한다는 원리는 맥락에 맞는 꿈의 해석과 맥락에 맞지 않는 해석이 있다는 것, 그리고 그 둘을 구분할 수 있는 기준이 있다는 것을 함축한다. 이는 꿈분석의 적합성을 평가할 수 있다는 것을 뜻하며, 그 기준은 꿈의 맥락에 잘 들어맞는 분석이 그렇지 못한 분석보다 낫다는 것이다. 즉 하나의 꿈에 대해 여러 개의 분석 가설이 가능한 경우, 어떤 가설이 맞는지를 결정할 중요한 기준 중의 하나는 **꿈의 맥락 적합성**이다. 우리는 이미 분석질문에 의해서도 경쟁하는 가설들을 평가할 수 있다는 것을 논의하였다. 분석질문 역시 꿈의 맥락을 토대로 구성되는 만큼, 가설 평가에서 꿈의 맥락 적합성은 중요한 기준이 된다.

맥락 의존성과 맥락 적합성은 텍스트의 논리를 반영한다. 꿈이 하나의 텍스트라면 그 논리를 따라 맥락에 맞는 꿈분석의 가설을 찾아 제시해야 한다. 이는 프로이트의 주장처럼 꿈에 대한 모든 연상이 동등하게 좋은 것은 아니며, 숙고를 통해 경쟁하는 가설들 사이에서 맥락 적합성을 평가할 수 있다는 것을 말해 준다. 1장 4절의 〈떠돌이 남아〉의 사례를 상기해 보면, 가설의 평가 기준은 명료하며 애매모호하지 않다. 텍스트와 삶의 맥락의 관계를 고려하면, 꿈속의 '집도 부모도 없는 떠돌이 남아'가 한국 유학생(가설A)이 아니라 수험생 남동생(가설 B)을 상징한다고 판단할 수 있는 객관적 근거가 있다. 이는 꿈분석에도 가설 선택의 객관적 기준이 있음을 보여 준다. 따라서 꿈분석을 임의적이고 해석하기 나름인 것으로 치부할 수 없다. 분명 좋은 분석이 있고 그렇지 못한 분석이 있다.

3. 좁은 맥락과 넓은 맥락

명제 2-3 좁은 맥락과 넓은 맥락에 따라 꿈의 의미가 달라진다.

꿈의 콘텍스트는 텍스트가 위치한 맥락을 의미하는 데서 나아가 그 배경을 이루는 요소들 간의 관계까지 포함한다. 또한 꿈을 생성한 꿈꾼 이의 정체성과 세계관, 가치관을 포함하는 것으로 확장된다. 그리하여 꿈꾼 이의 정치·사회·문화적 배경도 콘텍스트가 된다. 꿈의 텍스트는 어떤 맥락에 놓이는지에 따라 의미가 달라질 뿐만 아니라, 맥락의 범위에 따라서도 의미가 달라진다. 따라서 한 개인이 꾼 **하나의 꿈도 맥락의 범위에 따라서 달리 해석**된다. 맥락의 범위가 좁은지 넓은지에 따라 상징의 의미가 달라지고, 그리하여 꿈의 의미와 분석의 결과가 달라진다. 동일한 꿈에 대해서도 맥락의 차이가 의미의 차이를 가져온다.

여기서 마음 상태의 좁은 내용과 넓은 내용의 개념을 도입하여 꿈의 의미를 설명할 수 있다. 마음의 내용(심성 내용)에 대한 좁은 내용과 넓은 내용의 구분에 의하면, 좁은 내용은 개인(꿈꾼 이)의 마음 내부에서 진행되는 것만으로 형성되는 것이며 넓은 내용은 개인 밖의 외부 조건들과 관계함으로써 형성되는 것이다.* 이 구분에 따르면, 꿈의 콘

---

* 이 개념은 심리철학에서 논의해 온 심성의 좁은 내용과 넓은 내용의 개념을 꿈의 맥락에 도입한 것이다. Kim, Jaegwon(2010), *Philosophy of Mind*, 3rd Edition, Routledge[권홍우 외 옮김(2023), 『심리철학』, 필로소픽], 8장 참고. 삶의 맥락을 배경으로 구성된 꿈의 내용은 좁은 내용이 아니라 넓은 내용에 해당한다. 즉 꿈의 무의식은 내 마음 깊은 곳에 있는 실재가 아니며, 두뇌신경상태도 아니고, 생물학적 해부학적 기관과 관련된 상태도 아니다. 아마도 꿈의 의미가 무의식에 실재하는 것이라고 했을 때 프로이트는 꿈의 의미를 좁은 내용으로 간주했을 것이다. 꿈의 내용이 넓

텍스트 개념을 받아들이는 한, 꿈의 의미는 좁은 내용(혹은 좁은 의미)에 머무를 수 없다. 즉 꿈의 의미를 분석하려면 꿈의 텍스트의 내적 맥락에만 갇힐 수 없으며, 꿈을 생성한 외적 맥락의 관계도 고려해야 한다. 그런 의미에서 모든 꿈은 넓은 내용(혹은 넓은 맥락)을 갖는다고 말할 수 있다. 이는 꿈의 의미가 꿈꾼 이의 머릿속에 있지 않으며, 개인의 심리적 메커니즘의 산물도 아니라는 걸 말해 준다. 또한 꿈의 콘텍스트(삶의 맥락)는 꿈의 넓은 내용을 형성하며, 그러한 맥락의 범위를 어떻게 잡느냐에 따라 꿈의 의미가 변화하는 것을 관찰할 수 있다. 즉 삶의 맥락의 좁고 넓은 정도에 따라, 맥락의 범위가 확장됨에 따라 꿈의 의미도 확장되고 달리 분석된다.

다음 꿈의 사례 분석을 통해 이 개념을 이해해 보자. 다음은 필자의 꿈이다.

〈하늘을 나는 집〉

하늘을 나는 집을 건축하는 꿈을 꾸었다. 나는 누군가와 대화를 하고 있다. 하늘을 나는 집의 세 가지 조건에 대하여 구상하며 말하고 있다. 이 집은 창작자의 집이자 치유의 집이라고 생각한다. 흰 종이 위에 세 가지 조건 각각에 대해 두세 줄로 정리하여 기술한다. 세부 내용은 잘 기억나지 않지만, 첫 번째는 일반적 조건에 대한 것이고, 두 번째는 특수 조건에 대한 것이다. 그

은 내용이라면, 꿈의 의미가 단지 두뇌상태나 신체기관 일부의 작용일 수 없으며, 마음 깊은 곳에 독자적으로 실재하는 것일 수도 없다. 꿈의 텍스트의 의미는 삶의 역사와 환경 등에 의존하는 넓은 내용이며, 삶의 맥락과 총체적 심성의 맥락에서 생성되는 것이다.

리고 세 번째 조건에 대한 기술은 칸이 비어 있었지만 개인의 역사다. (이 항목은 사람마다 다르기에 칸을 비워 둔 것 같다.) 아마도 나의 인생, 나의 삶과 관련된 것이라고 생각한다.

얼핏 보아도 상당히 개념적인 철학적 꿈이다. 평소 관련 개념들을 연구하고 고민해 온 것이 반영된 꿈 같다. 하늘을 나는 집을 건축하기 위해, 일반 조건, 특수 조건, 그리고 제3의 조건으로 개인의 역사가 필요하다고 말하는 꿈이다. 제3의 조건은 개인의 역사인데 바로 나의 삶과 관련된 것이라고 생각한다. 철학자들이 추구해 온 종합의 과제(보편과 특수의 종합, 영원과 시간의 종합, 영혼과 육체의 종합, 무한과 유한의 종합 등)가 이런 방식으로 구현된 것 같다. 이 꿈은 자고 일어나 기록하면서 바로 분석할 수 있었다. 꿈의 텍스트가 비교적 명료하고(각 조건들에 대한 세부 기술 등 기억나지 않은 부분이 있었지만 그것이 분석을 위해 반드시 필요한 것은 아니었다) 요즘 나의 관심사가 반영되어 있는 꿈이었기 때문이다.*

그런데 1차적으로 분석을 하고 나서도, 이 꿈을 나의 삶의 맥락과 연관시켜 계속 사유하는 동안 꿈의 의미가 새롭게 확장되는 것을 경험할 수 있었다. 너무나 선명한 철학 개념들로 이루어진 꿈이었기에, 처음에는 보편과 특수의 종합이라는 철학의 과제에 대한 꿈으로 생각했다. 당시 헤겔의 '양심 주체'에 관한 책과 논문을 읽으며 개인 주체와 공동체가 추구하는 선이나 진리 사이의 긴장 관계와 그 종합의 문

* 철학적 꿈분석 방법을 정립하는 것 역시 특수한 꿈의 사례로부터 보편적 원리를 도출하는 것으로, 일종의 보편과 특수의 종합에 대한 고민과 연관되어 있다.

제를 사유하고 있었기 때문에, 그 배경과 맥락에서도 분석할 수 있었다. 또한 최근에 철학상담의 꿈분석에서 유독 집에 대한 내담자들의 꿈을 많이 만난 것과 연관되어서도 꿈의 의미가 떠올랐다. 내담자들의 꿈속의 집들이 상처 입은 집, 불안의 집, 존재가 불안정한 검열의 집 등의 의미로 분석되면서, '나는 어떤 집을 추구해 왔으며, 나의 집은 어떤 집일까?'를 생각했던 것이 꿈속의 하늘을 나는 집으로 나타난 것이다. 〈하늘을 나는 집〉이라는 동일한 꿈의 텍스트가 콘텍스트의 범위에 따라, 즉 텍스트가 관계하는 맥락의 확장이나 관심의 초점에 따라 다양한 해석이 가능한 것을 볼 수 있다. 더 자세히 살펴보자.

첫 번째, **좁은 맥락의 분석**이다. 그것은 보편과 특수의 종합이라는 평소의 철학적 관심사에 초점을 두어 해석하는 것이다. 이 꿈의 텍스트는 하늘을 나는 집을 건축하기 위해서는 일반적 조건, 특수한 조건, 나의 삶과 관련된 세 번째 조건이 필요하다고 말한다. 세 번째 조건은 개인의 삶의 역사다. 이는 보편과 특수의 종합을 위해 개인의 역사라는 제3의 역할이 중요하다는 것을 뜻한다. 나의 철학적 관심사와 연관시켜 해석하면, 나의 철학이 정립되는 과정에서 철학상담 경험으로부터 얻은 개인의 삶에 대한 통찰이 중요한 역할을 하리라는 걸 의미한다. 이론철학이 놓치는 부분이다. 철학은 보편과 특수의 종합 문제를 해결하려고 하지만 정작 개인의 특수한 삶의 역사에는 무관심하다. 나는 철학상담 실천을 하면서 세 번째 조건에 대해 고민하고 그런 철학적 감수성이 중요하다는 생각을 하게 되었다. 그 조건이 들어와야 모순 없이 진정한 종합이 이루어지지 않을까 생각한다. 이 꿈은 이런 나의 생각을 명시적으로 드러내고 있다.

보편과 특수(나아가 영혼과 육체, 유한과 무한, 시간과 영원… 등)의 종합이 실패하는 것은 아마도 이론적 차원의 문제이다. 실천의 차원에서는 문제가 되지 않을 수 있다. 이론적으로는 딜레마이지만, 실천의 차원에서 딜레마는 존재하지 않는다는 생각을 해왔다. 실제로 행동을 결단하는 순간 딜레마는 해체될 것이기 때문이다. 어쩌면 딜레마는 실천하지 않는 이론 속에만 존재한다. 마찬가지로 보편과 특수의 종합이라는 해결하기 어려운 철학적 난제는 개인의 역사라는 실천적 삶의 수행이 도입되면 해결이 가능할지 모른다는 생각이 꿈속에 반영되어 있다. 꿈의 텍스트는 하늘을 나는 집을 건축하기 위해 보편적인 것과 특수한 것 외에 개인의 역사라는 세 번째 조건에 특별히 시선이 집중되어 있다. '빈칸으로 남아 있지만 개인의 역사라는 걸 인지하고, 그것은 나의 삶의 역사와 관련된 것'이라고 생각한다. 개인이 자신의 고유함을 잃지 않고 보편을 추구하려면, 자신의 삶의 역사 안에서, 개인의 삶을 통해 특수한 것이지만 동시에 보편을 예시할 수 있어야 한다. 이것이 대립항의 종합을 위해 개인의 역사적 투신이 필요한 이유다. 이런 나의 학문적 삶의 고민을 하늘을 나는 집의 세 가지 조건으로 꿈이 형상화하여 보여 준 것은 매우 흥미로웠으며, 나에게 깊은 성찰의 계기를 제공해 주었다. 그런데 삶의 맥락을 좀 더 넓게 확장해서 보면 또 다른 의미가 생성된다.

두 번째, **넓은 맥락의 분석**이다. 이는 철학상담과 꿈분석 상담을 해온 나의 역사적 맥락에서 이 꿈을 분석하는 것이다. 나는 철학적 꿈분석 상담을 해오면서 치유의 집에 대해 사유하고 성찰할 기회를 갖게 되었다. 이 꿈을 꿀 당시에는 꿈분석 상담의 내담자들을 만나면서 불안의 집, 어둠의 집, 상처받은 집, 검열의 집, 어릴 적 엄마의 분노로 불타오르는 집… 등 다양한 집에 관한 꿈의 시리즈들을 분석하고 있었다.

이들의 목표는 안정된 집을 구축하거나 자신이 동경하는 평온한 집을 찾는 것이다. 내담자들은 상처와 불안의 상태로부터 안정에 도달하는 상담 목표를 갖고 있으며, 이런 목표가 내담자들의 꿈속에서 안정된 집을 추구하는 상징으로 나타났다.

그런데 이 꿈은 하늘을 나는 집을 설계하는 것으로 시작한다. 내가 지으려는 집은 안정적인 집과는 거리가 있다. 나는 하늘을 나는 집과 같은 새롭고 모험적인 집을 탐색한다. 안정의 가치를 넘어서서 새로운 도전으로 창조하고 치유하는 집을 지향한다. 동시에 나는 꿈꿀 당시 읽고 있던 헤겔의 철학에서 같은 문제의 맥락을 본다. 헤겔의 텍스트에서 인륜 공동체와 양심 주체 사이의 긴장 관계를 사유한다. 헤겔은 공동체의 안정적 가치를 위해 개인의 양심을 의심의 눈길로 바라본다. 헤겔의 공동체는 관습을 따라 남들처럼 안정된 땅 위에 집을 지으라고 하지만, 나는 하늘 위에 집을 지으려고 한다. 고착된 관습이나 사고방식은 치유의 한계가 될 수 있다. 우주 공간 하늘에 떠 있는 집이 안정적으로 보이진 않겠지만 나는 오히려 호기심과 새로운 관심을 가지고 그 집을 구상한다. 하늘을 나는 집을 짓기 위해 필요한 세 가지 조건을 설계한다. 개인의 역사의 중요성이 부각된다.

나는 어떤 집을 짓고 싶은 것일까. 자신을 성장시키고 또 누군가를 치유하기 위해서는 기존의 낡은 생각이나 규범으로는 부족하다. 새롭고 참신한 사유가 필요하다. 안정적이기만 하다면 치유의 영감을 주긴 어렵다. 자신만의 삶의 역사가 투영된 고유한 집이야말로 가치가 있다. 그리하여 안정된 땅 위의 집에서만이 아니라 때로는 하늘을 날며 우주를 유영하는 집에 사는 것이 필요하다. 치유하는 창작자는 하나의 세계를 창조하는 집이자 그로 인해 누군가를 자유롭게 하는 치유의 집을 지어야 한다는 뜻이다. 꿈속의 하늘을 나는 집은 바로 이런 집을 형상화해 준다.

이 사례는 삶의 맥락이 좁은 맥락에서 넓은 맥락으로 확장됨에 따라 꿈의 해석 역시 확장될 수 있음을 보여 준다.* 그리하여 하나의 꿈은 고정된 단일 의미를 갖지 않으며 맥락의 범위에 따라 다양한 층위에서 해석할 수 있다. 이러한 해석들이 모여 삶의 내러티브를 구성하며, 자신을 깊이 성찰하게 해준다.

---

* 나아가 이 꿈은 나의 전체 삶의 역사라는 보다 넓은 맥락에서도 분석가능하다. 나의 삶의 역사 전체를 상기하며 이 꿈의 의미를 성찰해 보면, 이 꿈은 '하늘을 나는 집'을 구상하며 나의 인생 후반을 설계하는 꿈이다. 이는 나의 인생 전체를 재구축하는 것이기도 하다. 또한 이 꿈을 전체 삶의 맥락에 놓고 나의 '인생의 꿈'들과의 상호 콘텍스트 관계에서 분석할 수도 있다. 이 작업은 다음 기회로 미루기로 한다.

4. 꿈의 상호 콘텍스트

명제 2-4 **한 개인이 꾼 꿈들은 상호 콘텍스트가 된다.**

한 사람이 꾸는 일련의 꿈들은 분석 과정에서 서로 배경이 되거나 정보를 제공할 수 있다. 하나의 꿈이 다른 꿈의 맥락이 되는 것인데, 이를 필자는 **상호 콘텍스트 개념**으로 설명한다. 상호 콘텍스트란 한 사람이 꾼 둘 이상의 꿈이 서로 맥락(콘텍스트)이 되는 것을 일컫는다. 예컨대, 하나의 꿈 전후로 이어지는 일련의 꿈들은 꿈의 시리즈 안에 위치하며 서로의 맥락을 구성한다. 같은 주제로 전개되는 일련의 꿈들도 각각의 꿈을 분석하는 상호 맥락이 된다.

상호 콘텍스트 개념에 의하면, 한 사람이 꾼 일련의 꿈들은 꿈들 사이의 관계 및 상호 맥락 안에서 분석될 수 있다. 이때 하나의 특정 꿈은 연관된 다른 꿈들의 맥락을 통해 분석의 실마리를 찾기도 한다. 즉 분석되지 못한 채 남아 있던 꿈이 다른 꿈의 콘텍스트 안에 배치되었을 때, 비로소 꿈의 의미가 분석되기도 한다.

다음은 한 사람이 일정 기간에 걸쳐 꾼 두 개의 꿈으로, 상호 콘텍스트 관계를 잘 보여 주는 사례이다. 첫 번째 꿈만으로는 의미를 다 분석하지 못한 채 분석을 마쳤던 경우이다. 꿈의 텍스트와 콘텍스트를 자세히 살펴보며 분석대화를 나누었지만 결과는 충분히 만족스럽지 못했다. 그런데 얼마 후에 꾼 두 번째 꿈을 분석하는 과정에서 파악된 의미와 정보가 단서가 되어 첫 번째 꿈이 명료하게 분석될 수 있었다.

꿈 1. 〈강아지로 변신하는 꿈〉

꿈의 시작은 외조부모님 댁 화장실이다. 시야가 낮아진 것 같은 느낌이 들었고, 문을 열고 나가자마자 현관에 붙어 있는 전신거울을 볼 수 있었다. 거울에 비친 내 모습은 갈색 푸들이었다. 내 모습이 강아지인 것을 인식했음에도 불구하고 그렇게 크게 놀라진 않았다. 당황스러움이 없지는 않았으나, 공포에 질리거나 허둥대지는 않고 자연스럽게 받아들였다. 다만, 누군가에게 도움을 요청해야 할 것 같아서 외할머니 댁을 돌아다녔고, 그 과정에서 가족 구성원들을 마주쳤으나 모두가 나를 보고도 보지 못한 것처럼 지나쳤다. 그때부터 무언가 잘못되었음이 느껴졌고, 공포가 밀려와 현관문 바깥으로 뛰쳐나와 달리기 시작했다. 무엇을 어떻게 해야 할지 몰라 그 자리에 멈춰 섰다. 그 순간 꿈인 것을 자각했고, 잠에서 깼다.

꿈 2. 〈계단에서 떨어지는 아이를 구하지 못한 꿈〉

꿈은 초등학교 때까지 다닌 태권도장에서 내가 수업을 마치고 내려오면서 시작된다. 그 전에 어떤 수업이 진행되었는지 알지는 못하지만, 빨리 집에 가서 밥을 먹고 싶다는 생각을 했던 것 같다. 신발장에서 내 신발을 꺼내 계단을 내려가려고 했다. 그런데 수업이 끝난 후 아이들이 한꺼번에 빨리 내려가려고 해서, 신발장 앞에 아이들이 밀집되기 시작했고, 키가 작은 아이들이 치이는 모습이 보였다. 나는 그 아이들보다 머리 하나는 더 컸기에 넘어지진 않았지만, 인파를 뚫고 조심해서 천천히 계단을 내려가고 있었다. 그런데 내 앞에 먼저 가던 아이가 난간을 타고 내려가는 장난을 치다가 인파에 밀려 난간 옆으로 훅 떠밀리며 떨어지는 모습이 보였다.

> 내가 그 아이와 가장 가까이에 있었기에 구해야 한다는 의식적인 생각도 하기 전에 반사적으로 그 아이 쪽으로 몸을 돌렸다. 그러나 몸이 물속에서 달리는 것처럼 느려지면서 한발 늦게 그 쪽으로 가게 되었고, 나는 이미 팔로는 그 아이를 잡기 늦은 것 같아 난간 사이로 다리를 뻗었다. 떨어지던 아이는 가까스로 내 발을 붙잡긴 했으나, 몇 초 후 떨어지고 말았다. 힘이 빠져서 그런 것인지 아니면 다른 이유가 있었는지는 기억이 안 난다. 그렇지만 왜 떨어졌는지 생각할 겨를도 없이 너무 놀라서 온몸에 피가 식는 기분이 들었던 것 같다. 죄책감과 후회를 느낄 새도 없이 충격이 온몸을 강타했다. 또한 계단 아래를 내려다볼 수도 없었다.

먼저 이 꿈을 꾼 은서의 삶의 맥락을 보자. 어릴 적부터 은서의 꿈은 법조인이 되는 것이다. 식구들은 물론 친척과 지인들도 모두 은서의 장래희망이 법조인이라는 걸 알고 있다. 그녀는 공부를 잘했고, 성격이 차분하고 신중한 편이었으며 자기 생각을 조리 있게 잘 표현했다. 그녀는 꿈을 이루기 위해 한눈팔지 않고 학업에 성실하게 임해 왔으며, 지금은 졸업을 앞두고 로스쿨 진학을 위해 시험 준비에 열중하고 있다. '꿈 1'은 로스쿨 준비를 막 시작할 즈음 꾼 꿈이고, '꿈 2'는 그로부터 세 달 정도 지난 후에 꾼 꿈이다.

처음 '꿈 1'을 분석할 때, 강아지로 변신하는 것이 무얼 상징하는지 꿈의 텍스트와 콘텍스트의 관계 안에서 분석해 보았으나 그 의미가(비유하자면, 의미의 무늬나 상이) 명료하게 떠오르지 않았다. 물론 상담 초반이어서 그녀에 대한 정보나 이해가 부족한 면도 있었다. 여러 각도에서 분석질문을 제기하며 대화를 해보았지만 분석을 완성하지 못한 채 남겨 두었다. 다만 로스쿨 입시를 준비하려는 시점에서, 정보가 부족하여 어떻게 준비해야 할지 방법을 모르는 데서 오는 막막한 심정과, 가족들 역시 잘 모르는 분야여서 도움을 받지 못하고 혼자 해결해야 하는 부담감과 불안한 마음이 강아지로 변신하는 꿈으로 표현된 것이라는 잠정적 결론에 이르렀다. 그것이 꿈의 배경이 되는 정보인 것은 맞지만, 꿈의 핵심 상징에 대한 설명으로는 불충분하고 석연치 않은 분석이어서 마음에 걸린 채 남아 있었다. (특히 이 분석은 강아지가 된 것에는 그다지 놀라지 않은 반면, 가족들이 강아지가 된 자신의 존재를 몰라볼 때 더 큰 충격을 받는 대조적 장면을 제대로 해명하지 못하기 때문이다.)

그런데 세 달 후 '꿈 2'를 분석하는 과정에서 '꿈 1'에 대한 중요한 단서를 발견하게 되었다. 먼저 '꿈 2'를 분석해 보자. 꿈의 텍스트를 보면, 꿈꾼 이는 난간 아래로 떨어지는 꼬마아이를 구하지 못한 것 때문에 너무 놀라 피가 식고 충격이 온몸을 강타한다.

꿈속에서 아이의 생명을 구하는 것은 꿈꾼 이에게 자신의 존재를 뒤흔들 만큼 중요하고 절대적인 가치다. 그런 만큼 최선을 다하고도 지켜내지 못했을 때 커다란 충격을 받는다. 그래서 그녀에게, 아이를 구하는 것과 같은 절대적인 가치가 있다면 무엇인지를 중심으로 분석질문을 이어 나갔다. 그 대화에서 찾은 답변은 다음이다. "지금 나에게는 로스쿨 합격이 그런 '절대적' 가치의 위상을 갖는다. 평소엔 과정과 결과의 중요도가 반반이라 생각해 왔고, 때로는 과정을 더 중요하게 생각하기도 했다. 하지만 로스쿨의 경우는 어릴 적부터 오직 이것만을 목표로 성실하게 공부해 왔으며 또 주변에서도 내가 법조인이 되는 것이 기정사실로 되어 있어서, 여기서 실패하면 나의 중심을 이루는 절대 가치가 무너지는 느낌이 들 것 같다. 로스쿨에 들어가지 못하면 달리 어떻게 할지 생각해 본 적이 없고 아무런 대안이 보이지 않기에 로스쿨 입시에서 떨어지면 감당하기가 어려울 것 같다. 꿈에서 최선을 다했지만 아이를 구하지 못했다는 것에 온몸으로 충격을 받은 것처럼, 로스쿨에 합격하지 못하면 나의 존재와 삶의 중심이 흔들릴 것 같다. 나에게 그것은 절대적 가치의 지위를 갖는 듯하다."

'꿈 2'는 반드시 아이를 구해야 하지만 아이의 생명을 구하지 못했다는 것에 충격을 받는 꿈이다. 이 꿈에서 추락하는 아이를 구하는 것은 자신에게 절대 가치이고, 현실에서 그런 가치를 가진 것은 법조인이 되는 것(현 단계에선 로스쿨에 합격하는 것)이다. 추락하는 아이를 구하지 못한 것은 법조인이라는 자신의 절대 가치를 지키지 못한 것이다. 다시 말해 법조인이 되지 못하는 것이 그 정도의 충격으로 올 만큼 법조인이 된다는 것이 자신에게 절대적인 가치가 되어 있음을 꿈은 보여 준다.

'꿈 2'를 분석하자 '꿈 1'의 강아지 변신의 상징적 의미가 드러났다. 그것은 바로 법조인을 지향하는 자신의 정체성 문제에 대한 꿈이었다. '꿈 2'에서 법조인이 되는 것이 자기 존재감을 위한 절대 가치로 분석되었다면, '꿈 1'에서 강아지는 법조인이 되지 못한 자신의 정체성을 상징한다. 꿈속에서 강아지는 '작고 낮은' 존재이다. 즉 강아지로 변한 내 모습은 '법조인이 되지 못한 작고 낮은 나의 모습'이다. 법조인의 정체성을 갖지 못한 부정적 모습이다. 작고 낮은 지위를 가진 내 모습이 가족들 눈에는 보이지도 않는다.

그리고 가족들이 자신의 존재 자체를 알아보지 못하는 것에 은서는 큰 충격을 받는다. 로스쿨 입시에 합격하지 못한 자신을 가족들이 인정하지 못할 것이라는 공포감의 표현이다. 법조인이라는 정체성을 확보하지 못했을 때 자신의 존재 자체가 상실되는 것에 대한 경악이 드러나는 꿈이다. 꿈속에서 강아지가 된 자신의 모습보다 가족들이 자신을 알아보지 못하는 것에 더 큰 두려움과 충격을 받은 것처럼, 실제로도 법조인이 되지 못하는 것보다 가족들에게 존재 자체를 인정받지 못하는 두려움이 더 클 수 있다. 꿈은 그녀의 두려움의 정체가 무엇인지를 성찰하게 해준다.

정리하면, '꿈 2'는 자신이 추구하는 절대 가치가 법조인이 되는 것임을 보여 준다. '꿈 1'은 그 절대 가치가 실현되지 못하는 것에 대한 충격과 불안을 나타낸다. 어릴 때부터 꿈꿔 온 법조인이 되기 위해 로스쿨을 준비하려는 시점에서 여러 가지 걱정과 불안, 염려와 더불어 혹시 로스쿨에 합격하지 못하는 상황을 감당하기 어려울 것 같은 공포가 강아지 변신의 꿈으로 나타난 것이다. 그리고 가족들이 법조인이 되지 못한 자신을 외면할지 모른다는 공포를 나타내는 꿈이다.

이상의 두 꿈의 관계를 살펴보면, '꿈 2'가 '꿈 1'의 분석에 결정적인 단서를 제공해 주었지만, 또한 '꿈 1'의 강아지 변신을 법조인의 정체성 문제로 분석하고 나면 '꿈 2'에 대해서도 더욱 잘 이해할 수 있게 된다. 법조인이 되는 것을 왜 그렇게 중요한 절대 가치로 여기는지가 '꿈 1'의 맥락에서 잘 설명되기 때문이다.

이와 같이 은서의 '꿈 1'과 '꿈 2'의 분석은 일련의 꿈들이 서로의 맥락(상호 콘텍스트)이 된다는 테제를 잘 보여 준다. '꿈 2'의 분석에서 부각된 절대 가치가 '꿈 1'에서 강아지에 대한 정체성을 해석할 단서를 찾게 해주었다. 분석이 불분명하던 지점의 안개가 확 걷힌 느낌이다. 하나의 꿈이 다른 꿈분석의 맥락이 되어 준다는 걸 적극적으로 보여 주는 흥미로운 사례이다.

꿈들 사이의 상호 콘텍스트 개념은 한 개인이 꾸는 일련의 꿈들을 장기간, 적어도 일정 기간 분석함으로써 밝혀 낸 놀라운 사실이다. '꿈분석으로 수행하는 철학상담' 과정에서 한 사람이 꾼 여러 개의 꿈들을 지속적으로 분석할 기회가 있었기 때문에 꿈들이 서로의 맥락이 되어 주는 것을 파악할 수 있었다. 그리고 이를 토대로 꿈들의 상호 콘텍스트 개념을 정립할 수 있었다.

이와 관련하여, 꿈분석 과정에서 꿈들 사이에 이야기의 연결이나 연속성이 드러나는 경우들이 있다. 때로는 이틀 간격으로 꾼 두 개의 꿈이 마치 하나의 꿈 안에서 이어지는 두 개의 장면처럼 전후로 연결되기도 한다. 예컨대, 한 내담자는 자신의 의지로 높은 곳에 오르는 꿈을 꾼 다음 날 그렇게 높이 올라간 곳에서 자신이 찾던 것을 발견하는 꿈을 꾼다. 마치 두 개의 꿈이 상호 콘텍스트를 넘어 하나의 텍스트로 연결되는 것 같다. 그럴 경우, 두 개의 꿈을 상호 연관된 맥락에서 분석할 수 있다. 또한 선행하는 꿈의 질문을 이어받아 이후의 꿈에서 답하는 사례도 발견된다. 다짐하는 꿈에 뒤이어 응답하는 꿈을 꾸기도 한다. 예컨대, 〈사랑하는 사람을 잊지 않고 그 기억을 간직하겠다고 다짐하는 꿈〉(꿈 1)을 분석하고 난 뒤, 며칠 후 〈그가 죽기 전에 간직해야 할 것을 전해 주는 꿈〉(꿈 2)을 꾼 경우가 있었다. 상호 맥락에서 이 꿈을 분석했을 때, 잘 간직해야 할 것은 그 사람과 함께했던 추억으로, '꿈 2'는 '꿈 1'의 다짐에 대한 응답으로 드러났다.

연속된 꿈들 사이에는 질문과 답변, 다짐과 응답, 문제와 해결책,

요구와 순응, 선택의 요구에 응하여 선택하는 꿈 등으로 상호 소통하는 경우들도 확인된다. 그렇다고 시간적으로 근접한 꿈들만이 상호 맥락이 될 수 있는 것은 아니다. 놀랍게도 20년의 간격을 두고 꾼 꿈들 사이에도 상호 콘텍스트가 발견된다(3장 3절을 참고하라). 이는 상호 콘텍스트가 되는 것이 단순히 시간적 근접성을 조건으로 하지 않는다는 것을 보여 준다. 그것은 필요조건도 충분조건도 아니다. 그보다 꿈꾼 이가 꿈에 대한 인상과 기억을 얼마나 지속적으로 갖고 있는지가 더 중요하다.

이상의 사례들에서 보듯이, 한 사람이 꾼 같은 주제의 꿈들은 상호 콘텍스트가 될 수 있다. 그럴 경우 선행하는 꿈은 뒤의 꿈에 의해 의미가 새롭게 드러나거나, 반대로 먼저 꾼 꿈이 나중에 꾼 꿈의 맥락이 되어 주기도 한다. 앞의 〈강아지로 변신하는 꿈〉은 이것을 잘 보여 주는 대표적인 사례이다. 또한 하나의 꿈이 분석되고 나면, 분석된 내용은 이후 꿈의 콘텍스트가 될 수 있다. 그리하여 앞선 꿈에서 분석된 상징의 의미는 다음 꿈의 맥락을 형성함으로써 상징을 공유하거나 주제를 이어가기도 한다. 그 경우 분석된 꿈의 상징들은 연이어 꾸는 다른 꿈에서도 그 의미가 보존된다. 한 개인의 꿈들 사이에서 하나의 상징이 같은 의미를 갖게 되는 것이다. 그리하여 꿈의 상호 콘텍스트 개념에 의하면 이전의 꿈분석이 이후의 꿈분석에 근거와 실마리를 제공해 준다. 전후의 꿈이 서로의 분석 맥락이 되어 준다.

5. 상징의 맥락 의존성

명제 2-5 **꿈의 상징은 맥락에 의존한다.**

꿈의 텍스트는 콘텍스트에 따라서 의미가 달라진다. 마찬가지로 꿈의 텍스트에 등장하는 상징도 맥락에 의존한다. 의미의 총체성 내지 관계성(문장이나 단어의 의미는 그것이 속한 전체 체계 및 그것이 관계하는 것들에 의해 결정된다는 것) 및 맥락 의존성(의미는 텍스트의 내적, 외적 맥락에 의존한다는 것)은 상징에도 그대로 적용된다. 즉 상징은 독자적인 고정된 의미를 갖지 않으며 꿈의 맥락에 따라 다양한 의미로 해석된다. 꿈의 다른 요소와 마찬가지로 상징도 텍스트와 콘텍스트 안에서 그것이 맺는 관계를 분석해야 진정한 의미가 드러난다. 꿈의 상징도 텍스트의 논리에 따라 같은 방식으로 분석된다.

그런데 프로이트를 비롯한 정신분석가들은 상징이 마치 특정한 의미로 주어진 것처럼 다룬다. 프로이트는 대부분의 꿈들이 성적인 상징으로 가득하다고 주장한다. 꿈의 요소들이 그 자체로 남근을 상징한다거나 성과 관련된 것을 표현한다고 본다. 실제로 그는 상징들의 해석 목록을 제시하는가 하면 주어진 상징 해석 목록에 비추어 상징을 다루고 꿈을 해석하는 경향을 보인다. 프로이트는 정신분석의 상징에 관한 강의(10강)에서 동화와 신화, 어원 등에 근거하여 상징을 의미화하는데, 이는 상징을 인류 보편의 집단무의식으로 간주한 융의 입장과 겹쳐 보이기도 한다. 프로이트와 융은 서로를 강력히 비판하고 있음에도 불구하고, 적어도 상징을 다루는 방식에 관해선 유사한 관점을 취한다.*

하지만 철학적 꿈분석의 텍스트와 콘텍스트 개념에서는 상징 역시 텍스트의 논리에 따라 분석된다. 다시 말해 꿈의 텍스트를 분석하기 전에는 꿈속의 상징에 대해 알 수 있는 것이 없으며, 꿈의 맥락을 떠나 상징의 의미를 말하는 것은 무의미하다. 예컨대, 돼지꿈이나 벌레 꿈은 무엇을 상징하는가? 하는 식의 물음은 어불성설이며 답이 없는 물음이다. 꿈의 텍스트에 위치하는 내적 관계와 콘텍스트에 따라서 돼지나 벌레의 상징은 전혀 의미가 달라지기 때문이다. 상징을 해석해 놓은 목록이나 해몽책을 참조하여 상징을 해석할 수는 없다. 예컨대, 돼지는 복을 의미하는 상징이라거나 벌레는 근심을 상징하기에 벌레 꿈을 꾸면 불길하다는 식으로 말할 수 없다. 벌레 꿈이 그 자체로 근심을 나타내지도 않고, 기둥이나 돌기가 그 자체로 남근을 상징하지도 않는다. 상징의 맥락 의존성에 의하면, 돼지든 벌레든 어떤 상징이든 맥락에 따라 다양한 의미로 분석되기 때문이다.

앞에서, 우리는 환자의 의미가 텍스트의 맥락에 따라서 병에 걸린 사람, 의존하는 사람, 죄인, 구속된 자, 자유롭지 못한 사람… 등의 다양한 의미를 갖는다는 것을 살펴보았다. 문장이나 단어의 의미가 문맥과 맥락에 따라 달라지듯이 꿈의 상징들도 관계하는 텍스트와 삶의 맥락에 따라 의미가 달라진다. 유사해 보이는 꿈이라 해도 꿈꾼 이의 삶의 맥락이 다르면 그 의미가 다를 수밖에 없다. 사람이나 삶의 역사

---

* 상징을 성적인 것으로 보느냐 마느냐의 문제를 떠나, 적어도 상징을 다루는 방식에 관해선 둘 사이에 차이점보다 공통점이 더 크다. 즉 프로이트나 융은 둘 다 꿈의 맥락과 독립하여 상징의 독자적인 의미를 추구한다는 점에서 다르지 않다. 꿈의 상징을 성적인 것으로 볼 것인지 인류의 집단무의식으로 볼 것인지의 차이가 있음에도 불구하고 꿈의 상징에 접근하는 태도는 유사하다. 또한 오늘날 정신분석의 새로운 흐름과 변화에도 불구하고 대부분의 정신분석가는 상징에 대해 이와 유사한 태도를 보인다.

적 맥락과 무관하게, 꿈 자체만을 따로 떼어 내어 해석할 수 없는 이유가 여기에 있다. 그런 점에서 맥락과 독립적인 꿈의 상징 목록은 꿈분석에 별로 도움이 되지 않는다. 철학적 꿈분석과 정신분석의 차이도 여기에 있다. 꿈의 본질을 주장하는 정신분석은 모든 꿈의 의미나 역할이 본질적으로 같은 것(즉 성적 소망의 성취)에 수렴하거나, 같은 것을 지시한다고 생각한다. 하지만 그런 방식의, 맥락을 떠난 꿈의 본질이란 없다.

꿈 사례들을 통해, 하나의 상징 요소가 맥락에 따라 어떻게, 그리고 얼마나 다르게 분석되는지 살펴보자. 다음에 제시되는 사례들에서는 '벌레'라는 상징이 등장하는데, 꿈꾼 이의 삶의 맥락마다 다른 의미로 해석된다. 벌레 꿈은 흔히 생각하듯 부정적인 의미만 갖는 것은 아니며 긍정적인 의미를 가질 수도 있다. 이 사례들은 하나의 상징이 삶의 맥락에 따라 놀라울 정도로 다양한 의미를 지님을 보여 준다.

〈몸에서 이를 발견하고 죽이는 꿈〉

뉴욕 지하철에서 남자친구와 서로 다른 경로로 가서 어떤 특정한 역에서 만나기로 했다. 남자친구와 헤어진 후 혼자서 매우 어두컴컴하고 무서운 지하 통로를 걸어갔다. 통로에는 사람들이 거의 없어서 겁을 먹었고, 길을 잃었다가 겨우 찾아서 지하철을 탔다. 어떤 모르는 사람과 이야기를 나누며 같이 가다가, 몸에서 이를 발견했다. 징그러워서 손톱으로 찔러 죽였다.

이 꿈은 꿈꾼 이가 남자친구와 결혼을 약속하고 나서 얼마 후에 꾼 것으로, 결혼 전에 독립적인 사람으로 서고 싶다는 마음이 각자의 경로로 지하철을 타고 가는 것으로 나타난 꿈이다. 그런데 진정 독립적인 사람이 되려면, 어릴 적 상처에 매몰되기보다 상처받은 어린아이에서 벗어나 어른이 되어야 한다(꿈꾼 이의 중요한 삶의 과제이기도 하다). 그 과정은 두렵고 험난하다.

이 꿈에서 남자친구, 독립, '이'의 관계는 무엇일까? 꿈속의 '이'는 자신의 삶에서 몸서리치도록 떨쳐 버리고 싶은 것이다. "내 안에서 이처럼 떨쳐 버리고 싶은 것이 있다면 무엇인가?"라는 분석질문을 받고 꿈꾼 이는 두 가지를 떠올렸다. **죄책감과 정서적 상처의 찌꺼기**이다. 죄책감은 서로의 상처를 공유하며 위로를 주고받던 친구에 대한 것이다. 과거에 서로 아픔을 공감하고 위로를 나누었지만, 내 상처가 조금씩 회복되고 남자친구를 만나 안정감을 찾아갈수록 그 친구의 아픔을 듣는 것이 감당하기 힘들어졌다. 진심으로 잘 들어주지 못하는 데서 죄책감을 느낀다. 이런 죄책감을 떨쳐 내고 싶지만 거기서 벗어나기가 쉽지 않다. 정서적 상처의 찌꺼기는 여전히 부모에게 상처받는 자신의 나약한 모습이다. 부모에게 받은 정서적 상처에서 벗어나고 싶다. 아직도 남아 있는 상처의 찌꺼기를 떨쳐 내고 싶다. 꿈꾼 이의 삶의 맥락에서 꿈속의 '이'는 떨쳐 내고 싶지만 쉽게 벗어나지 못하는 부정적 감정들을 상징한다. 결혼 전에 진정으로 독립한 어른이 되기 위해서는 내 안의 죄책감과 상처를 떨쳐 내고 정서적으로도 어른이 되어야 한다. 그런 마음이 꿈속에서 이를 찔러 죽이는 것으로 표상된 것이다.

〈물속의 쌀알마다 숨어 있는 벌레 꿈〉

부엌 비슷한 곳에 엄마와 같이 있었다. 거기엔 물에 포장된 곡식

같은 것이 있었다. 비닐 팩에 물이 팽팽하게 가득 들어 있고 그 안에 보리와 쌀 등등이 들어 있었다. 그런데 물속의 쌀알마다 벌레 같은 것이 숨어 있어서 이상한 소리가 났다. 방이 날파리투성이어서 손을 휘두르면 한 마리씩 잡힐 정도였다. 엄마에게 이 벌레 먹은 것들은 버려야 하는 것 아니냐고 말했지만, 엄마는 고집 부리며 있어야 하는 것이라고 말했다.

물이 가득 채워진 비닐 팩에 담긴 곡식에는 쌀알마다 벌레가 숨어 있다. 그녀가 이전에 꾼 꿈들에서 물은 일관되게 불안을 상징했다. 꿈의 상호 콘텍스트를 고려할 때, 물속에서 자란 벌레 역시 **불안**을 상징한다. 그런데 벌레는 물이 채워진 비닐 팩에 포장된 쌀알 속에 있다. 여기서 쌀은 무엇일까? 꿈속에서 쌀은 밖으로는 물에 포장되어 있고, 속에는 벌레가 들어 있다. 즉 쌀은 안팎으로 불안에 에워싸여 있다. 쌀은 우리를 먹여 살리는 양식이지만, 물속의 벌레 먹은 쌀은 **불안의 양식**이다. 그리하여 그런 쌀을 먹고 양육된 것은 불안한 양육 방식을 상징한다. 결국 꿈속의 물에 잠긴 벌레 먹은 곡식은 불안을 조장하는 엄마의 양육 방식을 드러낸다. 하지만 이런 양육 방식을 버려야 한다는 말에, 엄마는 인정하지 않고 자기 방법을 고수한다. 엄마는 자신의 양육 방식에 아무런 문제의식도 없고, 그녀에게 불안을 심어 주었다는 것을 결코 인정하지 않으리라는 생각이 꿈에 반영되어 있다.

〈죽지 않고 증식하는 애벌레 꿈〉

… 배경이 바뀌어 외갓집이다. 다들 자고 있는 것 같다. 나도 바닥에서 자고 있는데, 노란색 투명한 애벌레 같은 물질이 보인

다. 내 이부자리를 살펴보니 생각보다 벌레들이 많아서 깜짝 놀란다. 벌레를 치우다가 너무 졸려서 중간에 다시 잠든다. 하지만 벌레가 신경 쓰여 다시 한 번 불을 켜서 본다. 벌레가 더 많아졌을뿐더러, 원래 있었던 벌레들이 더 길어졌다. 또 내가 아까 죽였다고 생각한 벌레들도 다시 되살아났다. 나는 충격을 받는다…. 벌레를 죽여도 시간이 지날수록 벌레가 몇 배씩 길어진다. 그 후에도 계속 증식하는 벌레가 신경 쓰여 잠을 설치다가 마지막엔 그냥 어쩔 수 없다고 생각하고 잠을 청한다. 아침에 일어나서 엄마, 아빠, 할머니, 외숙모에게 벌레에 대해 묻지만 모르는 눈치이다. 나는 침대 이불을 걷어 벌레들을 보여 준다. 다들 엄청 놀란다. 우리는 이 벌레의 원인을 찾아보려고 하는데, 엄마 아빠는 내가 안 씻고 옷도 안 갈아입고 자서 그렇다고 한다. 나는 그 말을 듣고도 계속 원인을 찾는데, 결국 침대 끝에 있는 과자를 발견하고, 그곳이 벌레 서식지였다는 걸 깨닫는다.

이 꿈에서 꿈꾼 이는 벌레를 제거하려 하지만 쉽게 해결하거나 해치울 수 없다. 그리고 그녀의 삶의 역사에서 그와 같은 문제는 어릴 때부터 부모에게 받아 온 상처다. 따라서 이 꿈에서 벌레는 꿈꾼 이의 오래된 상처를 상징하고, 죽지 않고 점점 길어지면서 증식하는 벌레는 해소되지 못하고 점점 커져만 가는 상처를 상징한다.

그녀는 증식하는 벌레를 없애려는 여러 가지 시도를 하다가 결국 벌레의 서식지를 찾아낸다. 이는 그녀가 상처를 해소하려는 여러 가지 노력을 하고 상처의 뿌리에 해당하는 근원적인 문제를 찾아내는 것을 의미한다. 엄마 아빠는 벌레가 생긴 원인이 나 자신(내가 안 씻고 옷을 안 갈아입어서 벌레가 생긴 것)에게 있다고 말한다. 이는 평소 상처를 호소할 때마다 엄마가 보이는 반응과 유사하다. 내 탓을 하며 나의 아픔을 공감해 주지 않는 엄마가 원망스럽다. 결국 그녀는 스스로 벌레의 서식처를 찾아낸다. 드디어 원인을 찾았다는 데 안도감을 느낀다. 벌레의 유래나 원인이 나 자신이 아니라는 것에 안심한다. 이는 상처의 원인이 나 자신이 아니라 외부에 있다는 것을 의미한다. 또한 상처(벌레)의 원인이 쉽게 치울 수 있는 과자봉지로 형상화된 것은 그녀가 자신의 상처를 감당할 수 있는 상태가 되었음을 보여 준다. 사실 이 꿈에서 벌레가 상처를 의미한다는 것보다 더 중요한 점은, 벌레의 원인이나 유래가 나 자신이 아니라 밖에 있다는 것, 즉 상처가 자기 탓이 아니라는 깨달음이다. 이제 상처의 근본 원인을 찾았으니 상처를 해결할 수 있다고 격려하는 꿈이기도 하다.

〈벌레의 감촉에 기겁하는 꿈〉

어두운 밤이었다. 다들 자고 있는 것처럼 조용한 분위기였다. 그런데 내 잠옷 바지 발목으로 벌레가 기어들어서 진짜 미친 듯이 소리를 지르면서 기겁을 했다.

꿈꾼 이는 꿈분석 상담의 내담자였다. 이 꿈은 상담을 마무리할 즈음 꾼 것이다. 그동안 그녀는 꿈속에서 어떤 일이 벌어지든 아무런 감정을 느끼지 못했다. 위험에 처하거나 아주 높은 곳에서 떨어질 때에도 별다른 감정이나 감각을 느끼지 못했다. 이는 현실에서도 비슷하다. 불안이 편재하지만 감정적으로 어떤 뚜렷한 느낌은 없다. 우울증과 불안으로 정신과 치료를 받으면서 매사에 무감각해졌고, 이제는 무언가 생각할 때에도 사고한다는 느낌을 잃어버렸다고 호소했다. 그녀의 상담 목표 중 하나는 예전의 생생한 감각을 되찾는 것이었다. 철학상담이 끝날 즈음, 그녀는 꿈분석 상담이 망가진 두뇌가 서서히 회복되어 되돌아오는 과정이었으며 이제 비로소 사고하는 느낌을 되찾았다고 평가했다. 그 직후 그녀는 이 꿈을 꾸었다.

이 꿈은 잃어버린 생생한 감각을 되찾는 꿈이다. 꿈속에서 그녀는 벌레의 감촉을 느끼고 기겁하여 미친 듯 소리친다. 이런 행동은 처음이었고 무감각하던 그녀에게는 매우 생소한 일이었다. 꿈은 그녀가 벌레의 감촉을 느끼고, 소스라치게 놀라고, 소리 지르는 모습을 보여준다. 벌레는 그녀에게서 이런 반응을 이끌어 내는 역할을 한다. 즉 꿈속에서 벌레는 **생생한 감각을 되찾는 역할**을 한다. 상담의 목표였던 생생한 감각을 찾은 것을 벌레의 상징을 통해 꿈이 보여 준 것이다. 이 꿈은 벌레를 부정적인 의미로 환원할 수 없다는 것을 보여 주는 사례인 동시에, 벌레의 상징에 대한 고정관념이 오류라는 것을 보여 준다.

〈목욕탕의 벌레 꿈〉

목욕탕에서 벌레를 발견하고 벌레를 잡으려고 샴푸를 뿌렸다. 그러자 벌레가 크게 부풀어 오르더니 내게로 확 튀어 올랐다.

이 꿈을 꾼 이는 분석 과정에서 이 꿈과 유사하게 좋은 의도로 한 행동이었지만 그 때문에 본인이 공격받은 일이 있느냐는 질문에 이렇게 대답했다. "친구 두 명이 다투었는데, 내가 화해를 시키려고 둘 사이를 중재한 일이 있다. 그런데 내 의도와 달리 그 둘 사이가 더 안 좋아졌고, 둘 다 나에게 화를 내며 내 탓을 해서 속상했던 일이 이 꿈으로 나타난 것 같다." 이 꿈은 꿈꾼 이가 좋은 의도와 달리 섣부른 개입으로 친구 관계에서 낭패를 본 경험과 연관된 꿈이다. 따라서 이 꿈에서 **벌레는 좋은 의도와 달리 벌어진 결과**, 즉 의도치 않은 결과를 의미한다. 꿈속에서는 그는 벌레를 보고 놀라 옆에 있는 아무것이나(그것이 바로 샴푸였다) 집어 들어 벌레에게 뿌렸다. 그런데 그것이 벌레를 더 크게 부풀렸다. 이는 친구에 대한 자신의 중재가 성급하거나 섣부른 개입이었고 적절치 못한 방법이었다는 것을 나타낸다. 해치우려던 벌레가 더 크게 부풀어 오르듯, 둘 사이가 더 틀어졌기 때문이다. 또 벌레가 그에게 튀어 오른 것은 그 둘이 그를 비난하며 화를 낸 것을 나타낸다.

〈벌레들을 해치우는 꿈〉

꿈의 앞부분에 뭔가 사건들이 펼쳐지고, 갑자기 누군가 방 안에 벌레가 가득하다고 소리를 질렀다. 그 사람의 소리를 따라 방에 들어가 보니 서랍장 위에 아주 작은 공벌레(어쩌면 딱정벌레)들이 우글우글 몰려 있었다. 나는 조금도 당황하지 않고 침착하게 휴지를 뜯어 벌레 무리 위에 올린 뒤 그대로 손바닥으로 눌러서 벌레들을 잡았다. 그런데 갑자기 어디선가 벌 떼로 보이는 벌레들이 나타나 내 주위를 감쌌다. 놀라서 손으로 갈무리해 보았지만 역부족이었고 옆에 있던 사람들에게 청소기를 가져오라고 소리를 질렀다. 청소기가 도착하자 청소기의 호스를 이용해 벌레들을 빨아들였다. 사람들은 고맙다며 옆에서 박수를 쳤고 그러다 꿈에서 깼다. 전반적으로 벌레가 두려운 느낌은 아니었다.

꿈꾼 이는 당시 너무 많은 일들에 치여 정신없이 살았다. 주어지는 일들을 닥치는 대로 처리해도 일은 끝없이 밀려왔다. 번아웃이 오고 과로로 쓰러질 지경이었다. 왜 이렇게 바쁘게 살아야 하는지, 이 모든 것들을 포기하거나 벗어나고 싶은 마음이 들곤 했다.

꿈의 배경과 맥락에서 보면, 이 꿈속의 벌레 무리는 **처리해야 할 산적한 일을 상징**한다. 그리고 일처리를 벌레를 죽이는 것으로 상징화한 것은, 그것도 한 번에 눌러 죽이거나 청소기로 빨아들이는 것으로 상징화한 것은, 꿈꾼 이가 자신의 업무가 과도하지만 그리 중요한 일은 아니라고 생각하는 것을 반영한다. 그래도 그 일들을 해야 하는 것은 남의 시선과 평가 때문이다. (사람들이 고맙다며 박수를 친다는 것에서 유추할 수 있다.) 이는 주도적으로 중요한 일을 가려 선택하는 삶을 살지 못하고 남에 의해 주어진 일들에 치여 살고 있는 자신의 모습을 나타낸다.

한편 이 꿈의 사례는 꿈의 상징이 꿈꾼 이의 삶의 맥락에 따라 달라질 뿐만 아니라, 하나의 꿈 안에서도 맥락에 따라 구체적인 의미가 다르게 드러난다는 것을 보여 준다. 이 꿈의 사례를 세부적으로 보면, 서랍장 위의 벌레 무리와 내 주변을 감싸는 벌레 떼는 둘 다 내가 처리해야 할 산적한 일이지만 그 의미가 다르다. 휴지로 눌러 죽인 서랍장 위의 딱정벌레 무리는 하찮은 일로 빨리 해치워 버리고 싶은 일들, 혹은 대충 빠르게 해치울 수 있는 일들이다. 뒤이어 나타난 청소기로 빨아들인 벌레 떼(내 주위를 감싼 벌레 떼)는 빠르게 혼자 해치우기엔 벅찬 일이어서 쓰레기통에 내다 버리고 싶은 일이다.

결국 꿈속의 벌레 무리는 처리해야 할 산적한 일로서 하찮고 귀찮은 일들이다. 그런데 일들이 너무 많이 쌓여서 처리하기가 힘든 상태가 되었다. 꿈은 쌓인 일들을 대충 빨리 해치우거나, 자신의 능력 밖의 것은 쓰레기통에 내다 버리고 싶은 마음을 표현한다. 이처럼 꿈속의 벌레들은 끊임없이 밀어닥치는 일들을 상징하며, 꿈은 그다지 중요하지 않은 일로 고군분투하는 자신의 모습을 보여 준다. 왜 항상 그토록 많은 일들을 떠맡아 살고 있는지 스스로 돌아보라는 메시지를 전하는 꿈이기도 하다.

이외에도 꿈속의 벌레는 보상을 기약할 수 없는 고된 삶의 부조리를 나타내는 상징으로 나오기도 한다(6장 2절의 사례 참고). 또한 항상 자신을 비난하는 엄마의 부정적인 말을 의미하거나, 일과 관련한 이중 딜레마를 의미하기도 하고,* 때로는 깊은 고민에 빠지지 않도록 일시적인 완충 장치를 상징하기도 한다.** 이처럼 분석 사례들은 꿈속의 벌레라는 상징이 꿈의 맥락에 따라 얼마나 다양한 의미를 갖는지를 예시적으로 보여 준다. 이를 통해 벌레의 상징은 꿈이 생성된 맥락에 따라 꿈마다 다른 의미를 갖는다는 것, 심지어 하나의 꿈 안에서도 역할과 맥락에 따라 벌레의 의미가 다르게 생성된다는 것을 알 수 있다.

벌레의 상징만이 아니라 다른 상징들도 맥락에 따라 의미가 달라진다. 돼지가 등장하는 꿈도 마찬가지다. 많은 사람들이 생각하는 것과 달리 돼지꿈이 항상 복을 불러오는 의미로만 분석되진 않는다. 〈나를 향해 공격하듯 돌진해 오는 돼지들〉이 나오는 꿈은 폭발 직전의 부정적 감정을 의미하기도 한다. 또한 한 노년 여성이 꾼 〈커다란 검은 돼지와 얼룩 돼지 두 마리, 그리고 알록달록한 새끼 돼지 두 마리가 품

---

* 예를 들어, 문을 열어야 하는데 문고리에 문고리 모양 벌레가 앉아 있는 꿈.

** 예를 들어, 손바닥에 구멍이 뚫렸는데 그 위로 사슴벌레가 내려앉아 상처를 가려 주는 꿈.

안으로 달려오는 꿈〉에 대해, 누군가는 '복권을 사는 꿈'으로 보지만, 누군가는 태몽으로 해석할 수도 있고, 혹은 딸의 방문을 기대하는 꿈으로 분석할 수도 있다. 어느 해석이 적합한지는 꿈의 맥락 안에서 떠오르는 의미의 상을 보아야 한다.

또한 뱀의 꿈도 마찬가지다. 프로이트를 비롯한 정신분석가들의 주장처럼 뱀이 모든 꿈에서 남근이나 성적인 것을 상징하는 것은 아니다. 예컨대, 〈벽장 안에서 뱀을 발견하고 문을 닫았는데, 뱀이 여기저기서 머리를 불쑥 내미는 꿈〉의 경우, 꿈꾼 이의 삶의 맥락에서 보면, 해치우지 못한 뱀은 해결하고 싶고 때론 덮어 두고 싶지만 그럴 수 없어 불쑥 생각나곤 하는 딸에 대한 염려와 걱정을 상징한다. 이처럼 꿈의 상징은 꿈의 텍스트와 콘텍스트(삶의 맥락) 안에서 비로소 그것이 무엇을 의미하는지 드러난다. 즉 **상징은 맥락 의존적**이다. 따라서 꿈의 텍스트가 구성된 방식을 자세히 관찰하면서 꿈꾼 이의 전체 삶의 맥락 안에서 상징을 분석해야 한다. 맥락을 떠나 일의적으로 정해진 꿈의 상징이란 없다.

3장

꿈은 자신과의 대화

명제 3 꿈은 나의 무의식과의 대화이다.

꿈은 무의식이 의식을 향해 메시지를 전달하는 매개체 혹은 매체이다. 그리고 꿈분석은 의식이 무의식의 메시지를 이해해 나가는 과정이다. 이렇게 무의식은 의식에게 꿈의 언어로 메시지를 보내고 또한 의식은 무의식의 언어를 이해하는 과정에서, 우리 안의 무의식과 의식은 서로 대화하며 소통한다. 철학적 꿈분석은 의식과 무의식이 소통하는 방법(혹은 의식이 꿈의 의미와 무의식의 메시지를 파악하는 방법)을 체계화한 것이다. 무의식이 보내는 메시지를 이해하지 못하면 꿈은 반복하여 같은 메시지를 보낸다. 이것이 반복되는 꿈을 꾸는 이유이다. 그리고 반복하여 꾸던 꿈이 분석되거나 이해되고 나면 같은 꿈을 거의 꾸지 않거나 꿈이 변화하며, 다음 단계의 꿈으로 진행된다. 또한 가치관이 변하거나 삶의 태도가 바뀌는 등 의식에 전환이 일어나면 꿈에도 변화가 생긴다. 이처럼 꿈을 매개로 의식과 무의식은 서로 소통한다.

1. 무의식의 메시지 전달

명제 3-1 **꿈은 무의식이 의식을 향해 메시지를 전달하는 매체이다.**

꿈은 무의식이 의식에 자신의 메시지를 전달하는 매개체 혹은 매체이다. 꿈속에 등장하는 자신과 타인의 모습, 말, 생각, 표정, 감정, 가치, 욕구, 이미지, 배경 등은 모두 꿈이 전하려는 메시지를 담고 있다. 따라서 꿈의 텍스트를 이루는 모든 요소들이 꿈의 무의식을 분석하는 실마리가 된다. 꿈이 의식을 향해 무의식의 목소리를 전달하는 매체라면, 철학적 꿈분석은 의식이 무의식의 언어와 메시지를 이해해 나가는 과정이다. 우리는 무의식의 메시지를 곧바로 알아들을 수 없으며, 꿈분석을 통해 비로소 꿈의 의미와 그 메시지를 이해하게 된다. 꿈과 꿈분석은 양방향으로 이뤄지는 소통이다. 무의식은 의식에 꿈으로 메시지를 보내고, 의식은 무의식의 언어와 메시지를 해독한다. 이러한 소통은 대화의 형식을 취한다. 이처럼 **꿈은 나의 무의식과의 대화**이며, 꿈의 대화는 무의식과 의식 사이의 소통이다. 그런 의미에서 철학적 꿈분석은 의식과 무의식이 소통하는 방법 — 구체적으로 의식이 무의식의 메시지와 꿈의 의미를 파악하는 방법 — 을 체계화한 것이라고 말할 수 있다.

메시지에는 발신자와 수신자가 있다. 꿈의 경우 메시지의 발신자는 무의식이고 수신자는 의식이다. 꿈이 의식을 향해 무의식의 목소리를 전달하는 매체라면, 꿈을 꾸는 중요한 이유 중 하나는 무의식이 전하려는 모종의 메시지가 있기 때문이다. 그리고 철학적 꿈분석이 중요한 이유는, 꿈의 무의식이 내보내는 그 메시지를 이해함으로써, 무의식을 포함한 자기이해를 확장하고 도울 수 있기 때문이다. 꿈이 자신의 무의식의 목소리라면 꿈은 무의미할 수 없다. 그 목소리를 듣고 이해하는 것이 필요할 뿐이다. 하지만 그 메시지는 꿈을 기록하고 분석할 때 비로소 의식에 수신될 수 있다. 기록되고 분석되지 않을 때 꿈의 메시지는 휘발되어 어디에도 도달하지 못한다.

무의식의 메시지는 꿈을 기록한 텍스트 속에 들어 있다. 꿈의 대화는 꿈의 기록에서부터 시작되고, 꿈의 텍스트 안에서 자신과의 대화와 성찰이 시작된다. 나의 삶과 경험이 농축되어 내 안에서 생겨나고 만들어진 꿈의 언어 조각들을 가지고 텍스트라는 건축물을 구성하는 것에서 꿈의 대화가 시작되고, 자신의 의식과 무의식 사이의 대화가 시작된다. 꿈을 기록하지 않으면 꿈은 아무 역할도 하지 않는다. 기록되지 않은 꿈, 텍스트로 쓰이지 않은 꿈, 기억하지 못한 꿈은 무의미하다. 실제로 꿈을 꾸었으나 그것을 기억하고 상기하지 않는다면 개인의 성찰과 자기이해에 아무 역할도 하지 못한다. 따라서 기록하고 분석하지 않은 꿈은 무의미하다.

사고가 자신과의 대화이듯, 꿈 역시 자신과의 대화이다. 다만 꿈은 자신의 무의식과의 대화이다. 아무런 사고를 하지 않으면 자기와의 대화와 성찰이 없듯이, 꿈을 기록하여 텍스트를 구성하지 않으면 꿈의 대화도 시작되지 않는다. 꿈의 텍스트를 구성하고 이를 분석함으로써 비로소 자신과의 소통과 성찰이 시작된다. 이러한 꿈의 대화는 의식에 다 드러나지 않은 무의식 부분을 포함하여 사고할 수 있는 계기가 되기에, 더욱 확장된 지평에서 통찰력 있는 자기성찰을 제공한다. 그리하여 자신의 새로운 모습과 가능성을 보여 주며, 삶의 비전과 영감을 주기도 한다.

꿈의 텍스트는 자신의 일부분인 무의식의 조각들로 만들어진 구성물이다. 무의식은 꽁꽁 숨겨져서 접근할 수 없는 것이 아니다. 비록 지금은 의식에 가려져 있지만 작은 질문이나 자극만으로도 의식에 떠오를 수 있다. 꿈을 구성하는 무의식의 조각들에는 삶의 과정에서 갖게 된 인상, 경험, 고통과 기쁨, 관심사, 욕구, 신념, 가치, 자기정체성, 세계를 바라보는 시각이나 통찰 등이 들어 있다. 때로는 자신의 성품과 캐릭터가 반영되어 있다. 따라서 꿈을 분석하는 것은 그러한 삶의 맥락 위에 꿈을 놓고 자신의 무의식과 대화하면서 텍스트를 해석해 나가는 것이다. 그것은 자신과 자기 삶을 이해해 나가는 과정이기도 하다.

꿈에 대한 철학적 대화는 꿈을 매개로 자신을 성찰하게 하며, 삶의 맥락에서 꿈의 메시지를 만나도록 해준다. 무의식이 전하는 메시지는 자신 내부의 진실의 일면을 나타내기에 자기 삶에 대한 자각과 깨달음, 새로운 통찰을 준다. 또한 삶에서 필요한 대안적인 비전을 제시하며, 때로는 삶의 방식의 전환을 선택하고 결단하도록 촉구한다. 이처럼 꿈에 대한 실험적 사유에서 얻은 통찰과 상호작용하는 것은 우리의 삶을 보다 풍요롭게 해준다.

꿈은 무의식의 언어로 우리에게 메시지를 전하려고 한다. 중대한 의미를 갖지 않는 꿈들도 있으나, 잘 기록된 꿈의 텍스트는 의미 있는 메시지를 담고 있는 경우가 많다. 그런데 무의식의 언어는 생경하고 알 수 없는 상징들로 넘쳐난다. 또 꿈의 무의식의 언어는 현실의 무엇을 바로 지시하지 않기 때문에 사실상 그 의미는 숨겨져 있다. 그래서 꿈을 꾸고 나서 그 의미가 바로 이해되지 않는다. 꿈의 분석이 필요한 이유이다. 철학적 꿈분석은 의식에 숨겨진 무의식의 의미를 이해하는 것이다.

자신의 꿈을 이해하는 것은 자신의 내면 세계를 이해하는 것이다.

꿈을 꾸고 그 꿈을 기록하거나 상기하며, 왜 그런 꿈을 꾸었을까? 그 꿈에 나는 왜 이런 감정과 사고로 반응하는 것일까? 나의 내면에 어떤 경험이 일어났던 것일까? 등을 생각하는 것 자체가 자신과의 대화의 시작이다. 꿈과의 대화는 현실적인 제약을 넘어서는 자유로운 사유로 상상조차 하지 못한 창조적인 이미지와 참신한 메시지로 삶에 대한 깊은 통찰을 제공한다.

물론 꿈을 만나 대화한다는 것이 항상 즐거운 일은 아니다. 꿈의 무의식의 세계가 언제나 긍정적이고 아름다운 모습으로 나타나는 것은 아니기 때문이다. 오히려 어둡고 처참하거나 공포스러운 이미지로 가득하기도 하다. 그럼에도 분석을 통해 무의식의 목소리와 메시지를 이해하게 될 때 더 나은 자기성찰로 이끄는 새로운 영감을 얻는다는 데 의의가 있다. (어쩌면 반복되는 악몽을 피하는 방법도, 꿈의 세계를 바꾸는 방법도 꿈의 무의식의 목소리와 메시지를 이해하는 방법밖에 없을지 모른다. 적어도 그것이 가장 지름길이 될 것이다.)

이상의 논의를 실제 꿈 사례에 비추어 살펴보자. 한 개인이 꾼 일련의 꿈들을 통해 무의식이 작동하는 방식, 의식과 무의식이 메시지를 주고받는 방식을 이해할 수 있다. 채운은 십여 년 이상 날마다 자신을 죽이거나 해치려는 사람들에게 쫓기는 꿈을 반복하여 꾸었다. 이런 강렬한 내용의 꿈이 수없이 반복된다는 것은, 앞에 서술한 무의식의 메시지 개념에 의하면, 꿈이 전하려는 메시지가 있다는 것을 말해준다. 그렇다면 그것을 무시하지 말고 경청하고 이해해야 한다. 물론 꿈의 언어 그대로가 아니라 그 의미를 분석하는 것이 필요하다.

다음은 그녀가 철학적 꿈분석 상담을 받기 위해 필자를 만나기 전 1~2년 정도 기록한 꿈들의 일부이다. (꿈의 분위기를 드러내는 장면 위

주로 서술했으며 긴 내용의 꿈들은 일부 생략하거나 축약하였다.) 그녀는 우연한 기회로 자신의 꿈을 간략하게나마 메모해 두고 있었다. 자신의 꿈을 이해할 수는 없었지만 꿈 자체로 기록의 가치가 있을 수 있다고 생각했던 것이다. 그렇게 많은 꿈을 기록했지만 철학적 꿈분석을 받기 전에는 자신의 꿈이 어떤 일관적인 의미를 갖는다고 생각해 보진 못했다.

꿈 a) 난 바닷속 물고기가 된 것 같다. 수족관과는 비교도 안 될 광경이었다. 엄청나게 큰 물고기 떼가 지나갔고, 나는 어떤 종류인지는 모르겠지만 작은 물고기는 아니었다. 그러나 상어한테 먹힐까 봐 조심해야 했다. 물고기 친구들과 어떻게 살아남아야 하는지에 대해 얘기했던 것 같다.

꿈 b) 초능력 비슷한 것을 가진 꿈을 꿨다. 상대 팀과 우리 팀이 각자가 가진 능력으로 싸움(배틀)을 했다. 나는 염력을 가지고 있었다. 상대 팀 전체를 한 번에 결박하고, 우리 팀원들이 적을 공격할 수 있게 시간을 벌어 주었다. 마지막 전투에서 뒤를 돌아보니 적들이 다 쓰러져 있었고 피투성이가 되어 있었다. 나는 중간에 적에게 목을 깊게 베였다. …
장면이 바뀌어, 회사 건물 같은 곳이었다. 파티션을 넘어 다니며 숨기도 하고 쫓기도 했다. 긴박하게 같은 편과 소통했다. 죽고 죽이는 전투가 있었다.

꿈 c) 밖에 눈이 엄청 많이 내렸다. 같이 있던 사람들하고 창문 밖을 내다봤는데 강아지인지 고양이인지 모를 동물 세 마리가 눈 속에 파묻혀서 뛰어놀고 있었다. 그런데 갑자기 어떤 사람이 오길래, 나는 그 동물들의 주인(보호자)이라고 생각했다. 그러나 그 사람이 그 동물들에게 작살을 꽂았고, 보고 있던 우리들은 모두 기겁하며 놀랐다.

꿈 d) 어디론가 긴박하게 이동하는 중이었고 다른 사람들과 함께 갔다. 어떤 목적지에 도달해야 하는 것 같았다. 어떤 오두막인지 저택인지에 도착했는데, 우리는 거기에서 적이나 배신자를 처단해야 했다. 그를 죽였다. … 또다시 같은 장면으로 돌아가서 배신자를 죽여야 한다. 그런데 이번에는 엄마와 함께 동행하게 되어 난감한 상황에 빠진다. …

꿈 e) 늪지대는 아닌데 얕은 물, 그러나 겉에서 볼 땐 깊어 보이는 물가였다. … 뭔가 음침하고 서늘한 분위기였다. 그곳에 악어 떼가 살고 있었는데, 식인 악어 떼였다. 과거에 사귄 남자친구가 그 물에 빠져서 휩쓸렸다. 마치 과거 자신의 죄에 대한 응징을 당하는 듯한 느낌이었다. 물줄기에 휩쓸리자마자 단말마와 동시에 악어 떼 속으로 자취를 감추었다. 소름끼치게도 단 몇 초 후에 뼛조각이 둥둥 떠올랐고 물색이 붉게 물들었다. 근데 그 조각이 마치 생선살을 다 바르고 남은 모양새여서 더 소름이 돋았다.

꿈 f) 내가 스파이인 것 같았다. 짧은 전투가 있었고 나는 도망을 갔다. 아마 숲속으로 도망친 것 같다. 야생동물을 맞닥뜨렸다.

수풀 사이로 몸을 숨기기도 하고 나무를 타고 올라갔던 것 같다. 그리고 총을 계속 손으로 꼭 쥐었다.

꿈 g) 나를 스토킹하는 사람이 있었는데 어떤 남자였다. 그 사람을 피해서 미친 듯이 도망갔다. 그 남자는 나를 발견하자마자 전속력으로 쫓아왔고, 주변 그 어떤 것도 신경 쓰지 않고 오직 나의 뒤만 보고 쫓아왔다. 마치 사자가 사슴 무리 중 타깃을 정하고 쫓는 듯했다. 나는 잡히면 죽는다는 생각으로 심장이 터져라 도망쳤고, 코너를 돌아 그의 시야에서 사라지는 데에 성공했다.

꿈 h) 범죄 조직 혹은 정부 조직의 일원이었던 것 같다. 건물에서 몰래 동료들하고 무언가를 하고 있었다. 밤이었다. 그러나 우리를 추적하는 사람들이 왔다. … 우리는 도망쳤지만 내가 잡히고 말았다.

꿈 i) 고등학교 시절부터 친한 친구를 옆자리에 태우고 차를 몰았다. 근데 우리를 쫓는 무리가 있었다. 차 추격전을 했다. … 추격전 끝에 우리를 쫓는 차들을 겨우 따돌렸다. …

꿈 j) 또 트리거 눌릴 만한 꿈을 꾸었다(나를 소외시키고 왕따시키는 친구들 꿈은 항상 나를 가위눌리게 만든다). 배경은 항상 고등학교로 보이는 학급이다. … 무슨 일인지는 모르겠지만 또 아무도 내 말을 들어주지 않고 믿어 주지 않고 자기들끼리 쑥덕거렸다. (친한 친구들이 나를 따돌리거나 나를 믿어 주지 않아 심한 타격을 받거나 심리적 압박을 느끼는 꿈을 반복하여 꾼다.)

꿈 k) 아포칼립스 분위기였다. 상대편이 공식적으로 나쁜 쪽이었고 적인 세계였다. 상대편에서 우리 편에 어리고 무해한 아이들이나 여자들을 골라 스파이로 보냈다. 그래서 우리가 속수무책으로 타격을 입었다. …

꿈 l) 좀비 아포칼립스 꿈이었다. 좀비를 피해서 사람들이 도망갔다. 지하 주차장이었는데 나를 포함해 같이 도망간 몇 사람이 차를 간신히 탔다. 내가 운전대를 잡았다. (현실에서의 나는 운전면허가 없지만 꿈에서는 능숙하게 차 시동을 걸었다.) 그런데 한 사람이 차로 달려오다가 넘어졌고, 뒤에서는 좀비들이 쫓아오고 있었다. 우리들은 차 안에서 차를 바로 출발시킬 것이냐, 넘어진 사람을 기다릴 것이냐로 난리를 쳤다. 넘어진 사람을 향해서 빨리 오라며 소리 지르기도 했고, 어떤 사람은 나보고 "빨리 출발해!!!"라고 소리 질렀다. 극한 상황에 몰린 나는 계속 '제발, 제발'을 속으로 외쳤다. 넘어진 사람이 간신히 차 안으로 굴러오듯 들어왔고, 그 순간 나는 차를 출발시켰다. 지하 주차장 밖으로 나갔다.

위의 꿈들은 대략적으로만 보아도 분위기가 살벌하고 불안하고 처참하다. 꿈꾼 이 스스로도 '아포칼립스 분위기'라는 표현을 자주 사용하곤 했다. 거의 날마다 죽고 죽임을 당하고, 잡아먹히고 베이고 쫓기는 악몽에 시달렸다. 먼저 꿈을 이해하기 위해, 꿈의 콘텍스트가 되는 꿈꾼 이의 삶의 맥락을 보자. 그녀는 어리다고 할 수 있는 10대 시절에 사랑하는 사람을 두 번이나 잃었다. 그 사랑 자체도 비극적인 상처의 슬픔 속에서 자라난 것이었다. 운명은 불운하다 못해 문자 그대로 폭력적이었다. 자신의 어린 삶을 두 번이나 내리쳐 송두리째 파괴했다. 그로 인해 자신 안의 생명의 기운이 사그라졌으며 삶은 멈춰 버렸다. 그녀는 과거의 두 사건에서 한 걸음도 나아가지 못하고 삶은 발목 잡혀 있었다. 그녀에게 미래란 상상할 수 없는 것이었다. 사람들이 기대하는 미래 같은 건 그녀에게 없으며, 사실 현재의 삶도 자신의 의지대로 살아가지 못한다. 숨 쉬는 것조차 힘이 든다. 채운은 불운한 운명의 공격을 받아 삶이 망가지고 아직 회복하지 못한 채 고통받고 있다.

그러면 과연 이 꿈들에서 무의식이 전하려는 메시지는 무엇일까? 무슨 말을 전하고 싶어서 날마다 이런 꿈들을 내보내는 것일까? 각각의 꿈마다 분석이 필요하겠지만, 1년 반에 걸쳐 단편적으로 메모해 둔 꿈들을 함께 나열하여 전체적으로 분석해 보기로 했다. 이런 방식의 분석은 나중에 다룰 **꿈의 세계관 분석**으로 규정할 수 있다(6장 2절 참고). 수십 개의 꿈들이 모여 있지만 꿈의 주제나 분위기는 상당히 유사하다. 꿈의 텍스트들이 보여 주는 꿈의 세계는 어떤 특징적인 모습으로 수렴한다. 그녀의 삶의 맥락에서 이 꿈들을 보면 무의식이 보내는 목소리, 어떤 의미의 상이 떠오른다.*

그녀의 꿈의 세계를 분석해 보자. 위의 꿈들은 언제든 자신을 공격하고 배신할 수 있는 세계, 삶이 우호적이지 않은 꿈의 세계관을 나타

* 2장 1절에서 논의했던 꿈의 의미에 대한 무늬의 비유(혹은 상의 비유) 참고.

낸다. 꿈속의 세상은 항상 전투 중이거나 추격당하거나 죽고 베이고 죽임당하고 잡아먹히는 곳이다. 보호자라고 생각한 사람이 느닷없이 작살을 꽂고, 배신당하고, 배신자를 처단하고, 죽을힘을 다해 도망치고, 적들에게 쫓기고 잡혀서 죽는 등등 살벌한 곳으로 그려진다. 꿈의 세계관은 사랑하는 친구를 앗아간 폭력적인 운명의 충격과 정서를 반영한다.

동시에 꿈은 폭력적이고 살벌한 이 세상에서 살아남아야 하는 자신의 문제 상황을 보여 준다. 살아남기 위해 발버둥치는 자신의 모습도 보여 준다. 그런데 폭력이 난무하는 열악한 상황에도 불구하고 그녀는 그렇게 연약하지만은 않다. 쫓기고 공격받고 때론 잡히기도 하지만 위기를 헤쳐 나가는 강인한 정신력도 보인다. 전투 중이거나 공격을 받거나 추격을 받아 두렵고 불안하고 긴장된 극한 상황이지만, 힘과 기지를 발휘하여 탈출하거나 빠져나온다(꿈 a~l). 살벌한 운명과 자신을 소외시키는 사람들의 시선(꿈 j)에도 불구하고 자신에게 우호적이지 않은 이 세상에서 살아남아야 하는 문제를 고민한다('꿈 a'에서, 물고기가 된 그녀의 바다 세계는 식인상어한테 먹히지 않도록 조심해야 하는 무섭고 긴장된 곳이지만 여기서 어떻게 살아남을 것인지 친구들과 의논한다).

이처럼 일련의 꿈들을 자세히 들여다보면, 꿈꾼 이는 항상 죽임을 당하는 약자로만 등장하지 않는다. 그녀의 꿈의 세계는 커다란 공포가 압도하고 대부분 목을 베이고 쫓기고 붙잡히는 공포스러운 상황을 연출하지만, 동시에 끈기 있게 저항하며 삶을 놓지 않는 강인한 정신력을 찾아볼 수 있다는 게 특이하다. 즉 그녀는 염력을 가진 능력 있는 전사이기도 하고, 운전대를 잡고 동료들을 간신히 탈출시키기도 한다. 쫓기고 있지만 마지막 순간까지 포기하지 않고 도망치기도 하고, 쫓기는 동료를 버리고 가지 않고 함께 가기 위해 절체절명의 순간에도 기다려 주는 연민의 정서도 잃지 않고 있다. 꿈의 텍스트는 그런 그녀의 성격과 캐릭터를 잘 보여 준다.

이런 분석을 거치고 나면, 채운의 꿈에 드러난 무의식의 목소리는 특정한 메시지를 전달한다기보다, 자신의 삶이 폭력적이고 너무나 힘들다는 무의식의 통곡에 가깝다는 것을 알 수 있다. 물론 의식적인 삶도 힘들지만, 의식에 가려진 무의식은 더 힘들어한다는 걸 꿈은 보여 준다. (20대를 지나면서 그녀는 자신의 고통을 애써 잠재우려고 노력해 왔고 어느 정도 무감각해졌다고 생각했지만 실상은 그렇지 못한 것이다.) 아이러니한 표현이지만 악몽 같은 일련의 꿈들은 의식하지 못하는 무의식의 공포와 불안을 알아달라고 지속적으로 메시지를 보내왔던 것이다. 무의식은 이런 꿈들을 통해 얼마나 무섭고 힘든지 알아달라는 통곡과 한탄의 목소리를 내고 있는 것이다. 이 꿈들에 대한 세계관 분석은 꿈꾼 이 자신의 마음 상태가 어느 정도인지 자각하게 해주었다. 그리고 무의식의 통곡의 목소리를 알아듣고 이해하게 되자 비로소 그 목소리는 잠잠해졌다.

물론 꿈의 무의식은 통곡에만 그치지 않는다. 그런 악몽 같은 꿈 안에서도, '살아남기 위해 애썼다'는 메시지도 읽을 수 있다. 그것은 어떤 상황에서도 포기하지 않고 살아남기 위해 피눈물 나는 노력을 다해 잘해 왔다는 격려의 메시지이다. 세상은 자신에게 우호적이지 않지만, 또 앞으로도 그럴 수 있지만, 이를 극복할 수 있다는 자신감도 보여 준다. 채운은 자신의 꿈들이 무엇을 의미하는지 꿈의 세계를 이해하게 되자, 날마다 반복하던 꿈(배신당하고 죽고 죽이고 쫓기는 꿈)을 거의 꾸지 않게 되었다. 놀랍게도 십여 년 이상을 수없이 반복하여 꾸던 쫓고 쫓기는 꿈이 거의 사라지거나, 꿈의 내용이 바뀌기 시작했다.*

꿈분석을 하고 나서 꿈꾼 이에게 찾아 온 큰 변화는 다음 두 가지였다. 하나는 꿈을 꾸는 횟수가 크게 줄어들었다. 급박하게 쫓기는 꿈은 날마다 늘 꾸는 꿈이었는데, 이제는 그런 꿈을 거의 꾸지 않게 되었다. 다른 하나는 자신에 대한 마음가짐의 변화이다. 꿈꾼 이는 이렇게 말했다. "나에게 포기하지 않고 끈질기게 끝까지 해내는 강인함이 있다는 것과 '수동적으로만 있지 않고 뭔가를 지키려고 애쓰고 노력했다'는 분석이 나에게 용기를 주고 크게 각인되었다. 그 말을 듣고 나니, 내 삶과 나의 문제를 한번 정리하고 넘어갈 수 있었다. 그러자 신기하게도 그런 꿈을 더 이상 꾸지 않게 되었다."

그녀는 자신의 꿈의 메시지를 성찰하면서 많은 변화를 경험하였다. 꿈의 무의식을 이해하자, 삶의 방식의 변화와 더불어 꿈의 세계도 변화를 보였다. 무작정 쫓기거나 죽임을 당하는 폭력적인 꿈들을 거의 꾸지 않게 되었고, 쫓기는 꿈이라 할지라도 그 안에서 무언가를 지키거나 어떤 가치를 찾는 목적의식이 보이기 시작했다. 이유도 모르고 쫓기는 꿈은 거의 사라졌다. 꿈꾼 이는 자신의 아픈 과거를 지나 비로소 미래에 대한 기대와 상상을 하게 된다. 동시에 이를 반영하듯 과거에 머물러 있던 자신을 건너가는 꿈들로 진행되어 갔다.** 이처럼 꿈분석을 통해 무의식의 메시지를 이해하자 삶의 태도가 변했으며, 이에 꿈의 무의식도 반응하여 꿈의 세계가 변화를 보였다.

이상은 철학적 꿈분석 상담으로 과거의 꿈들이 이해되고 '나의 무

---

* 반복적인 꿈에 대한 주제는 3장 2절에서 자세히 논하고 있다.

** 이 꿈에 대한 분석은 5장 3절을 참고하라.

의식이 나에게 명료하게 드러나자' 꿈이 바뀌었던 사례이다. 이는 무의식이 의식과 소통되고 나면 무의식도 변화한다는 것을 보여 주는 사례이기도 하다. 그녀는 더 이상 쫓기는 꿈을 꾸지 않게 되었으며, 꿈 분석 상담을 통해 자신의 꿈을 이해하고 또 꿈속에 반영된 자신의 삶을 이해하고 나니 자기 삶의 고민과 문제가 한번 정리되었다고 했다. 그 문제에 빠져 헤어 나올 수 없었던 자신이 이제 거리를 두고 문제를 성찰할 수 있게 된 것이다. 그렇게 되면 더 이상 문제 상황에 휘둘리지 않고, 자신이 주도하여 문제를 해결해 나갈 수 있다.

채운은 자신의 꿈 세계를 이해함으로써, 즉 꿈의 무의식이 전하는 메시지—힘들다는 통곡의 목소리를 경청하게 되자, 그리고 자신 안에 내재된 강인한 정신과 그 모든 상처에도 불구하고 그동안 포기하지 않고 안간힘을 다해 삶을 붙잡으려고 노력해 왔음을 깨닫고 나자 꿈의 세계가 변하는 경험을 했다. 꿈의 무의식은 크게 소리 내어 통곡하고 한탄했지만 그 안에는 "고통 속에서도 잘해 왔고 잘할 수 있으니 자신감을 가지라"는 소중한 격려의 메시지가 담겨 있었다. 그런 점에서 꿈의 큰 목소리에 가려진, 작지만 소중한 목소리를 놓쳐선 안 된다. 어쩌면 그녀에게 삶의 용기를 주는 진정 중요한 메시지는 그 작은 목소리에 담겨 있기 때문이다.

이와 같이 꿈의 무의식이 보내는 메시지와 메시지 분석의 관계를 보면, 전자는 무의식이 의식에 무의식의 언어로 메시지를 보내고, 후자는 의식이 무의식의 언어를 이해하고자 한다. 그 과정에서 의식과 무의식은 서로 소통하며 대화한다. 나아가 의식이 무의식의 메시지를 이해하면 무의식은 할 말을 마쳤다는 듯이 다른 국면으로 넘어간다. 즉 변화된 꿈으로 그에 맞는 반응을 내보낸다. 꿈이 바뀌는 것이다. 꿈분석을 통해, 즉 의식과 무의식의 대화를 통해 꿈이 변화하는 하나의 방식이다. 이는 의식과 무의식 사이에서 서로 경청하고 응답하는 방식으로 대화가 진행되고 있음을 보여 준다. 나는 이를 '**의식과 무의식 사이의 대화의 논리**'로 규정하고자 한다. 의식과 무의식의 대화 및 소통의 논리는 메시지의 전달과 그것을 이해하는 방식에서 드러난다. 구체적으로, 꿈이 이해되면 반복되던 꿈이 멈추거나, 이해된 것을 꿈에 반영하거나, 대화가 진전되듯 다음 단계의 꿈으로 진행된다. 또 가치관이나 삶의 방식이 바뀜에 따라 꿈의 세계도 변화하는 등 대화의 맥락에서 나타나는 규칙과 논리의 흐름을 꿈도 따라가며 보여 준다. 이러한 소통 방식의 유형과 사례들에 관해서는 이 장에서 차례로 자세히 다룰 것이다.

2. 반복적인 꿈

명제 3-2 반복하여 꾸던 꿈이 이해되고 나면 더 이상 같은 꿈을 꾸지 않거나 꿈이 변화한다.

철학적 꿈분석의 목표는 무의식이 전달하는 메시지를 이해할 수 있도록 무의식과 소통하는 방법을 체계화하는 것이다. 꿈이 무의식의 메시지를 전달하는 매체라면, 우리는 그것을 어떻게 알 수 있는가? 무의식과 의식이 메시지를 주고받으며 상호 반응하는 것을 알 수 있는 몇 가지 방식이 있다. 그것은 대표적으로 꿈의 반복, 꿈의 진전과 방향성, 꿈의 변화의 논리이다. 여기서 주목할 꿈의 현상은 '**반복적인 꿈**'이다. 동일한 꿈의 반복이나 같은 주제를 변주하는 꿈들을 분석해 보면 무의식의 신호나 작동 방식을 알 수 있다.

꿈을 자주 꾸는 사람들 중 상당수가 똑같은 꿈을 반복해서 꾸는 경험을 말하곤 한다. 또한 왜 계속해서 같은 꿈을 꾸는지 그 이유를 궁금해한다. 부정적인 느낌을 주는 꿈이라면 반복되는 꿈 때문에 괴로움을 호소하기도 한다. 예를 들어, 자신이나 가까운 지인들이 죽는 꿈의 반복, 군 훈련 및 군대 생활이 등장하는 꿈의 반복, 물건이나 신발을 잃어버리는 꿈의 반복, 끝없이 쫓기는 꿈들의 반복, 특정 공간에서 꼼짝하지 못할 정도로 압박받는 꿈의 반복, 하얀 배경에 혼자 서 있는 꿈의 반복, 벌레 떼가 공격하는 꿈의 반복, 딸에 대한 걱정이나 딸을 염려하는 꿈의 반복, 강박적으로 출석을 인정받으려는 꿈의 반복, 끝없이 과제를 하는 꿈의 반복, 친구들이 나를 소외시키는 꿈의 반복, 돌봐야 할 어린아이를 돌보지 못하는 꿈의 반복, 부실한 구조물 꼭대기에 올라가서 내려오지 못해 불안해하는 꿈의 반복… 등 무수히 많다. 이런 꿈을 꾸는 이들은 며칠에서 몇 년에 걸쳐 반복적인 꿈을 꾸거나 심지어는 수십 년 동안 비슷한 꿈을 반복하여 꾸기도 한다. 그 빈도 역시 다양해서 심하면 거의 날마다 혹은 며칠에 한 번, 아니면 몇 달이나 몇 년 간격을 두고 반복된다.

이런 경우, 우리는 다음과 같은 가정을 해볼 수 있다. **동일한 꿈을 수없이 반복한다는 것은 꿈의 무의식이 전달하려는 특정 메시지가 있다는 가설**이다. 그리고 그 가설에 의하면 꿈을 다시 반복하는 것은 꿈꾼이가 그 메시지를 이해하지 못하기 때문이라고 볼 수 있다. 우리가 대화할 때 상대가 이해하지 못하면 이해시키기 위해 이런저런 말로 반복하여 설명하는 것과 유사하다. 이 가설이 옳다면 꿈꾼 이가 그 메시지를 제대로 수신하면, 즉 반복하는 꿈의 의미를 이해하거나 그 메시지를 수용해 삶을 바꿔 나가면 그 꿈은 더 이상 반복하기를 멈출 것이다. 앞 절에서 살펴본 채운의 꿈들도 이 가설을 확인해 주는 사례라고 할 수 있다.

또한 역으로 꿈의 메시지를 이해하지 못하거나, 이해했더라도 그것에 응답하지 않으면 같은 꿈을 계속 반복하거나 변주하여 꾸게 될 것이다. 이를 확인해 주는 사례들도 많다. 다음 L의 경우를 보자.

L은 가치관의 갈등에 대한 고민을 나타내는 일련의 꿈들을 반복하여 꾸고 있다. 리더 기질이 강한 그는 중학생 시절부터 줄곧 회장을 도맡는 등 리더 역할을 하면서 살아왔다. 그는 명예를 중시하는 가치를 추구해 왔다. 하지만 건강상의 문제로 그런 삶의 방식을 계속 유지할 수 없게 되었고 고민 끝에 가치관을 바꾸기로 결정했다. 명예의 가치에서 존재 가치로 전환해 살기로 선택했다. L은 내면의 자유에 집중하는 존재 가치를 선택했지만 상황에 의한 선택이었던 까닭에 지난

삶의 방식에 미련이 남아 있었다. 그는 남의 평가와 명성에 관심을 갖는 것과 존재의 가치를 지향하는 것 사이에서 갈등하는 이미지의 꿈들을 반복하여 꾸었다.

꿈 a) 학급의 라이벌 친구가 리더가 되었다. 나는 축하해 주지만 왠지 마음이 편치 않다. 내가 그 자리에 있어야 할 것 같은 기분 때문이다.

꿈 b) … 어떤 행사에서 오래전 친구를 만났는데, 예전에 내가 리더였던 당시 같이 활동을 하며 친하게 지내던 친구다. 그녀는 그 행사를 주관하고 있었다. … 그런데 나는 실수로 그녀의 옷에 주스를 쏟았다.

이와 유사한 꿈의 반복을 통해 꿈의 무의식은 L의 내면의 갈등을 보여 준다. 자신도 왜 그런 꿈을 꾸는지 잘 이해하고 있다. 리더의 자리를 양보하겠다고 결심했지만, 꿈은 그것을 흔쾌히 받아들이지 못하는 자신의 모습을 보여 준다. 꿈속의 나는 라이벌 친구보다 자신이 리더 역할을 더 잘 할 수 있고 더 자격이 있다고 생각하거나, 행사를 주관하는 친구의 옷을 망쳐 그 역할을 방해하는 결과에 이르게 한다. L은 가치관의 문제로 방황하며 같은 주제의 꿈을 반복하여 꾼다. 꿈의 무의식이 L의 그런 고민에 대해 여러 가지 질문을 하며 반복적으로 꿈을 내보내고 있는 것이다.

다른 사례를 보자. M은 자신의 꿈과 목표를 위해 해야 할 일이 많다. 그리고 그 일들을 완벽하게 잘 해내야 한다는 생각으로 과제와 일에 압도되어 살고 있다. 수면 부족으로 건강도 좋지 않다. 여유를 가지고 살고 싶지만 그렇게 하지 못한다.

> 꿈 a) 해도 해도 끝나지 않는 팀플 과제를 하느라 밤을 지새운다. 나처럼 열심히 하지 않고 성의 없이 대충 하려는 팀원에게 화가 나기도 하고, 차라리 내가 혼자 다 하는 편이 낫다고 생각한다. 그래서 과제는 끝없이 쌓여만 간다.

> 꿈 b) … 교실에 있다가, 긴 머리를 풀어 헤친 여인에게 쫓기고 있다. 나는 죽어라 도망치지만 그녀는 천지사방으로 나를 쫓는다.

이 꿈들은 과제에서 벗어나지 못해 압박받는 꿈들이다. M은 완벽하게 완성해야 한다는 강박으로 팀 과제를 혼자 도맡아 하는데, 이런 모습이 꿈에 반영되어 있다. 또한 평소 M은 해야 할 일의 중요도를 주도적으로 선별하여 선택하는 것이 아니라, 주어지는 모든 과제와 할 수 있는 모든 일을 다 하려고 한다. '긴 머리를 풀어 헤친 여인에게 천지사방으로 쫓기는 것'은 방향성 없이 맹목적으로 과제에 쫓기는 M의 모습을 나타낸다. 꿈의 무의식은 이런 형태의 꿈들을 통해 과제와 일에 치여 사는 상황을 바꾸라는 메시지를 반복하여 보내고 있다.

이상의 사례들은 자신의 꿈을 분석하여 문제를 이해하고 있지만, 그것에 대응하여 실천하지 못하거나 삶을 바꾸지 못할 경우 꿈이 반복된다는 것을 보여 준다. 이 경우, 꿈의 메시지를 전달받았음에도 변하지 않는 삶에 대해 꿈의 무의식이 꿈꾼 이를 향해 그 메시지를 실행하라고 촉구하는 셈이다. 이 또한 우리의 대화 방식과 닮았다. 자신의 문제를 이해했는데, 왜 예전과 똑같이 행동하는지, 왜 바꾸지 않는지 되묻는 것처럼 보인다.

나는 꿈을 분석할수록, 반복적인 꿈에는 삶의 중요한 부분과 관련하여 무의식이 전하려는 강력한 메시지가 있다는 것, 그리고 그것을 이해하는 것이 자기 삶을 이해하거나 자기 삶의 문제를 해결하는 중요한 계기와 열쇠가 된다는 것을 사례들을 통해 확인하게 된다. 또한 꿈꾼 이가 꿈의 메시지에 어떻게 반응하는지에 따라 무의식도 그에 맞는 반응을 꿈으로 내보낸다는 것을 확인하곤 한다. 이는 무의식과 의식이 대화의 논리에 따라 소통하고 있음을 보여 준다.

'왜 반복되는 꿈을 꾸는 것일까'에 대해 좀 더 깊이 생각해 보자. 반복적인 꿈을 분석해 보면, 꿈꾼 이의 삶의 중요한 단면에 닿아 있는 무의식을 이해하는 단서와 실마리를 찾을 수 있다. 꿈이 무의식의 메시지를 전달하는 매체라면, 그 메시지가 꿈꾼 이에게 전달되어야 꿈의 역할을 다한 것이라고 볼 수 있다. 그리하여 만일 메시지가 수신자, 즉 꿈꾼 이에게 도달하지 못하거나 꿈꾼 이가 그 메시지를 이해하지 못하면 (혹은 받아들이지 못하면) 무의식은 그 메시지를 전달하기 위해 계속 반복하여 꿈을 내보낼 것이다. 또한 무의식의 메시지가 전달되고 꿈꾼 이가 그것을 이해했다면, 같은 메시지를 반복할 이유가 없어졌기에 꿈의 반복도 멈출 것이다.

거의 날마다 꿈을 꾸는 사람이나 꿈을 많이 꾸거나 같은 꿈을 반복하여 꾸는 사람들의 경우, 꿈분석을 통해 그 꿈들이 이해되고 나면 대부분 꿈을 꾸는 횟수가 줄어드는 것을 확인할 수 있다. 반복되던 꿈도 빈도가 많이 줄어들거나 더 이상 꾸지 않게 된다. 꿈분석을 통해 의식이 무의식의 메시지를 파악하고 나면 무의식이 의식에게 전달하려는 말이나 메시지가 더 이상 남아 있지 않기 때문이다. 혹은 꿈분석을 통해 꿈의 메시지를 전달하고(또 수신하고) 나면 그 꿈은 역할과 소임을 다한 것이기에 더 이상 같은 꿈을 꿀 필요가 없어진 것이다.

다음의 반복되는 꿈의 분석 사례들을 통해 구체적으로 살펴보자. 구체적인 세부 요소는 다양하지만, 반복되는 주된 줄기를 기술한 것이다.

> 꿈 1) 쫓고 쫓기는 꿈들의 반복이다. 꿈의 세상은 항상 전투 중이거나 위협적이다. 추격당하거나 죽고 베이고 죽임당하고 잡아먹힌다. 자신을 공격하고 배신하고, 작살을 꽂는다. 배신자를 처단하고, 죽을힘을 다해 도망치고, 적들에게 쫓기고 잡히는 등 살벌한 일들이 시시각각으로 반복하여 벌어진다.

앞에서 다루었던 사례로, 꿈꾼 이는 날마다 쫓기는 꿈을 꾸었는데, 꿈분석 이후에 어린 시절부터 반복되어 온 폭력적 꿈들의 의미를 이해하고 나서 (또한 삶의 한 단계가 정리가 되면서) 그런 꿈을 거의 꾸지 않게 되었다. 반복되는 꿈에는 꿈꾼 이 특유의 세계관이 담겨 있는 경우가 많다. 이는 '꿈의 세계관'을 나타내는데, 꿈분석으로 자신의 꿈의 세계를 이해하는 것만으로도 같은 종류의 꿈을 꾸는 횟수가 줄어들곤 한다. 다음의 사례도 유사하다.

> 꿈 2) 내가 죽는 꿈들을 많이 꾼다. 어떤 꿈이든 죽음이 있는 상황에서는 내가 반드시 죽는다. 나는 전사이고 전투에서 칼에 찔

리거나 총을 맞아 죽는다. 심지어 확인 사살까지 당하고서야 꿈이 끝난다…. (부조리한 꿈이 반복된다.) 고통스러운 일과 우여곡절을 겪으며 긴 터널을 겨우 빠져나왔는데, 바로 그 순간에 죽음을 맞게 된다.

죽음과 부조리의 세계관을 보이는 꿈들이 반복된다. 어릴 적부터 이런 꿈들을 반복하여 꾸었는데, 꿈들이 분석되고 나자 최근에는 그런 꿈의 횟수가 많이 줄어들었다. 그 후로는 죽는 꿈이 거의 사라지고 꿈의 주제가 바뀌었다.

꿈 3) 흔들리고 빠질 것 같은 불안한 공간으로 검은 어둠과 검은 물과 검은 바다가 배경이 되는 꿈의 시리즈들이 반복된다.

이 주제로 반복되는 꿈은 어린 시절의 충격적인 사건의 진실을 계속해서 보여 주는 것이다. 꿈의 무의식은 꿈꾼 이에게 '네가 겪은 일은 아무 일도 아닌 것이 아니며… 결국 성인이 되어서도 존재의 불안을 일으키는 사건임을 직시하라'는 메시지를 전달한다. 꿈의 무의식은 불안한 삶의 양식을 바꾸려면 감당할 수 없어 잊힌 어린 시절의 문제를 직면하여 해결해야 한다는 메시지를 전한다. 이 메시지를 수신하여 문제를 해결해 나가면서, 꿈꾼 이의 꿈도 변화했다. 상담이 끝날 무렵, 자신의 변화에 맞추어 꿈도 검은 어둠의 공간에서 밝고 환한 공간으로 변화했다.

꿈 4) 오랫동안 신발을 잃어버리는 꿈을 반복하여 꾸어 왔다. 남들은 신발을 잘 챙기는데, 어디를 가든 항상 내 신발만 사라지거나 잃어버린다.

앞에서 다룬 꿈의 일부로, 오랜 기간에 걸쳐 반복하여 꾸었던 꿈이다. 꿈꾼 이는 불편한 꿈이라고 여겼지만 그 의미를 생각해 보진 못했다. '남들은 다 잘 챙기지만 나만 챙기지 못한 것'이 무엇인지 질문을 받고, 이 꿈의 의미를 알 수 있었다. 남들은 잘들 사용하지만 난 내 지위에서 사용할 수 있는 권한도 제대로 사용하지 못하는 불편한 마음을 꿈이 보여 준다. 아마도 이 경우에도 꿈의 메시지를 이해했다면, 예전과 같은 방식의 난감한 꿈은 더 이상 꾸지 않을 것이다.

꿈 5) 나는 상처받은 집에 산다. 엄마의 집이다. 장식장이 무너져 몸에 상처를 입어도 아무도 도와주지 않는다. 나는 아파 죽겠는데 별일 아니라는 듯 무심하게 볼 뿐이다. 한밤중에도 사람들이 예고 없이 방문하고 사생활이 침해당한다. 잠자리도 불안하다. 나는 이 집을 떠나 상처가 없는 나만의 안식처를 찾으려는 꿈들을 지속적으로 꾼다.

꿈꾼 이는 한동안 집중적으로 집을 주제로 한 꿈을 반복하여 꾸었다. 상처 입은 집을 떠나 나만의 평온한 집을 찾는 일련의 꿈들이 분석되고 나자, 더 이상 같은 꿈을 꾸지 않게 되었고 꿈의 주제가 변하였다.

꿈 6) 내 생각보다 남의 생각을 중시하고, 남들이 어떻게 생각할까 눈치를 보며 자신을 검열하는 꿈들이 지속적으로 반복된다.

1년 가까이 정기적으로 자신의 꿈들을 분석하면서 꿈의 무의식의 메시지를 경청하기 시작하였고, 더디지만 조금씩 자신의 사고방식을 바꾸어 나간 내담자의 꿈이다. 초반에는 남의 시선으로 자신을 검열하던 꿈이 대부분이었으나, 꿈분석 상담을 통해 진정 자신이 원하는 것을 말할 수 있는 꿈으로 변화하였다.

> 꿈 7) 고등학교 교실이 나오는 꿈을 반복하여 꾼다. 교실로 나를 소환하는 꿈들은 모두 스트레스를 받는 고통스러운 꿈이다. 고등학교 교실에서 나는 남의 시선을 의식하며 압박을 받는다. 시험을 잘못 볼까 두렵고, 친구가 나를 배신할까 봐 불안하다. 공부와 친구 관계에서 남을 의식하며 상처받고 힘들어하는 꿈을 반복하여 꾼다.

꿈꾼 이는 오랫동안 고등학교 교실로 돌아가는 꿈을 반복하여 꾸었다. 고등학교 교실은 자신을 압박하는 공간이다. 그는 교실에서 시험 성적과 친구 관계 등으로 항상 남의 눈치를 보며 힘들어한다. 남의 시선을 의식하는 표상의 가치에 집착하는 동안 이런 꿈들이 반복되었다. 꿈분석 상담을 통해 자신을 이해하고 가치관이 바뀌면서, 꿈속의 공간 자체가 바뀌고 표상을 상징하는 공간이 사라지는 꿈으로 변화하였다.

이상에서 기술한 사례들은 꿈꾼 이들이 반복되는 꿈으로 호소해 온 경우들이다. 지속적으로, 정기적으로 꿈분석 상담을 진행한 경우에는 반복되는 꿈들이 어떻게 변화하는지를 관찰할 수 있다. 그토록 오랫동안 수없이 반복되던 꿈이 철학적 분석을 통해 자신의 꿈을 이해하게 되자, 빈도가 줄거나 더 이상 같은 꿈을 꾸지 않게 되었다. 비록 다시 유사한 꿈을 꾸더라도 꿈의 내용은 변화를 보였다. 꿈이 변화하는 주요 지점들을 발견할 수 있고, 그 과정에서 더 해결해야 할 남은 문제가 보이기도 했다. 이 분석 사례들은, 꿈을 이해하지 못하거나 꿈의 메시지에 반응하지 않으면 같은 꿈이 반복된다는 것, 그리고 자신의 꿈을 이해하고, 나아가 문제를 해결하면서 변화하고 성장하면 그와 병행하여 꿈도 변하고 성장한다는 것을 보여 준다. 이것이 **꿈의 반복이 주는 통찰**이다.

꿈분석 및 꿈의 대화는 의식과 무의식 사이의 소통이다. 그 소통은 무의식의 언어를 의식이 이해하고 나면 그 이해가 다시 꿈의 무의식에 피드백이 되는 방식으로 나타난다. 꿈을 이해했다는 것은 꿈의 무의식의 목소리를 들은 것이며 무의식의 언어와 메시지를 의식적으로 이해한 것이다. 동시에 이 사실은 무의식에 반영되어 무의식은 더 이상 같은 메시지를 보내지 않는다. 즉 같은 꿈을 반복하기를 멈춘다. 메시지가 이해되고 수신되었기에 더 이상 같은 말을 반복할 필요가 없다는 것을 무의식도 알게 된 것이다. 역으로 무의식이 보내는 꿈의 언어를 이해하지 못하면 같은 꿈으로 같은 메시지를 반복하게 된다. 심지어 같은 종류의 꿈을 수십 년 반복하는 사람들도 있다. 아마도 이런 사람들은 자신의 꿈을 이해해야만 그 꿈에서 해방될 수 있을 것이다.

꿈의 메시지를 이해하게 되면 확실히 꿈을 꾸는 횟수가 줄어든다. 꿈분석 상담을 받으면서 나타나는 공통 현상 중의 하나는 꿈의 감소이다. 꿈의 무의식의 메시지를 이해하게 될수록, 무의식이 전하려는 말도 감소하는 경향을 띤다. 반복되던 많은 꿈들은 사라지고 소수의 비교적 명료한 꿈들로 수렴되는 경향이 있다. 가끔 꿈을 꾸더라도 혼란스러운 꿈이 아니라 주제가 뚜렷하거나 명료하게 남는 그런 꿈을 꾼다.

3. 꿈의 방향성

명제 3-3 **꿈이 이해되고 나면 다음 단계의 꿈으로 진행된다.**

반복하던 꿈이 어떻게 반복하기를 멈추는지에 대한 분석을 통해 꿈의 무의식이 작동하는 한 방식을 보여 주었다면, 개인의 꿈의 역사를 통해서도 무의식의 흐름과 변화 과정을 살펴볼 수 있다. 한 사람의 꿈에도 역사가 있다. **꿈의 역사**란 대략적으로 말하면, 시간의 경과 속에서 일련의 꿈들이 꿈꾼 이의 정체성과 관심사, 세계관 및 가치관 등의 변화에 따라 일정 방향의 궤적을 보이며 진행한다는 것을 일컫는다. 꿈의 역사적 맥락에 관심을 가지고 일련의 꿈들을 분석함으로써, 꿈이 전개되는 변화의 양상을 이해하고 무의식의 메시지의 흐름과 방향을 파악할 수 있다.

꿈의 무의식이 작동하는 방식은 일의적이 아니다. 하나의 꿈이 이해되면 그 꿈은 반복을 멈추기도 하지만, 어떤 경우에는 꿈이 변화하거나 다음 단계로 진전하기도 한다. 꿈을 분석할수록, 무질서하던 꿈의 세계는 나름의 질서를 잡아 간다. 무작위로 꾸던 혼란스러운 꿈들이 정리가 되고 예전보다 꿈들이 주제에 집중하거나 방향성을 가지고 다음 단계로 진행되는 양상을 띤다.

다음 해인의 사례는 철학상담과 더불어 철학적 꿈분석을 병행한 경우이다. 어린 시절부터 성인기에 이르기까지 기록한 수십 개의 꿈들을 분석하였기에, '꿈의 역사'라고 부를 만한 일련의 꿈들을 집중적으로 분석할 기회가 있었다.

'꿈분석으로 수행하는 철학상담'* 의 내담자였던 해인은 바로 〈검은 어둠 속 마녀의 집〉 꿈을 꾼 여성이다. 그녀는 철학상담 과정에서 이 꿈을 비롯하여 일련의 꿈들을 분석하고 난 후 자신의 문제의 근원인 불안에 대해 이해할 수 있었다. 그리고 자신의 꿈의 주제와 중심 메시지가 불안과 관련된 것으로 '검고 어두운 불안의 집'이라는 주제를 변주하는 것임을 이해하게 되자, 날마다 이어지는 일련의 꿈들도 같은 맥락에서 이해할 수 있었다. 연이은 꿈들은 검은 어둠과 불안의 집이라는 주제에 초점을 두고 전개되었다. 이어지는 꿈들은 자신의 불안과 관련하여 지속적으로 자기성찰의 메시지를 주었으며 상담 목표에 대응하여 '밝고 안정된 집'을 찾아가는 방향성을 가지고 진행되었다. 다음 몇 개의 꿈들은 이러한 꿈의 흐름과 방향을 잘 보여 준다.

해인은 자신이 왜 늘 고립된 기분과 불안을 느끼는지 최근에야 인지하게 되었다. 대학 졸업 후 우울증이 오기 전에는, 어릴 적 불안에 대해서 성찰하지 못했다. 늘 불안하긴 했지만, 너무 익숙하고 상존하는 것이어서 문제라고 느끼지도 못했다. 또한 엄마에게 힘든 걸 말하지 못하고 고민을 의논하지 못하는 문제는 의식하고 있었으나 이는 어릴 때부터 늘 그랬던 것이어서 엄마와의 관계에서 오는 문제라고 생각해 본 적은 없었다.

1장 3절과 2장 1절에서 분석했던 〈검은 어둠 속 마녀의 집〉의 꿈을 상기해 보자. 자신의 첫 꿈에 관한 분석을 통해 불의 분노와 그것이 만들어 내는 어둠의 심연에 대한 의미가 이해되고, 상담과 병행하여 일련의 연속된 불안의 집에 대한 꿈들이 분석되고 난 후, 해인의 꿈은 안정된 집을 짓기 위한 꿈으로 변화하기 시작했다. 즉 자신의 꿈을 이해

---

* 이는 필자가 철학적 꿈분석과 철학상담을 결합하여 만든 모델이다.

한 후, 방향과 목적성을 가지고 꿈이 진행되었다.*

그녀가 꾼 꿈들의 주제나 이미지들은 훨씬 풍부하고 다양하지만, 다음의 꿈들처럼 검은 어둠(그리고 그와 병행하여 등장하는 검고 어두운 집)의 주제만으로도 꿈의 진행과 방향성, 그리고 상담의 진전 과정을 충분히 드러내 준다. 차례로 살펴보자.

> 꿈 a. 〈검은 어둠 속 마녀의 집〉
>
> 마녀의 집이다. 태양같이 활활 타오르는 불길 앞에 마녀가 서 있다. … 불길이 무섭게 화를 내며 큰 어둠을 만들어 내서 나는 캄캄한 어둠 속에 빠질 것 같다. 불은 나에게 두려움과 불안을 일으키며 어떤 동작이나 말도 하지 못하게 방해한다. … 그래서 난 아무것도 할 수 없었다.

이는 앞에서 이미 살펴보았던 꿈으로, 나는 활활 타오르는 불길을 응시하는 마녀의 집 밖의 어둠 속에 있다. 나의 공간은 이 같은 어둠 속의 불안한 공간이다. 난 마녀에게 손을 뻗고 뭔가를 말하고 싶어 했다. 나의 두려움과 상처, 불안한 심정을 호소하거나 전하고 싶었던 것 같다. 그런데 내가 무언가 말을 하려 할 때마다 불길이 사납게 화를 내며 내 주변을 요동쳐 더 크고 깊은 어둠을 만들어 냈다.

우리는 꿈속의 화내는 불이 엄마를 상징한다는 것을 이미 분석하

---

* 검은 어둠을 변주하며 반복되던 그녀의 꿈들은 꿈분석을 통해 그 의미를 이해하고 난 후에, 꿈은 멈추기보다 방향성을 가지고 다음 단계로 진행되었다. 꿈의 무의식이 작동하는 또 하나의 방식이다.

였다. 꿈속의 불길의 행태는 엄마의 행동 방식을 그대로 닮았다. 그리고 빠질 것 같이 불안한 어둠은 그녀가 사는 유년의 공간을 나타낸다. 해인은 유년 시절부터 줄곧 일상적으로 만연한 불안 상태에서 살고 있다. 검은 어둠은 그녀가 거주하는 공간을 지배하는 것으로 자기 존재의 불안을 상징한다. 20여 년 전에 꾼 검은 어둠의 꿈은 현재도 검은 바다와 검은 물로 변주되며 진행 중이다. 이처럼 깊고 큰 불안은 꿈꾼 이가 거주하는 집의 형태로 나타나기도 한다.

꿈 b. 〈검은 바다 위에 표류하는 집〉

나의 집은 넓고 검은 바다 한가운데 떠 있었던 것 같다. 검은 바다는 흰 거품을 내면서 크게 넘실거렸는데, 그 바다를 표류하다가 모래사장 바닷가에 닿았다. … 그리고 그 앞에는 비슷한 집들이 마치 미국의 마을처럼 일렬로 서 있었다. 마치 나의 집도 그 자리에 끼어 있어야 할 것 같았다. 그런데 나의 집은 그 바닷가에 닿자마자 모래성처럼 녹아내렸다. 나는 자연스럽게 모래사장에 안착했으나, 내 집은 왜 저 집들처럼 되지 못했는지 착잡한 기분이 들었다.

꿈에서 나의 집은 계속 바다를 표류하다가 모래사장 바닷가에 닿는다. 저 쪽에 미국의 마을처럼 비슷한 집들이 일렬로 서 있는 것을 보며 정상적이고 집다운 집, 안정된 집들이라고 생각한다. 그리고 나의 집도 그 자리에 끼었으면 하는 소망을 갖는다. 그런데 집은 바닷가에 닿자마자 모래성처럼 녹아내린다. 나는 모래사장에 안착했다는 안도감과 함께, 왜 나의 집은 저 집들처럼 되지 못했는지 마음이 착잡하다.

검은 바다 위에 지은 나의 집은 녹아내리는 집일 뿐 정상적인 집의 범주에 들지 못한다. (이후 상담이 끝날 즈음에, 그녀는 드디어 안정된 집들 가운데 자신의 집을 세우는 꿈을 꾼다.)

이 꿈은 지금까지 자신이 만들어 온 집을 보여 준다. 살기 위해 열심히 노력하며 어둠 속에 나름대로 자신의 집을 지어 왔다. 그 집은 검은 바다 위에 표류하는 집이다. 어릴 적 꿈속의 검은 어둠은 성인이 되어서 꾼 이 꿈에서 검은 바다로 이동했다. 마녀의 집 둘레의 검은 어둠에 빠질 것 같던 유년기의 불안의 공간은, 검은 바다 위를 떠다니는 거푸집(바다의 잔해와 파도가 얼기설기 만들어 낸 집)으로 바뀌었다. 그것은 집의 형태를 갖추었지만 여전히 불안하다. 그 기반은 안정된 땅이 아니라, 넘실거리는 검은 바다 위를 여기저기 표류하고 있는 불안정한 집이다. 언제든 검은 물, 검은 바다, 검은 어둠에 빠질 수 있다. 결국 그 집은 녹아서 사라져 버린다.

꿈 c. 〈집을 탐색하는 꿈의 시리즈〉

1) (나의 집은 녹아내렸지만) 바다를 건너 대륙으로 이동하며 물가에 나열된 집들에 관심을 갖는다. 검거나 붉은 목재를 자세히 살피며 집을 건축하는 자재에도 관심을 보인다.
2) 어떤 집이 있었고 그 집에 함께 사는 친구가 있었다. 그런데 그 집에는 유령이 살고 있었고, 그래서 나는 친구와 꼭 붙어 다녔다.
3) 집을 보러 다니는 꿈이었다. 꿈에서 본 집의 구조와 그 시각적 자극이 모두 생생하다. 두 개의 집을 보았는데, 하나같이 옛날의 느낌이었고 뭔가 음침했다. 뭔가 60년대풍의 집 느낌

이 났던 것 같다. 기분이 찝찝했다.

앞선 꿈에서 꿈꾼 이의 집은 모래사장에 닿자 녹아 없어져 버렸다. 이제 땅 위에 다시 집을 지어야 한다. 그런 목표의식을 보여 주듯 집을 탐색하는 꿈들이 이어진다. 집을 지을 목재에도 관심을 가지며 살고 싶은 집을 탐색하는 중이지만, 악몽처럼 음산하고 불안한 집들이 연이어 꿈에 나타난다. 유령이 나오는 집이거나, 구조나 색상이 너무 구식이고 음침하다.

이후의 여러 꿈에서도 내가 본 집, 내가 들어가 본 집이나 거주하게 된 집은 모두 불안하거나 마음에 들지 않는다. 또는 탈출해야 하는 집이다. 구식이고 색상도 촌스럽거나, 어두컴컴하다. 여전히 어둡고 불안한 집들이다. 마음에 들지 않아 떠나고 싶어 한다. 꿈속의 나는 밝고 안정적인 집을 찾고 있는 듯하다. 안정된 집에 대한 꿈의 탐색이 계속되지만 한동안 꿈속에서 자신이 찾는 마음에 드는 집을 보지 못한다. 꿈에서 안정된 집을 찾지 못하는 것은 현실에서 불안한 삶을 벗어나 안정된 삶의 양식으로 변화하고 싶지만 잘 되지 않고 있다는 메시지이기도 하다.

하지만 해인은 안정된 삶을 향해, 자신의 문제를 해결하기 위해 철학상담을 받으며 이런저런 시도와 노력을 하고 있다. 그것을 보여 주는 것이 다음 두 개의 꿈이다.

꿈 d. 〈높은 곳에 올라가는 꿈〉

주변이 푸른 매트 재질로 되어 있고 마치 썰매장처럼 크게 경사져 있었다. 그리고 아래 착지 지점에는 트램펄린이 설치되어 있었고, 많은 사람들이 보고 있었다. 그곳에 착지를 하되 멋있게 착지해야 한다. 달려가다가 뭔가 점프 각이 안 나와서 다시 하려 했지만 거리가 부족해서 뒷걸음질했다. 여러 번 각을 재 보았지만 역부족이라 계속 뒷걸음질하며 꽤 높은 곳까지 올라왔다. (결국 제대로 점프하지 못하고 깼다.)

꿈 e. 〈높은 곳에서 집다운 밝은 집을 보는 꿈〉

나는 높은 건물에 서서 아래쪽을 바라보고 있었다. 아래에도 건물이 있어서 사람이 살고 있었다. 매우 작아 보였다. 시간대는 밤이었다. 아래 있는 그 집이 밝아 보였다. '집다운 집'이다.

이제 꿈은 좀 더 능동적으로 행동하는 나(꿈꾼 이)의 모습으로 전환된다. '꿈 d'에서 나는 점프하기 위해 계산하고 각을 재며 능동적으로 행동한다. 예전의 꿈처럼 높은 곳에서 누군가에 의해 추락하는 것이 아니라, 내가 어떤 목표를 향해 각을 재고 숙고를 하며 높은 데 이른다. '꿈 e'는 '꿈 d'에 이어서 등장하는 장면이다. 그래서 '꿈 e'의 높은 곳은 같은 장소로 볼 수 있다. 높은 건물 그곳에서 마침내 내가 찾던 집을 발견한다. 저 멀리 아래에 보이는 밝은 집, '집다운 집'이다. 내가 원하던 살고 싶은 집을 꿈이 처음으로 보여 준다. 하지만 저 멀리 있기에 아직 가야 할 길이 남아 있다.

이 꿈은 찾고 있던 집을 보여 주며 목표에 가까이 이르렀다는 메시지를 보낸다. 꿈은 그녀가 바라는 집다운 집, 밝고 아늑한 집을 보여 준다. 꿈의 전개에 비례하여, 상담의 진행도 목표를 향해 진전되었다.

상담 과정의 후반부에, 해인은 과거의 자신을 대면한 후, 어린 시절 겪은 모든 일들이 자기 잘못 때문이 아니었음을 깨닫게 되었다. 그러니 "네가 하고 싶은 것을 해도 된다"라고 스스로에게 말해 주고 싶었다. 그런 직후에 다음 꿈을 꾸었다.

꿈 f. 〈햄스터를 좇는 꿈〉

체육시간이었고 높이뛰기 연습 중이었다. 나는 다른 아이들이 뛰는 걸 보면서 내 순서를 기다렸다. 그동안 나는 어떻게 멋지게 뛸지 굉장히 고민하며 신경 써서 생각하고 있었다. … 그러다 체육관 한구석에서 돌아다니는 햄스터를 본 것 같았다. 나는 아이들에게 기다려 달라고 말한 후 교실을 나왔고, 햄스터를 잡고 싶어졌다. 찾다가 놓치기를 반복했으나, 결국 햄스터를 잡았고 작은 통에 넣었다.

이 꿈은 긴 꿈 텍스트의 앞부분이다. 해인은 체육시간에 높이뛰기 순서를 기다리다 햄스터에 관심이 쏠린다. 햄스터를 따라가고 싶고, 잡고 싶어 자신이 할 일을 뒤로 미룬 채 교실 밖으로 나온다. 무언가에 이끌리듯 햄스터를 따라 나간다. 꿈속에서 그녀는 남들에게 잘 보이거나 평가받아야 할 일이나 의무보다 자신이 끌리는 것을 좇는다. 꿈에서도 현실에서도 처음 있는 일이다. 처음으로 자신의 욕구를 따르는 꿈이다. 여기서 햄스터는 그처럼 자신이 좋아하는 것을 상징한다.

상담이 끝날 그 무렵에 해인은 검은 어둠, 검은 바다에 대응하는 맑은 하천의 꿈을 꾸었다. 예전의 꿈에선 검은 바다와 검은 물이 대부분이었는데, 이제 비로소 맑고 투명한 하천이 등장했다. 또한 어두운 집에 대응하여 밝고 환한 방의 꿈을 꾸었다.

꿈 g. 〈밝고 하얀 방〉

나는 하얗고 밝고 깨끗한 고층 오피스텔에서 동생과 살고 있었다. 동생은 착하고 나를 잘 챙겨 주었다. 나는 매일 출근을 했다. 그리고 오피스텔 안에는 내가 키우고 있는 엄청나게 많은 햄스터들이 있었다. 나는 출근하러 오피스텔을 나서기 전에 작고 약한 햄스터 두세 마리를 선별하여 특별히 영양가 있는 간식을 먹을 수 있도록 다른 케이지에 배치하였다. 그리고 안전을 확인하고 나서 집 밖으로 나섰다.

위의 꿈은 현실의 목표와 상응하여 지향하는 목표에 도달한 것을 보여 준다. 꿈의 배경은 검은 어둠의 집에서 밝고 하얀 오피스텔로 바뀌었다. 이는 해인의 삶의 공간이 검은 불안의 공간에서 벗어난 것을 상징한다. 더구나 그 공간에는 그녀가 좋아하는 각양각색의 햄스터들이 살고 있다. 그녀의 다른 꿈들의 상호 콘텍스트에 의하면, 햄스터는 그녀가 진정 좋아하고 원하는 것을 나타내는 상징들이다. 또한 꿈속에서 해인은 착하고 자신을 잘 챙기는 동생과 살고 있다. 동생은 가족 중에서 서로 가장 잘 이해하고 공감하고 연민을 느끼는 존재이다. 이 꿈속에서 그녀는 자신이 추구해 온 '하얗고 밝은 집'이라는 안정된 공간에서 자신을 아껴 주는 동생과 함께 살면서, 자신이 진정 좋아하는 것(햄스터)을 자신의 방식으로 누리고 있다. 현재 그녀로서는 정말 꿈같은 얘기지만, 무의식은 해인에게 그 목표를 이룰 수 있다는 것을 이미지로 보여 주며 격려의 메시지를 보내고 있다.

이상의 사례는 의식과 무의식이 꿈을 매개로 소통하면서, 꿈이 주제를 가지고 진행되거나 방향성을 가지고 발전적으로 전개되어 가는 것을 보여 준다. 일련의 꿈들은 검은 어둠과 검은 바다와 검은 물 등으로 표상되는 불안의 공간, 불안의 집에서 벗어나 밝은 집과 맑은 물로 표상되는 안정적인 집을 향해 진전되어 간다. 이런 방식의 소통은 단편적으로 이루어진 것이 아니라, 지속적이고 집중적으로 꿈과의 대화를 수행한 결과라고 할 수 있다. 이런 집중적인 꿈의 분석과 대화는 고도의 자기성찰을 불러일으키며 자신의 문제를 정면으로 대응하고 해결해 나가는 동력을 제공한다. 만일 꿈이 분석되지 않았다면 이렇게 밀도 있는 주제와 방향성을 지닌 일련의 꿈을 꾸지는 못했을 것이다.

해인의 꿈의 역사 전반을 살펴보면, 불안한 검은 어둠의 심연에 대한 꿈의 봉인이 풀리고 불안의 집을 상징하는 일련의 꿈들이 분석되고 난 후, 안정된 집을 찾아가는 꿈으로 변화하기 시작했다. 흥미롭게도 상담의 목표와 일치하는 꿈의 목표가 생긴 것이다. 불안을 해소하고 안정된 삶을 살고자 하는 해인의 목표가, 꿈속에서 검은 어둠의 집에서 벗어나 밝고 안정적인 집을 찾아가는 것으로 나타났다. 이처럼 한 개인의 지속되는 꿈들을 관찰하고 분석해 보면 꿈에도 주제와 목표 및 방향이 생기고 그 방향을 지향하는 흐름이 나타난다는 것을 알 수 있다.

또한 짧은 기간에 집중하여 꾼 꿈들의 시리즈도 꿈꾼 이의 삶의 목표와 관련하여 꿈들이 지향하는 목표와 방향을 드러내 준다. 꿈분석 상담을 하다 보면, 상담 초반에 내담자의 꿈에서 상담 목표에 해당하거나 그것을 암시하는 상징을 발견할 때가 있다.

인영의 꿈을 살펴보자.

> 꿈 a) 영국 마을로 이사를 했다. 10대의 나는 오빠랑 있었던 것 같은데 새집으로 가는 길을 잃어버렸다. 해가 지고 있어서 마음은 급해지는데, 길을 가도 가도 계속 다른 마을만 나왔다. 그때 강아지와 산책 중인 30~40대 정도의 여자가 집 찾는 걸 도와주었다. 내 집이 있는 마을에 대한 묘사를 듣고(나는 숲이 우거진 언덕 위에 커다란 나무가 있고 그 옆에 집이 있는 마을을 설명한다), 그 마을로 데려다주었다. 언덕 너머로 집이 어느 정도 보이는 곳까지 길을 찾아 준 후 "이제 잘 갈 수 있겠죠? 여기서부터는 혼자 가야 해요"라고 말한 후 돌아갔다.

먼저 꿈꾼 이의 삶의 배경을 보면, 인영은 어릴 적 부모에게 받은 상처에서 벗어나지 못해 성인이 된 지금도 고통스러워한다. 특정 시기에 집중된 그녀의 꿈들은 상처의 집을 떠나 영혼의 안식처를 찾아가는 꿈의 시리즈로 이해할 수 있다. '꿈 a'를 5개의 꿈(a~e)의 시리즈 안에 놓고 분석하면, '꿈 a'는 상처 입은 집을 나타내는 나머지 꿈들과 대조된다. 이런 대비를 통해, 나머지 꿈들에 등장하는 집은 상처 입은 집으로 벗어나고 싶은 곳이고, '꿈 a'의 영국 마을의 집은 도달하고 싶은 집으로 등장한다는 걸 알 수 있다. 즉 꿈들은 '꿈 a'의 집을 목표로 움직이고 있다. 실제로, 각 꿈마다 그러한 목표를 향한 메시지를 던지며 자신을 성찰하도록 해주었다. 인영은 어떤 집을 동경하는 것일까? 그리고 그녀가 그토록 떠나고 싶어 하는 '상처의 집'은 어떤 집일까? 이 물음의 답은 그녀의 삶의 역사 속에 있다.

먼저 이 꿈의 텍스트는 '영국 마을'로 시작된다. 영국은 그녀에게 각별한 곳이고 그녀만의 고유한 의미를 간직한 곳이다. 이 단어만으로도 그녀의 마음은 설렌다. 영국은 그녀가 1년간 교환학생으로 지낸 곳이다. 인생의 자유로운 시기를 보낸 특별히 의미 있는 장소다. 그리고 그곳에서 보낸 1년은 그녀가 태어나서 처음으로 부모와 떨어져 상처받지 않고 자신을 존중하고 사랑하며 살 수 있었던 시간이었다. 그녀의 인생에서 가장 행복한 시기이기도 했다. 그래서 영국 마을의 집은 바로 그녀가 살기 원하는 영혼의 안식처 같은 곳을 상징한다. 즉 이 꿈속의 집은 그녀가 동경하는 집이고 자신의 인생에서 찾아가려는 목적지이기도 하다.

이 꿈은 동경하는 마을의 집으로 이사를 왔는데 집으로 가는 길을 잃어버렸고, 길을 헤매던 중 한 여인의 도움으로 집이 보이는 곳까지 도달하게 되는 것으로 이루어져 있다. 꿈에서 인영이 찾아가려는 집이 있는 마을은 자신이 동경하는 곳으로 묘사된다. 숲이 우거진 유럽풍의 시골이고 언덕 위에 나무가 있고 그 옆에 집이 있다. 언젠가 여행할 때 보았던 평화롭고 목가적인 풍경이 펼쳐진 곳으로, 자유롭고 아무 시름이 없을 것 같은 저런 곳에 살고 싶다는 생각을 한 적이 있다. 꿈에 영국이 등장한 것(영국의 마을로 이사 간 것)은 부모를 떠나 그곳에서 인생의 가장 자유로운 시기를 경험한 것을 반영한다. 그녀가 찾는 집은 영국 시절처럼 자유로운 곳이다. 꿈에서 그녀가 묘사하는 마을은 자신이 동경하는 그런 자유로움이 깃든 모습으로 그려진다.

10대의 내가 영국 마을로 이사 갔다고 말하는 꿈의 시작은, 현재의 내가 그 시절의 나에게 "자유롭고 평온한 너의 집이 어딘가에 있다"고 알려 주는 것이다. 여기에는 이제 서른이 된 그녀가 엄마의 집에서 상처받던 10대의 자신을 위로하는 마음이 반영되어 있다. 동시에 이는 상처받지 않을 나만의 집을 찾기 위해 용기를 잃지 말라는 격려이기도 하다. 꿈의 무의식은 어린 시절 자신에게 이런 메시지를 보내며 어릴 적 상처를 치유하고 싶어 한다. 그리고 마침내 상처가 치유되고 자유로운 영혼의 안식처를 갖게 되리라는 메시지를 보내고 있다.

위의 꿈과 대조적으로 다음의 꿈들에는 불안하고 편치 않은 집들이 등장한다. 그것은 어릴 적부터 자신에게 상처를 준 집들을 표상한다. 꿈의 사례를 보며 이야기해 보자.

> 꿈 b) (꿈속의 나는 20대 초중반이다.) 현재 살고 있는 집에서 엄마랑 같은 침대에서 자려고 하는데, 대학생 때 친구 두 명과 모르는 남자 한 명이 새벽에 초인종을 누른다. 한밤중에 집에 찾아올 정도로 친하지도 않은데 이상했다. 더구나 같이 온 남자 한 명은 모르는 사람이고 불길한 기분이 들었다. 엄마는 당연히 무시하고 그냥 잘 거라고 생각했는데, 일어나서 문을 열어 준 후 그 친구들을 반기며 거실에서 놀도록 허락해 주었다. 나는 평소와 다른 엄마의 행동에 무척 놀랐다. 다시 안방 침대에서 엄마랑 자려고 하는데, 그 친구들이 너무 시끄럽게 떠들어서 잠을 잘 수 없었다.

꿈에서 엄마의 행동이 낯설다. '잠을 자려는 한밤중'이란 침해받아선 안 될 사적인 시간과 공간을 의미한다. 그런데 엄마는 무슨 변덕인지 평소와 다르게 한밤중에 남들을 집안에 들여놓는다. 잠을 자려는데 그들이 남의 집에서 시끄럽게 떠든다. 고요해야 할 사적인 공간이 수면조차 방해받는 시끄러운 공간으로 바뀌어 버린 것이다.

꿈 c) 꿈속의 나는 20대 초중반이다. 나는 샤워를 한 후 흰 가운을 입고 있었는데, 갑자기 누군가 열쇠로 현관문을 열고 집안으로 들어왔다. 처음 보는 네 명의 여자 대학생이 들어오려고 하자 내가 난감해하는데, 엄마가 우리 집 안방을 에어비앤비로 올려놓은 것이라고 말했다. 그 말을 듣고, 평소라면 있을 수 없는 엄마의 행동에 깜짝 놀랐다. (엄마는 집에 누군가가 찾아오는 걸 싫어하는 분인데, 아예 모르는 타인에게 숙박을 제공한다는 게 아주 놀라웠다.) … 난 얼른 안방으로 가서 깨끗한지 청소 상태를 살펴보는데, 바닥에 먼지가 남아 있어서 급하게 손바닥으로 닦으려 했다.

'꿈 b'에서처럼 이 꿈에서도 엄마의 행동이 낯설다. 엄마의 행동과 태도가 당황스럽다. 엄마의 낯선 행동으로 벌어지는 예측하지 못한 상황에 난감해한다. 꿈은 엄마의 변덕스런 기분에 휘둘리며 상처받는 자신의 심정을 나타낸다. 엄마는 타인의 마음을 잘 살피지 못한다. 허세가 많은 편이며 습관적으로 남과 비교하며 상처를 주는 행동을 하곤 한다.

'꿈 b'와 '꿈 c'처럼 엄마와 함께 사는 집은 엄마의 기분과 변덕에 따라 언제든 남에게 개방되거나 공유되는 공간으로 바뀌는 곳이다. 내가 중요하게 생각하는 사생활이 언제든 침해될 수 있고, 마음의 고요와 평온이 깨질 수 있는 곳이다. 꿈에서 이 모든 불편은 엄마의 행동에서 비롯된다. 나의 기분을 무시하고 아무 양해도 없이 독단으로 행동하는 엄마가 항상 상처가 되었다. 꿈은 엄마와 사는 집이 안전하고 고요한 안식처가 아니라는 그녀의 생각을 반영한다. 이런 불편함과 난감함은 ('꿈 a'에서 찾고자 하는) 나만의 집을 마련하고 싶은 강렬한 욕구를 갖게 한다.

> 꿈 d) 우리가 사는 집은 이층집이다. 현실에 없을 것 같은 굉장히 부유한 가상 공간이다. 건축 자재와 내부가 고가의 예술품으로 이루어진 영화에나 나올 법한 엄청 좋은 집이다. 원래 내가 쓰던 1층 방을 어떤 30~40대 여자에게 전세를 내주었다. (내 물건들은 놔두고) 나는 2층에 있는 방으로 옮겼다. … 나는 원래의 내 방에 가보는데, 내 방문에 붙여 놓았던 영화 포스터가 찢어져 있고, 내 물건들이 흐트러져 있는 모습을 보고 그 사람이 나가길 바란다. 그때 그 사람이 들어와서 "이렇게 방이 좋은데, 왜 이사 가려고 하는 거예요?"라고 물어본다. 나는 멋쩍어하며, "오빠도 결혼했고, 저도 결혼할 예정이라서요"라고 대답한다.

꿈꾼 이는 부모와 함께 살고 있다. 집은 부유하지만 그녀는 집을 떠나고 싶어 한다. 하루빨리 나가고 싶은 마음이다. 그녀에 따르면, "우리 집은 경제적으로는 부유하고 풍요롭지만 정신적으로는 상처를 많이 받는 곳이다. 물질적으로 풍요롭지만 아빠는 경제력으로 나를 협박하고 엄마는 경제력으로 나를 회유하려고 한다. 부모와 자녀 간에 진정한 사랑이나 애정이 있는 관계라고 생각하지 않는다." 아빠는 돈으로 권력을 행사하는 사람이다. 돈은 아빠가 사람을 협박하는 무기이다. 아빠는 다혈질이고 화를 잘 내며 내가 어릴 때부터 마음에 들지 않거나 기분이 좋지 않으면 경제적으로 도와주지 않을 거라는 협박을 수시로 해왔다. 아빠는 돈이 전부라며 늘 돈으로 나를 협박했다. 엄마도 다르지 않다. 비싼 물건을 사주면서 그 대가로 나를 마음대로 하려고 한다.

꿈꾼 이의 이러한 상황이 꿈에 반영되어 있다. 꿈속에서 나는 비현실적으로 부유해 보이는 집에 살고 있지만, 방을 전세로 내준 상태다. 원래의 내 방은 침해받았고, 물건도 챙기지 않고 옮긴 방은 지내기에 마땅치 않다. 이 꿈은 아무리 부유해도 끊임없이 상처를 주고 자유롭지 못한 집이라면 그곳을 떠나 자신의 안식처를 찾아야 한다는 꿈꾼 이의 생각을 반영한다. 이렇게 좋은 집을 두고 왜 이사 가려고 하느냐고 말하는 꿈속의 세든 여자는, 집이 부자인데 부모와 타협하여 그걸 누리지 못하고 왜 부모에게 저항하며 고생하느냐고 말하는 주변의 지인들을 대변한다.

> **꿈** e) 나는 지각을 했다. 선생님이 비난하며 악담을 해서 내가 막 대들었다. … 나의 단짝이 나를 놔두고 다른 친구들과 점심을 먹으러 가버려서 혼자 점심을 먹었다.

이 꿈은 고등학교 시절 친구와 선생님으로부터 받은 과거의 상처를 나타낸다. 친구들은 나를 소외시키고, 선생님은 나를 비난한다. 꿈의 배경은 학교이지만, 학교는 10대 시절 하루의 대부분을 보낸 공간이라는 점에서 집과 유사하다. 이처럼 꿈꾼 이는 집과 학교, 두 곳에서 모두 상처를 받는다. 자신이 존재하는 모든 곳이 상처를 주는 곳이다. 꿈속의 두 장면은 10대 시절에 학교에서 친구들에게 느낀 소외감과 선생님들에게 이해받지 못하고 비난과 힐난을 받으며 힘들었던 심정을 대표적으로 보여 준다.

이 다섯 개의 꿈의 시리즈를 꿈꾼 이의 삶의 맥락에서 분석해 보면 한 개인의 삶의 역사가 보인다. 꿈속에는 10대의 나와 20대의 나, 그리고 서른이 된 현재의 자신이 뒤섞여 함께 등장한다. 이 꿈들은 현재의 그녀가 상처 입은 과거의 자신과 소통하게 해주는 꿈의 시리즈이기도 하다. 꿈의 무의식은 10대의 어린 시절부터 외롭고 상처받은 자신을 직면하여 소통하고자 한다. 현재의 그녀는 어린 시절에 비하면 어느 정도 성숙하고 힘을 갖게 되었지만, 여전히 그 상처가 아물지 않았고 지금도 끊임없이 상처를 주는 엄마의 집을 떠나고 싶어 한다. 꿈꿀 당시 그녀의 목표와 마찬가지로 꿈의 목표는 상처 입은 부모의 집을 떠나 독립하는 것으로 나타난다. 이 꿈의 시리즈에는 꿈꾼 이의 자유와 내면이 존중받지 못하고 사생활이 침해당하는 엄마의 집('꿈 b'와 '꿈 c')을 떠나, 경제력으로 자신을 협박하거나 회유하는 부모에게 굴복하지 않고('꿈 d') 가난하더라도 억압받지 않는 영혼의 안식처와 자신이 동경하는 집을 찾아가려는 목적의식('꿈 a')이 잘 드러나고 있다. '꿈 b'~'꿈 e'는 이런저런 방식으로 꿈꾼 이에게 상처를 주는 곳을 나타내며, 그녀는 그곳을 떠나 '꿈 a'의 안식처를 찾아가려고 한다.

이처럼 꿈의 시리즈를 분석해 보면, 꿈이 지향하는 방향성이 분명하게 드러난다. 여기서 집을 주제로 하는 일련의 꿈들은 '꿈 a'의 영국 마을의 집을 목표로 그곳을 지향하고 있음을 알 수 있다. 부정적인 곳으로 등장하는 상처 입은 집들과 대조되면서, 그 집만이 꿈꾼 이가 동경하는 평온한 안식처라고 볼 수 있다. 그런데 인영의 목표인 안식처, 즉 영국 마을의 그 집은 아직 도달하지 못한 곳으로 나타난다. 그 집에 이르는 과정은 길을 잃어 타인의 도움을 받아 찾아가는 여정으로 그려진다. 이는 현재 인영의 모습이기도 하다. 그런데 철학적 꿈분석 상담을 진행한 지 몇 달 후, 인영에게 변화가 일어나기 시작한다. 그토록 상처받고 증오하던 부모에 대한 감정이 바뀐 것이다. 아버지에 대한 증오의 감정이 바뀌자, 아버지를 혐오하던 꿈에서 아버지에게 인정받으려는 꿈으로 변화한다. (그 변화의 논리는 다음 절에서 살펴보기로 한다.)

이상 꿈의 역사를 보여 주는 두 가지 사례를 통해 철학적 꿈분석의 역할이 더 분명하게 드러난다. 꿈이 분석되거나 이해되지 않으면, 아무리 많은 꿈을 꾸더라도 성찰할 수 있는 꿈의 주제나 그 주제를 심화할 초점과 방향, 혹은 문제의식을 찾지 못한다. 그리하여 꿈은 주어졌지만 자기이해와 성찰의 계기를 갖지 못한다. 꿈을 이해하게 되었을 때, 비로소 꿈은 일관적인 주제와 깊이와 방향성을 가지고 다음 단계로 진행하거나 진전한다. 의식이 무의식의 메시지를 이해하고 반응할 때 꿈의 무의식도 이에 반응하며 다시 변화된 꿈을 내보낸다. 그러한 꿈의 변화는 꿈꾼 이의 변화된 의식과 삶을 반영한다.

4. 꿈의 변화와 논리

명제 3-4 **가치관 및 삶의 태도의 변화에 따라 꿈도 변화한다.**

한 개인의 꿈의 역사가 드러나는 일련의 꿈의 시리즈를 분석해 보면 꿈과 병행하여 꿈꾼 이의 삶의 역사가 드러나는 것을 관찰할 수 있다. 또한 개인이 자신의 문제에 대처하고 문제를 해결하며 성장하는 과정에서 꿈 역시 성장하고 변화하는 모습을 보이곤 한다. 그리하여 꿈분석 상담에서 때로는 꿈이 상담의 방향을 이끌기도 하고, 상담을 종료할 때를 알려 주기도 한다. 상담 목표에 도달했음을 꿈이 상징으로 보여 주기도 한다.*

개인의 꿈의 역사를 보면, 꿈꾼 이의 가치관과 삶의 태도, 삶의 방식이 변화함에 따라 꿈도 변화하는 것을 알 수 있다. 꿈은 꿈꾼 이의 가치관 또는 가치관의 변화에 상응하여 메시지를 전한다. 그리고 꿈꾼 이가 이에 어떻게 반응하는지에 따라 꿈의 무의식도 달리 반응한다. 예컨대, 꿈의 무의식의 메시지를 이해하지 못하거나, 이해했더라도 무시하고 변화가 없으면 계속 동일한 메시지를 전달한다. 3장 2절에서 보았던 L과 M의 사례가 이를 잘 보여 준다. 거의 1년에 걸쳐 자신의 꿈들을 분석하고 이해했음에도 가치관이나 사고방식을 바꾸지 못해 고민하는 이들에게, 꿈 역시 바뀌지 않고 같은 상황을 보여 주며 지속적으로 동일한 메시지를 전했다. 반면에 인간관계와 일하는 방식

* 상담이 끝날 즈음에 꾼 꿈들은 상담의 종료 시점을 보여 주곤 한다. 예컨대 〈자신을 치유하는 시간여행에서 돌아오는 꿈〉이나, 〈폭풍 같은 표상의 흔들림에서 벗어나 마음이 평온해진 꿈〉 등은 자신의 문제를 해결하거나 고민이 해소되었음을 상징으로 보여 준다.

에서 스스로 답답함을 느끼던 사람이 삶의 태도와 방식을 전환하자, 꿈이 극적으로 바뀐 사례도 있다. 답답한 자신의 모습을 보여 주던 꿈들이 한결 여유 있게 상황을 받아들이는 모습의 꿈으로 변화했다.

가치관이 변하면 꿈도 변화한다. 가치관이 흔들리면, 꿈은 꿈꾼 이의 방황하는 모습을 무의식의 언어와 상징들로 보여 준다. 변화를 요청하는 꿈의 메시지에 저항하면 꿈은 저항하는 모습을 보여 주면서 자신을 성찰하도록 한다. 꿈들은 꿈꾼 이의 가치관, 사고방식, 캐릭터를 그대로 드러내는 경향이 있다. 꿈에 자신의 개성이 반영되기도 하고 그대로 나타나기도 한다. 꿈속에서 현실의 자신과 전혀 다른 행동을 할 경우에도 꿈속에는 자신의 정서와 개성이 흐르고 있다. 어떤 면에서 자기다운 방식으로 꿈을 꾼다. 기괴하고 이질적인 꿈처럼 보여도 꿈속의 감정이나 생각은 자신의 일면을 드러낸다. 꿈은 가치관의 변화를 촉구하기도 한다. 그런 메시지를 이해하거나 수용하여 실천하면 꿈도 변화한다. 즉 가치관이 전환되면 그와 병행하여 꿈도 전환된다.

다음 M의 사례를 보자. 여백을 채우려는 강박적인 '꿈 b'에서 '하얀 여백의 편안함'을 나타내는 '꿈 a'로 급격히 전환한 사례이다.

꿈 a) 아무 배경도 없는 곳에 서 있었다. 정확히 어디에 있는지는 알 수 없었다. 마치 컴퓨터에 흰 그림판을 켜놓고 그 위에 있는 것 같았다. 어쩐지 구름 위에 있는 것 같다는 느낌을 받기도 했다. 불안한 느낌이 살짝 서려 있기도 했지만 그에 비해 제법 침착했고 약간 설레는 기분이 들었다. 무언가를 해보려는 의지는 딱히 없었고 그런 생각도 들지 않았지만, 그래도 막연하게 좋은 기분이었다. 막연하지만 언젠가 불안한 마음이 해결되지 않을까 하는 마음이 있어서 그랬던 것 같다.

이 사례는 삶의 태도와 삶의 방식의 급격한 전환에 의해 '새로운' 꿈을 꾸게 된 경우이다. 이 꿈은 그녀가 꾸어 온 이전의 꿈들과 대조가 될 만큼 변화된 꿈이다. 이전의 꿈들이 여백을 다 채우려는 강박에 시달리는 꿈이었다면, 이 꿈은 오히려 그 여백에서 편안함을 느끼는 꿈이다. 약간의 불안이 공존하지만 설렘과 좋은 기분으로 가득하다. 진로와 미래에 대한 불안이 모두 사라진 건 아니지만 언젠가는 해결될 것이라 믿는다. 그 불안에 압도되어 강박적으로 일에 파묻혀 사는 삶의 무게에서 벗어나 있다. 구름 위에 있는 것처럼 가벼운 느낌이다. 이 꿈을 꾸기 이전의 꿈들과 대조해 보면 꿈이 급격하게 변한 것을 알 수 있다. 다음은 그동안 꾸어 왔던 꿈들의 분위기를 예시적으로 보여 주는 사례이다.

꿈 b) 두 개의 꿈을 연달아 꾸었다. 첫 번째 꿈에선 무한대로 계속하여 과제와 관련된 논문을 쓰고 있다…. 난 아무것도 없는 곳에서 책상 앞에 앉아 무한대로 과제를 하다가 꿈에서 깨었다. 두 번째 꿈은 중간부터 기억이 난다. 무섭지는 않았는데 당시엔 너무 힘들어 악몽에 가깝다고 생각했다. 꿈에서 부모님께서 내가 먹고 싶다고 했던 밥을 차려 주셨다. 가족들이 모두 함께 있었는데, 식탁 반대쪽은 까맣게 아무것도 보이지 않았다. 부모님 목소리는 아니었는데, 어떤 목소리가 계속 나한테 어떤 가치관을 가지고 있는지에 대해 질문했다. 나는 그 질문에 대해서 계속 고민하다가 결국 답하지 못했고 얼른 도망치고 싶었다. 그렇게 그 질문을 회피하려고 애쓰다가 잠에서 깼다.

이 '꿈 b'에서 첫 번째 장면은 무한정 끝없이 과제를 하는 꿈이다. 두 번째 장면은 너의 가치관이 무엇이냐는 질문을 받고 이 질문이 악몽처럼 느껴져 도망치고 싶고 회피하려는 꿈이다. 그동안 M의 꿈들을 보면, 과제에 시달리는 꿈이 태반이다.

끝없이 몰려오는 과제에 파묻혀 있는 꿈들이 반복된다. … 얼굴 없는 괴물에게 쫓기거나, 과제를 상징하는 흰 옷을 입은 긴 머리 여인이 사방으로 쫓아오는 꿈을 꾼다.

대부분의 꿈에서 그는 과제에 치이고 압박을 받거나, 팀 과제를 하는 구성원들과의 긴장된 관계에서 스트레스를 받는다. 또 무언가를 해내기 위해 전전긍긍한다. 두 번째 가치관을 묻는 꿈은 이런 상황에 대해 그 이유가 무엇인지 성찰해 보라고 요구하는 꿈이다. 모든 것을 다 해내기 위해 과제와 일에 치여 사는 이런 삶의 방식을 그대로 반복하지 말고 진정 원하는 게 무엇인지, 진정 추구하는 가치가 무엇인지 성찰하고 결정하라는 메시지이다. 가치의 우선순위를 선택하고 결정하는 것은 자신이 해야 할 일을 취사선택하게 해준다. 그러면 과도하게 일에 치이는 것을 방지할 수 있다. 그런데 M은 바로 그 결정이 어렵고 피하고 싶다. 그는 모든 게 중요하다고 생각되어 그 어느 것도 포기하지 못하고 일에 치여 산다. 그래서 가치관을 묻는 물음, 즉 우선순위를 선택하라는 무의식의 목소리로부터 도망쳐 버린다.

그동안 M은 지속적으로 같은 메시지를 보내는 꿈들의 분석을 통해 자신의 문제를 인지하고 있었으나 어떤 결단을 내리지는 못하고 있었다. 그러던 M은 처음으로 공부와 과제에 대한 강박에서 벗어나 유럽 여행을 하게 되었고, 그것을 계기로 지금까지의 삶의 방식과 태도를 전환할 수 있게 되었다. 여행을 하며 겪은 특별한 경험들이 이전에 추구하던 삶의 목표나 가치가 그렇게 중요한 것은 아니며 그것에 목매고 살지 않아도 된다는 생각을 하게 해주었다. 이런 가치관의 변화가 목표만을 향해 달리는 자신의 생활 방식에 여유를 갖게 해주었다.

이러한 가치관의 변화가 '꿈 b'에서 '꿈 a'로의 급격한 전환을 가져다주었다. 과제에 치여 사는 꿈, 여백을 채우려는 강박적인 꿈들이 여백을 받아들이는 꿈으로 변화되었다. 할 수 있는 것은 다 하려는 태도로 살아왔지만, 그렇게 살지 않아도 괜찮다는 생각을 갖게 된 것이 꿈의 변화로 나타난 것이다. 이런 경우, 우리는 꿈의 변화만으로도 꿈꾼이에게 일어난 내적, 외적 변화를 느낄 수 있다.

앞 절에서 언급했던 인영의 경우에도 꿈분석이 진행되면서 '가치관의 변화에 따라 꿈도 변화한다' 테제를 지지하는 사례를 찾아볼 수 있었다. 인영은 1년 가까이 철학적 꿈분석 상담을 받고 있는 직장인이다. 그녀는 어릴 적 부모에게 받은 상처가 아물지 않아 여전히 고통스러운데, 이를 전혀 몰라주는 부모에 대해 증오의 감정을 가지고 있었다. 그녀는 성인이 되어서도 여전히 변하지 않는 부모에게 계속 상처를 받았고, 이 고통에서 벗어나려면 부모로부터 독립하는 길밖에 없다고 생각하였다. 부모를 떠나는 것이 그녀의 일차 목표가 되었다. 3장 3절에서 살펴보았듯이, 상담 초반에 꾸었던 그녀의 꿈들은 엄마와 사는 집(혹은 부모님과 함께 사는 것)을 '상처받는 집'으로 형상화하였다. 그녀의 목표에 상응하듯이, 당시 그녀의 꿈들은 상처가 되는 집을 다양하게 보여 주며 부모의 집을 떠나 자신의 안식처를 찾는 목표와 방향성을 가지고 전개되었다.

그런데 인영은 철학적 꿈분석 상담을 통해 자신을 성찰하는 과정을 거치면서 부모님에 대한 미움의 감정이 사라지는 변화를 겪게 되었다. 부모가 자신에게 잘못하긴 했지만 악의로 그런 것은 아니라는 것과, 부모 또한 나름의 방식으로 자신을 사랑하려 했다는 것을 이해하고 나니, 부모에 대한 증오의 감정이 점차 사라진 것이다. 그러자 꿈의 세계에도 변화가 일어났다. 이제 꿈은 상처의 집 이미지에서 벗어나 부모에게 인정받기를 바라는 내용으로 주제가 변하였다. 부모를 미워할 때는 부모에게 인정받고 싶은 욕구가 없었지만, 미움이 사라지자 인정 욕구가 생겨난 것이다. 동시에 그렇게 싫어하던 아빠에게 연민의 감정을 느끼는 꿈을 꾸게 되었다.

꿈분석 과정에서 인영에게 일어난 가장 큰 변화는 증오의 감정이 사라진 것이었다. 다음은 같은 시기에 꾸었던 꿈들로서 그러한 변화를 보여 주는 사례이다.

꿈 f) 나보다 두 살 어린 사촌동생 D는 영화감독이다. 아빠가 D의 영화가 좋다며 호들갑을 떤다. 그 영화 스폰서가 아빠인 것처럼 보였다. 나는 질투심에 D의 영화를 비판하며 잘못된 부분을 말한다. 그러니 D가 울었다.

꿈 g) 수련회 같은 곳에서 가족끼리 섞여서 연극을 하는 분위기였다. 아는 친구가 우리 아빠랑 같은 팀이 되었다. 연극이 끝나고 그 친구가 숙소로 돌아오더니 나한테 "너네 아빠는 도대체 왜 그러냐"며 따졌다. 당황스럽지만 부끄럽고 왜 그 친구가 그렇게 말하는지는 알 것 같았다.

꿈 h) 학교에선가 불량한 무리의 아이들이 나를 심하게 구타하였다. 머리에서 피가 나고 몸이 아프기 시작한다…. 시간이 지나 배경이 바뀌고 이유는 모르겠지만 나에 대한 공격은 멈췄다. 대신 다음 피해자가 생긴다. 다음 피해자는 우리 아빠다. 집에 돌아와서, 아빠가 구타를 당해 몸에 상처가 덕지덕지 있는 것을 본다. 내가 엄마와 티비를 보다가 뒤에서 쉬고 있는 아빠에게 다가가서 괜찮으냐고 물어본다.

이 꿈들에는 과거의 꿈들('상처받은 집'의 시리즈로서, 사생활이 침해되고 불편한 부모의 집을 떠나고 싶어 하거나 떠날 준비를 하는 꿈들)과 비교하여 중요한 변화가 보인다.

'꿈 f'는 아빠가 사촌을 치켜세우는 것을 질투하는 꿈이다. 사촌에게 질투를 느끼는 것은 자신도 부모에게 인정받고 사랑받고 싶다는 마음을 간접적으로 표현한다. 사실 오빠를 편애하는 부모에 대해, 자신도 오빠처럼(꿈속에서 사촌동생처럼) 사랑받고 싶다는 욕구를 나타낸다. 부모를 미워하고 증오하던 당시에는 부모를 외면하고 떠나고 싶은 꿈들로 가득했다면, 이제 미움이 사라지자 인정받고 싶은 꿈으로 변화한 것이다.

'꿈 g'에서 인영은 친구의 말을 듣고 아빠를 창피하게 생각한다. 아빠는 속물적이고 나와 가치관이 맞지 않는다. 그래서 아빠의 평가나 인정을 신뢰하지 않는다. 두 개의 꿈을 나란히 놓고 보면, 부모님께 인정받고 싶은 마음과 부모님의 가치관이 속물적이라는 비판적 생각이 공존한다. 그렇다면 그 이면의 메시지는 무엇인가? 인영이 아빠에게 인정받고 싶어 하는 이유는 아빠의 평가가 신뢰할 만하기 때문이 아니다. '꿈 g'는 아빠의 안목을 부정하는 인영의 생각을 반영한다. 아빠의 평가를 신뢰하지 않으면서도 인정받고 싶어 하는 마음은, 부모라면 조건 없이 자녀를 사랑하듯, 무조건 인정받고 사랑받고 싶은 마음을 나타낸다. 부모가 오빠를 사랑하는 것처럼, 나를 무조건 사랑해 주기를 원하는 것이다.

나아가 '꿈 h'에서는 구타를 당한 아빠에게 연민을 느끼고 다가가서 괜찮으냐고 말을 건다. 평소 아빠에게 느끼지 않는 감정이다. 이 꿈에서 인영은 자신과 똑같은 일을 당한 아빠를 공감하고 위로한다. 자신의 삶에 상처가 있듯이, 아빠도 살면서 나름의 고충이 있을 것이라는 생각을 하게 만들었던 꿈이다.

이 꿈들에서 아빠에게 인정받고 싶은 욕구와 연민의 감정을 느끼는 것은 부모에 대한 증오가 사라지면서 새롭게 갖게 된 마음이다. 꿈은 꿈꾼 이의 변화된 감정과 태도를 보여 주며, 자신의 변화를 자각하도록 해주었다. 증오의 감정이 사라지고 부모에 대한 태도가 변하자, 부모와의 관계 방식도 변화한다. 그러자 꿈이 그 변화를 생생한 이미지로 보여 주었다. 꿈의 무의식과 소통하면서, 꿈이 지향하는 것과 자신이 원하는 방향이 일치해 나가면서 실제 삶에서도 변화가 일어났다. 상처에 매몰되지 않고 성숙하게 대처하면서 부모와의 관계를 회복할 수 있었다. 또한 부모에게 기대할 수 있는 것에도 한계가 있음을 깨닫고 나니 한결 여유를 가질 수 있게 되었고, 이러한 변화는 어둡던 그녀의 얼굴도 밝은 인상으로 바꿔 주었다. 그녀에게 진정 중요한 변화가 시작되고 있다는 것을 꿈이 알려 주고 있었다.

5. 의식과 무의식의 소통

명제 3-5 **의식과 무의식은 서로 소통한다.**

이상에서 살펴본 꿈의 반복, 꿈의 방향, 꿈의 변화 논리는 의식과 무의식이 어떻게 서로 메시지를 주고받으며 대화하는지를 잘 보여 준다. 꿈이 무의식의 메시지를 전달하는 매체라고 할 때, 메시지의 교류는 일방적이지 않다. 무의식이 전하는 메시지를 의식이 수동적으로 전수받는 관계도 아니다. 메시지의 이해와 수용이 꿈에 영향을 주고, 꿈의 무의식이 그것에 다시 반응하기 때문이다. 꿈은 의식을 향한 무의식의 메시지 전달에 그치는 것이 아니라, 의식이 그 메시지를 이해하고 나면 다시 무의식에 반영되어 꿈의 변화가 일어난다. 이런 상호성이야말로 '의식과 무의식의 소통'이라는 테제를 성립시켜 준다.

자신의 꿈을 해석하고 의식적으로 무의식의 메시지를 이해하고 나면, 혹은 그 이해에 맞게 대응하면, 무의식도 그에 맞는 새로운 메시지로 다음 단계의 꿈을 내보낸다. 일련의 꿈을 이어서 꾸는 경우에 확인되듯이, 하나의 꿈을 이해하고 나면 그 꿈의 이해를 바탕으로 하는 다음 꿈을 꾸게 된다. 이는 마치 사고 과정에서 하나를 이해하고 나면 이해된 것을 바탕으로 다음 단계의 사고가 진행되는 것과 유사하다. 대화 과정에서도 서로의 이야기를 이해하고 나면, 더 진전된 수준의 대화로 발전하는 것과 같다. 대화의 전개는 상대의 말을 경청하고 이해하며 거기에 합당하게 반응하는 것을 전제로 한다. 이것이 대화의 특성이자 논리다. 이처럼 무의식과 의식의 소통에는 대화의 논리가 작용한다. 이런 대화의 논리는 이해의 논리를 함축한다.

꿈이 이해되고 나면 나타나는 또 하나의 중요한 변화는 꿈을 집중적으로 밀도 있게 꾸게 된다는 점이다. 철학적 분석을 통해 자신의 꿈이 이해되면 산만하던 꿈들에 질서와 초점이 생긴다. 그것은 꿈이 주제와 방향성을 가지고 진행되기 때문이다. 꿈이 방향을 가지고 다음 단계로 전개될 때, 꿈들 사이의 주제가 수렴되고 밀도 있는 꿈을 꾸게 된다. 꿈분석과 꿈의 이해가 개별적인 꿈들을 상호 연관된 삶의 서사로 연결해 준다. 앞에서 본 해인의 경우에도(3장 3절), 만약 자신의 꿈을 분석하지 못했다면, 특히 자신의 첫 꿈을 이해하지 못했다면, 그렇게 밀도 있게 방향성을 지닌 일련의 꿈들을 꾸지는 못했을 것이다. 꿈의 메시지를 이해하지 못했다면, 더 이상 꿈의 대화를 진행할 수 없었을 것이기 때문이다. 이는 **철학적 꿈분석이 무의식과 의식 사이에 활발한 소통을 촉진했다는 것**을 보여 준다.

이 사례의 한 단면을 잘라 생각해 보자. 해인의 문제 중 하나는 엄마의 눈치만 보며 엄마의 욕구대로 살다 보니 자신의 욕구를 한 번도 마주한 적이 없었다는 것이다. 당연히 자신의 욕구가 무엇인지도 알지 못했다. 그런 걸 주장해 본 적도 없다. 회피했던 어린 시절을 대면하고 나자, 드디어 자신의 욕구와 자아를 찾기 위한 시도를 꿈이 먼저 시작한다. 그녀는 〈햄스터를 좇는 꿈〉을 꾼다. 꿈속에서 해인은 해야 할 일을 뒤로하고 햄스터를 좇는다.

꿈속의 햄스터가 '자신이 좋아하는 것'의 상징으로 분석되고 나자, 꿈들 사이의 상호 콘텍스트 개념에 의거하여 그 이후의 꿈들에서도 햄스터는 같은 상징으로 나타난다. 꿈의 상호 콘텍스트에 의하면, **분석되어 이해된 꿈은 이후 꿈의 맥락을 구성**한다. 그리하여 꿈들은 이전 꿈의 이해를 바탕으로 꿈의 상징과 주제를 공유한다. 그리고 맥락을 공유하는 꿈들 사이에서 상징은 같은 의미를 갖는다. 다른 사람의 꿈에서는 햄스터가 그런 상징을 의미하지 않겠지만, 상호 맥락을 공유하는 해인의 꿈들에서 햄스터는 같은 의미(즉 '자신이 좋아하는 것')를 상징한다. 그리하여 햄스터는 해인만의 고유한 상징이 된다. 꿈속의 자아는 이제 햄스터를 알고 있는 사람인 것이다. 즉 햄스터의 상징을 분석하고 이해하고 난 후에는, 꿈에서 햄스터를 보면 '내가 좋아하는 것'임을 꿈속에서도 알게 된다. 이제는 그 사실을 의식도 알고 무의식도 알게 되는 것이다. 의식과 무의식이 맥락을 공유함으로써 상징을 공유하는 셈이다. 이 또한 의식과 무의식의 소통을 보여 주는 하나의 방식이다.

꿈의 대화는 꿈과 꿈꾼 이 자신과의 대화이다. 이 대화에서 무의식과 의식의 소통은 일반적으로 **꿈의 무의식과 그것을 분석하는 의식적인 나 사이의 대화**라는 형태를 취한다. 하지만 때로는 **꿈의 텍스트 안에서도 무의식적 자아와 의식적 자아가 등장하여 대화하는 경우**가 있다. 이런 경우, 꿈꾼 이는 꿈을 깨고 나서 꿈에 대해 분석하고 성찰하면서 꿈속의 자아들(즉 꿈에 등장하는 의식적, 무의식적 자아들)과 다시 소통할 수 있다. 이때 꿈꾼 이는 꿈을 깨고 나서도 꿈속의 의식적 자아가 자신인 줄 안다. 그러나 꿈속에서 타자의 모습을 취하고 있는 무의식적 자아는 알아보지 못한다. 그러한 타자의 모습은 분석을 거쳐야 비로소 자신의 일부임을 알게 된다. 거의 대부분 꿈의 대화는 일반적 형태의 소통 방식을 취하지만, 이러한 방식으로 소통하는 꿈의 사례들도 적지 않다. 다음 사례를 보자.

〈분노하는 흑인 여자 꿈〉

유스호스텔 같은 곳에서 몸집이 큰 어떤 여자가 자기 가방 옆에 있는 가방을 마구 풀어 헤친다. 캐리어에 짐이 정말 많은데 그 짐을 다 흩트려 놓는다. 주인 없이 저래도 되나 싶을 때, 짐의 주인인 큰 흑인 여자가 들어와 그 광경을 보고 열이 받는다. 그 흑인 여자는 자기 짐을 흩트려 놓은 여자를 밀쳐서 때려눕히고, 매우 세게 때리려고 하는데 그때 수많은 여자들이 달려들어 흑인 여자의 공격적인 행동을 온몸으로 제지한다. 나 역시 그녀의 팔을 붙들고 울면서 "때리지 마세요"라고 애원한다. 그 흑인 여자가 워낙 덩치가 크고 힘이 세서 막기가 매우 힘들었지만, 수많은 이들의 협력 덕분에 그녀는 폭력을 멈춘다. 매우 다행이라고 생각하며 다들 자리로 돌아간다.

이 꿈속에는 분노가 폭발하여 폭력을 사용하는 흑인 여자와 이를 울면서 만류하는 내가 등장한다. 여기서 흑인 여자는 누구인가? 분석 결과 꿈속의 흑인 여자는 무의식적인 나의 내면 상태를 표상한다. 꿈의 무의식은 점차 쌓여 가는 분노로 폭발 직전의 나의 감정을 흑인 여자로 표상하고 있다. 거칠게 분노를 표출하는 것은 평소 꿈꾼 이의 모습과 너무 다르기 때문에, 무의식적 자아는 이질적인 다른 인종의 외국인으로 등장했을 것이다.

그러면 꿈속의 흑인 여자가 나의 무의식적 자아라는 근거는 어디서 찾을 수 있을까? 지금까지 논의한 대로 꿈의 텍스트와 꿈을 생성한 삶의 맥락(콘텍스트)을 겹쳐 보면 관계망 안에서 떠오르는 의미와 꿈의 상징을 파악할 수 있다. 꿈속에서 누군가 주인도 없는데 캐리어의 짐을 마구 풀어놓는다. 나는 해선 안 될 그 행동을 보며 무슨 일이 벌어질까 염려한다. 꿈의 배경은 여행객이 머무는 유스호스텔 같은 곳이다. 여행하는 이의 캐리어에 든 물건들에는 개인의 생활 방식과 취향이 반영되어 있다. 그것들은 단순한 물건이 아니라 개인의 삶의 모습을 드러낸다. 그런 점에서 캐리어 속의 짐들은 개인의 정체성과 사생활을 상징한다. 꿈꾼 이의 삶의 맥락에서 보면, 사생활을 침해한 그 사람은 내가 없는 동안 내 방에 들어와 내 물건을 만지거나 가져가고, 일기장을 훔쳐보기도 하는 엄마를 연상시킨다.

꿈꾼 이는 어릴 적부터 엄마에게 받은 상처가 크다. 엄마는 나를 존중하지 않았고 사생활을 침해하곤 했다. 엄마의 언행이 늘 상처가 되었다. 그런 상처와 더불어 점차 쌓여 온 분노를, 꿈은 화가 나서 폭력을 행사하는 흑인 여성으로 형상화하고 있다. 누군가 자신을 지나치게 압박한다고 느낄 때 방어기제가 작동하듯 분노가 활활 타오르는 것을 분노하는 흑인 여성의 모습으로 나타낸 것이다.

그녀는 자신에 대해 "부모님이 계속 나를 재단하고 간섭하다 보니 거기서 받은 상처와 분노가 내재되어 있는지, 누가 나를 판단하거나 밀어붙이거나 간섭을 하면 폭발할 정도의 화가 생긴다. 물론 현실의 나는 화를 속으로 참으며 크게 표현하지 않는 편이다"라고 말한다. 이런 그녀의 인식과 삶의 맥락에서 분석했을 때, 흑인 여자가 그녀의 무의식적 자아라면, 흑인 여자의 공격적인 폭력을 울면서 말리는 자아는 의식적 자아이다. 꿈은 자신의 무의식과 의식의 관계를 분노를 폭력적으로 표출하는 흑인 여자와 이를 애원하며 말리는 자신의 모습으로 이미지화한다.

꿈꾼 이에게 분노가 폭발할 가능성이 잠재해 있지만(무의식적 자아), 분노를 갈등 없이 해결하려는 의지(의식적 자아)가 동시에 공존하고 있다는 걸 보여 준다. 꿈에서 나는 울면서 애원한 덕분에(그리고 주변인의 협력으로) 흑인 여자의 분노를 잠재우고 폭력을 멈추게 하는 데 성공한다. 이는 꿈속에서 의식적인 자아와 무의식적인 자아 사이에 성립하는 상호 관계 및 소통 방식을 나타낸다. 즉 화가 나서 폭력을 쓰는 무의식적 자아를 의식적 자아가 애원하여 말리는 데 성공한 것은 둘 사이에 소통이 이루어졌음을 보여 준다. 동시에 부모에게 받은 상처에도 불구하고 부정적 감정을 거칠게 터트리지 않고 최대한 갈등 없이 해결하고자 애쓰는 자신의 의지를 확인시켜 준다. 이 또한 하나의 대화 방식이다.

꿈의 무의식은 꿈꾼 이에게 자신의 상처와 쌓인 분노가 매우 크다는 것을 분노를 폭발시키는 흑인 여자를 통해 보여 준다. 이는 지금 상태를 그대로 두면 폭발하게 될 것이라는 경고의 메시지와, 그 분노를 달래려면 꿈속에서 의식적 자아가 울면서 애원한 것처럼 자신의 상처와 분노를 알아주고 설득하며 애써야 한다는 메시지를 담고 있다. 꿈의 텍스트를 분석하면서 꿈꾼 이는 이 메시지를 들을 수 있었고, 자신의 분노를 이해할 수 있게 되었다.

이 사례는 꿈의 텍스트 안에서도 무의식과 의식이 대화하고 소통한다는 것을 보여 준다. 물론 이 꿈의 경우 차분하고 냉정한 이성적 대화는 아니지만, 의식적 자아가 눈물로 애원하고 폭력을 만류하며 무의식의 행동을 자제시키고 설득해 내는 데 성공한다. 그렇다면 이 또한 소통에 성공한 것이다. 이 꿈에서 두 자아 사이에서 벌어지는 상황을 분석함으로써, 둘 사이의 관계를 성찰할 수 있다.

이 사례는 무의식과 의식 사이의 소통이 항상 힘의 설득으로 이루어진다거나, 차분한 이성적 대화가 있을 수 없다는 것을 뜻하진 않는다. 그런 대화 역시 가능하다.* 다만 상처받고 억압된 감정을 표상하는 무의식적 자아의 경우에는, 위로하고 애원하며 설득하는 방식의 소통이 필요할 수 있으며, 때로는 그러한 단계를 거쳐야 할 수도 있다. 어쩌면 꿈마다, 꿈을 꾼 개인마다 무의식의 세계가 다르고 그에 따라 무의식적 자아의 성격도 다르다고 보는 것이 적합할 것이다.

이 사례에서 볼 수 있는 것처럼 **꿈의 텍스트 안에서도 무의식과 의식의 소통**이 이루어진다. 꿈속에는 무의식적인 나의 모습만 있는 것이 아니라 의식적인 나를 대변하는 자아도 있다. 그 경우 무의식적 자아와 현실 자아의 소통이 반영된 메시지를 발견할 수 있다. 그리하여 꿈속에서 의식적 자아와 무의식적 자아의 대화와 소통을 분석하는 것으로도 자신의 무의식을 이해하는 계기가 되며 자기성찰의 역할을 한다. 물론 진정한 대화와 소통은 꿈을 깨고 나서, 이 꿈의 존재들이 무엇을 의미하는지, 또 꿈의 메시지는 무엇인지에 대한 분석을 통해 이루어진다. 즉 꿈분석을 통해 꿈속의 타자와 자아들을 이해하게 될 때, 무의식과 의식의 진정한 소통이 이루어지는 것이다.

우리는 꿈속에서 낯설고 모르는 존재들을 만나곤 한다. 그 존재들은 자신의 무의식을 상징할 때도 있지만 항상 그런 것은 아니다. 또 꿈속에서 무의식적 자아가 항상 사람으로 등장하는 것도 아니다. 때로

---

* 의식과 무의식이 차분하고 사려 깊은 방식으로 자신의 생각을 주고받는 꿈도 있다. J의 〈불자의 길〉 꿈이 대표적 사례이다. **“사람들과 불자의 길을 걷는데 스님이 내게 ‘한 말씀하시지요’ 하고 청한다. 무슨 말을 해야 할지 당황해하자, 나에게 뚜렷하게 말씀이 들려온다…”** 이 꿈에서 들려오는 말씀의 목소리는 무의식적 자아이다. 그 내용을 꿈꾼 이가 거부감 없이 받아들인다면, 그 말씀은 평소의 종교적 사고를 반영한다고 볼 수 있다. 〈**분노하는 흑인 여자 꿈**〉과 달리 무의식과 의식의 소통에서 힘의 설득이나 강요는 없다. (혹은 꿈분석을 통해, 말씀의 내용을 받아들임에 있어 의식과 무의식의 간극이 발견된다면, 의식에 감추어진 무의식적 사고를 알아챌 수 있을 것이다.)

는 귀신이나 태아, 동물이나 물건으로 나타나는 경우도 있다. 예를 들어, 〈자신이 옆집 아이로 등장했다가 열쇠고리로 변신하는 꿈〉을 꾸기도 한다. 우리는 꿈의 텍스트 안에 일인칭으로 등장하는 자신(의식적 자아)은 바로 알아보지만, 꿈의 텍스트에 등장하는 무의식적 자아(예를 들어, 흑인 여성, 귀신, 태아, 심지어 동물이나 사물)는 대부분 바로 알아보지 못한다. 무의식적 자아는 꿈의 텍스트를 삶의 맥락이라는 콘텍스트 위에 겹쳤을 때 형성되는 전체 관계망 속에서 비로소 꿈꾼 이 자신이라는 것이 드러난다. 위 사례의 꿈꾼 이 역시 처음에는 흑인 여성이 낯선 타인이라고 생각했을 뿐 자신의 무의식적 자아라고는 전혀 생각하지 못했다. 그런데 흑인 여자의 분노가 생겨나는 꿈의 맥락을 분석하면서, 그녀의 분노가 자기 삶의 맥락에서 자신의 분노로 연결되었다. 흑인 여성이 당한 일이 바로 자신이 당한 일이었던 것이다. 그리고 그 여성의 분노가 이해되었던 이유와 그럼에도 폭력을 만류하려던 자신의 모습도 이해할 수 있었다. 꿈이 이해되었고, 꿈의 무의식의 메시지도 이해할 수 있게 된 것이다.

그런데 우리가 의식과 무의식의 소통이나 무의식적 자아에 대해 말할 때 무의식적 실체가 따로 있는 것이 아니라는 점을 유념해야 한다. 꿈은 자신의 무의식과의 대화이지만, **무의식적 자아가 하나의 실체로 존재하는 것은 아니다.** 의식적인 것이든 무의식적인 것이든 별개의 실체가 아니며 모두 자신의 일부이다. 그리하여 꿈이 자신과의 대화라고 할 때, 꿈과 대화하는 나는 두 개의 다른 실체가 아니다. 꿈은 자신과 대화하는 사고의 특수한 형태이다. 다만 사고는 서로 의식하는 자신과 대화하는 것이라면, 꿈은 의식하지 못하는 나의 부분과의 대화다. 바로 그런 의미에서, 꿈은 나의 무의식과의 대화다.

주관적인 것을 객관적인 것으로, 개별적인 것을 보편적인 것으로
연결하는 것은 숙고하는 상상력이다.

4장

무의식

명제 4 의식은 무의식에 접근가능하다.

무의식은 의식과 분리된 채 독립적으로 실재하지 않는다. 무의식은 의식에 숨겨지거나 가려져 있을 뿐이다. 무의식은 의식에 가려져 있으나 폐쇄된 것이 아니며, 무의식과 의식의 맥락은 연결되어 있다. 의식과 무의식은 꿈을 통해 메시지를 주고받으며 소통의 맥락을 공유한다. 꿈의 무의식을 찾아가는 방법은 자유연상이 아니라 숙고에 의한 연상이다. 능동적 이성과 의식이 무의식과 소통하며 무의식에 이르는 그 길을 안내한다. 그 길은 누구에게나 열린 보편적 사유의 길이다. 숙고적 연상 방법은 보편적이고 객관적 근거를 지닌 개념적 사유의 수준에서 꿈을 분석하며 의식과 무의식 사이의 논리를 탐구한다. 의식과 무의식 사이의 논리는 텍스트의 논리, 대화의 논리, 이해의 논리, 정당화의 논리, 맥락의 논리, 상호 관계의 논리 등으로 표현할 수 있다.

1. 무의식의 개념

명제 4-1 무의식은 의식의 집에 산다.

무의식이란 무엇인가? 오늘날 무의식의 개념은 널리 사용되고 있으며 의문의 여지 없이 받아들여지는 것 같다. 하지만 그 개념은 파고들수록 일관적으로 규정하기가 쉽지 않은 개념이다. 꿈의 무의식도 마찬가지다. 꿈은 무의식의 반영이라고 하는데, 무의식이란 무엇이며, 어떻게 꿈을 통해 자신의 메시지를 전달하는가? 또 우리는 어떻게 그것을 알게 되는가? 이런 물음들에 일관적으로 답할 수 있는 무의식의 개념이 정립되어 있는가? 그렇지 못한 상황에서 임의로 무의식의 개념을 사용하고 있는 것은 아닌가?*

무의식에 대한 탐구의 장을 연 프로이트는 무의식의 개념을 다음과 같이 도입한다. 그는 '자신이 알고 있다는 것을 모르면서도 실제로는 알고 있는 심리현상이 있다'는 데서 출발한다.** 그런 정신현상의 대표적인 것이 꿈이다. 프로이트에 따르면, 무의식은 자신의 꿈의 의미를 알고 있지만 의식은 그 사실을 모른다. 심지어 무의식은 꿈의 의미를 알아채지 못하도록 왜곡해 꿈으로 내보낸다는 것이 프로이트의

---

* 오늘날 우리는 무의식이라는 것을 의심의 여지 없이 인정하고 수용하곤 하지만 그 성격이 무엇이며 그렇게 보아야 할 이유나 근거가 무엇인지에 관해서는 초보적인 수준의 논의에 머무르고 있다. 이 점에서는 프로이트도 나을 바 없다. 다만 그는 많은 것들을 가정했을 뿐이다. 여기서는 그런 가정들에 담긴 사고를 비판적으로 검토하면서 무의식의 개념을 재검토할 것이다.

** 프로이트에 의하면, 자신이 실제로는 알고 있으나 알고 있다는 사실을 모르는 것, 이것이 무의식이며, 무의식적으로 아는 것이다. 여기서 무의식은 의식이 알 수 없는 것, 의식이(혹은 의식적으로) 접근할 수 없는 것을 의미한다. Freud(1917), 6강.

생각이다. 여기서 무의식이 알고 있는 (혹은 무의식에 있는) 꿈의 의미가 무엇인지 밝히는 것이 프로이트 정신분석의 과제가 된다.

프로이트에게 무의식의 개념은 '의식이(혹은 의식적으로) 접근할 수 없는 것'이다. 의식이 접근할 수 없는 무엇의 이름이 무의식이다. 이때의 접근은 인식적 접근을 뜻한다. 즉 무의식은 의식이 알 수 없는 것이며, 의식이 주도적으로 무의식의 앎을 찾아낼 수 없다는 것을 의미한다. 그런데 그러한 접근불가능성은 원리적으로 불가능한 것인지, 의식의 능동적 역할로 접근하는 것이 불가능하다는 것인지 분명치 않다. 아마 후자를 의미하는 것으로 해석해야 할 것이다. 전자를 의미한다면 우리는 무의식에 대해 알 수도 없고 어떤 규정도 할 수 없으며, 무의식에 대한 탐구 자체가 불가능하다고 말하는 것이 된다. 이때 무의식은 마치 물자체와 같은 것이 되어 버린다. 무의식에 대한 원리적 접근불가능성은 일관적으로 주장할 수조차 없다. 프로이트를 비롯하여 우리는 무의식에 대해 마치 아는 것처럼 말하고 있기 때문이다. 무의식이 원리적으로 의식적인 개념적 사유가 불가능한 것이라면 그런 것에 대해서는 탐구가 불가능하고 학문의 대상이 될 수도 없다. 정신분석이 학문이라는 걸 스스로 포기하지 않는 한, 이런 의미의 무의식 개념을 유지하긴 어려울 것이다. 또한 후자를 의미한다면, 즉 의식이 능동적으로 무의식에 접근할 수 없다면, 의식이 아니라 무의식에 의한 접근만이 가능하다는 말일 것이다. 하지만 무의식에 의해 무의식이 밝혀진다는 것은 무슨 의미일까? 그것은 어떻게 가능한가? 이 문제를 해명할 수 없다면, 프로이트의 무의식의 개념은 일관적으로 설명하기 어렵고 학문적으로도 불안정한 개념에 머무를 따름이다.*

이처럼 '의식이 접근할 수 없는 것'이라는 무의식 개념은 프로이트가 생각했던 만큼 명료한 개념이 아니다. 동시에 꿈의 의미에 관해 '의식은 모르지만 무의식은 아는 것'이라는 규정도 성립가능한 개념인지 분명치 않다. 우선 '무의식적으로 안다는 것'은 무슨 의미일까? 무의식에 있는 '앎'은 대체 어떤 것인가? 그것은 당연히 '정당화된 참 믿음'이라는 전통적인 인식 개념이 될 수 없다. 믿음이 정당화되었다는 것은 인식 주체가 그 믿음의 근거를 이해한 것이니 의식되지 않을 수 없다. 또한 무의식적 앎에 대해서는 근거를 물을 수도 없고 의식할 수도 없으므로, 인식의 개념이 적용되지 않는다. 그러한 것을 앎이라고 할 수도 없다. 나아가 무의식적 앎이라는 것이 있더라도, 그것이 어떻게 의식에 떠오를 수 있는지 하는 문제에 대해서도 일관적으로 해명하기 어렵다. 이처럼 '무의식이(혹은 무의식적으로) 아는 것'이 무얼 의미하는지, 혹은 무의식에 대해 과연 앎이라는 말을 적용할 수 있는지는 논란거리가 될 수밖에 없다.

또한 '의식이 접근할 수 없는 무의식' 개념에서 인식 주체의 역할을 할 수 있는 것은 무의식밖에 없다. 의식은 무의식을 파악하는 주체가 될 수 없다. 그렇다면 이때 무의식이 주도하여 하는 역할은 무엇인가? 프로이트에 의하면 무의식은 이미 꿈의 의미를 알고 있기에 의미 파악을 위한 활동을 하는 것은 아닐 것이다. 그렇다면 무의식의 주체적 활동은 무의식이 의식을 향해 자신이 알고 있는 것을 드러내는 일

* 앞에서 논의했던 무의식에 대한 학적 탐구가 가능하기 위한 선험적 조건을 상기해 보자. 무의식이 탐구가능하려면, 즉 무의식에 대한 지식이 학문적으로 객관적 타당성을 지니려면, 무의식은 의식에 숨겨져 있지만 의식이 접근가능하거나 의식이 접근가능한 곳에 있어야 한다. 무의식은 의식이 접근할 수 없는 것인데, 무의식에 대한 학적 탐구는 의식적인 이성적 접근을 요구한다. 이는 무의식의 역설처럼 보인다.

이 된다. 이를 프로이트는 자유연상의 방법으로 제시한다. 그에게 자유연상이야말로 의식의 개입을 배제하고 무의식의 활동을 드러내는 방식인 것이다. 무의식이 꿈의 내용에서 무얼 감추려고 했는지, 무얼 검열해서 다른 표상으로 대체했는지, 왜 그 표상을 썼는지 등에 대해 답할 수 있는 것은 무의식밖에 없다. 프로이트는 무의식이 자유연상을 통해 이러한 물음에 답할 수 있다고 상정한다. 자유연상 자체가 비판적으로 검토하고 숙고하는 의식의 활동을 막는 동시에 무의식의 활동을 열어 주는 방법이 된다. 그러나 자유연상의 결과가 순수하게 무의식이 알고 있는 올바른 답을 제공한 것이라는 것을 어떻게 확인할 수 있는가? 이는 결코 알 수도 없고 또 정당화될 수도 없다. 우리는 의식적으로 무의식의 활동이나 메시지에 접근할 수 없기 때문이다. 그리하여 이 물음에 원리적으로 답할 수 없다. 결국 자유연상의 결과를 평가할 수 없다는 말을 대신하여, 프로이트는 '자유연상된 것은 다 옳고 동등하게 좋은 답'이라고 말할 수밖에 없게 된다. 그러나 무슨 답이든 다 옳다는 것은 객관적 평가를 포기한다는 말과 같다.

이상의 논의는 '의식에 철저히 감춰지고 의식으로 접근할 수 없는 것'이라는 프로이트의 무의식 개념과 그러한 개념이 갖는 맹점을 잘 보여 준다. 하지만 그것이 무의식을 규정하는 유일한 방법은 아니다. 의식이 알지 못하는 것, 의식에 드러나지 않은 것이라는 무의식의 기본적 사고와 아이디어를 수용하면서도 **프로이트적 가정들을 받아들이지 않는 무의식 개념도 가능**하다. **철학적 꿈분석**이 **수용하는 무의식 개념**이다. 그것은 프로이트의 정신분석이 상정하는 무의식의 개념과 차별화된다. 나는 이를 **철학적 무의식**이라 명명한다. 철학적 무의식은 현재 의식하고 있진 않지만 적절한 분석질문들을 통해 의식에 드러나고 파악될 수 있는 그런 것을 가리킨다. 그것은 근거를 묻고 비판적으로 숙고하는 분석질문을 통해 의식될 수 있다는 점에서, 의식과 분리된 다른 차원의 것이 아니다. 즉 꿈의 무의식은 의식과 분리되거나 의식에 폐쇄된 것이 아니며, 의식이 접근하거나 찾을 수 없는 깊은 곳에 감추어진 것도 아니다.

필자가 이런 의미의 새로운 무의식 개념을 제시한다고 해서, 철학적 무의식이 프로이트의 무의식과 별도로 존재한다고 생각하는 오해를 범해선 안 될 것이다. 필자의 주장은 무의식에 대한 프로이트의 규정 자체가 올바르지 않기에 새로운 의미로 이해해야 한다고 논증하는 것이다. 즉 두 종류의 무의식이 있는 것이 아니라, 사실상 무의식은 의식이 미치는 곳(의식의 집)에 거주하며 의식과 연결되어 있다고 주장하는 것이다. 그렇게 이해된 철학적 무의식이야말로 일관적으로 수용할 수 있는 무의식 개념이라는 것이 나의 주장이다.

철학적 무의식은 꿈의 대화에서 숙고적인 질문과 응답을 통해, 혹은 비판적 분석질문을 통해 모습을 드러낸다. 이렇게 철학적 무의식은 숙고에 의한 의식적인 사유 과정으로 접근이 가능하다. 즉 꿈의 철학적 대화는, 꿈의 텍스트에 대하여 이유와 근거를 묻는 비판적 질문을 통해 숙고적 사유를 불러일으킴으로써 자신의 꿈을 이해할 수 있게 해준다. 이런 방식으로, 꿈의 텍스트 안에서 (초견적으로는 드러나지 않는) 심층적인 의미를 읽어 내고 자신의 무의식을 의식에 드러내 준다. 비유하면, 의식의 집 안의 가려진 장막을 여는 것이다. 철학적 꿈 분석은 분석질문을 통해 자기 내면의 알지 못했던 숨겨진 무의식의 사태들을 의식할 수 있도록 해준다.

당연하게도 우리의 정신 영역에서는 모든 것이 항상 의식에 드러나 있는 것은 아니며 그럴 필요도 없다. 의식에 드러나지 않은 수많은 정신현상들이 있다. 그러나 그것들은 대부분 언제든 대화와 질문만으로도 의식에 불러낼 수 있다는 점에서 잠재적인 형태의 무의식으로 있다. 의식에 가려지거나 드러나지 않은 것이라는 의미로 이것을 '무의식'이라고 부를지라도, 무의식의 실체를 가정할 필요는 없다. 그것은 추론이나 숙고적 연상 등의 의식적 접근에 의해 떠오를 수 있다는 의미에서 의식이 미치는 영역에 속한다. 다만 그것은 잠재적으로 무의식이다. 철학적 꿈분석에 의하면, 꿈의 무의식도 의식적인 접근 방법에 의해 분석가능하다. 여기서 프로이트 정신분석이 전제하는 무의식 개념은 불필요하다. 더구나 그런 무의식 개념은, 이미 논의했듯이, 일관적이지도 않고 정당화될 수도 없다. 필자가 보기에 이처럼 정당화할 수 없는 모든 난제들을 해소하는 길은 무의식에 대한 지나치게 많은 가정들을 거두어들이는 것이다.

철학적 꿈분석은 정신분석과 달리 꿈의 무의식을 의식이 접근할 수 없는 독립적인 공간에 거주하는 것, 즉 모종의 실체로 가정하지 않는다. 그리고 무의식을 꿈의 의미를 담지하고 통제 관리하는 주체로 보지도 않는다. 이런 거대한 가정들에 기대는 대신 이미 주어진 최소한의 가정에서 출발한다. 무의식은 의식에 가려지거나 숨겨져 '아직' 의식적으로 알지 못한 것이다. 의식이 접근할 수 없는 것이라는 무의식의 개념에서, 접근불가능성의 정의를 영구적인 것이 아니라 **잠정적인 것**(즉 '아직' 의식하지 못하는 것)으로 간주하는 것이다. 실제로 우리는 무의식적인 것을 의식적으로 알게 되기도 하고 의식적인 것이 시간이 지나면 무의식으로 전환되기도 한다. 의식적인 것과 무의식적인 것의 경계나 구분을 유동적, 가변적, 잠정적인 것으로 보는 것이 적절하다. 그렇게 무의식의 개념을, 지금 의식에 숨겨져 있지만 분석질문이나 대화를 통해 의식에 드러나는 것, 즉 의식이 접근가능한 것으로 간주할 수 있다. 이와 같이 의식적으로 무의식을 찾아갈 수 있다면, 꿈의 무의식은 잠정적으로만 무의식이다. 비유하자면, 무의식은 의식의 집 안에 있는 것, 다만 가림막에 가려져 보이지 않는 부분일 뿐이다. **무의식은 의식의 집에 산다.**

다음 사례는 무의식의 개념을 고민하고 있을 때 꾸었던 필자의 꿈이다.

〈이중 캡슐 속 달걀〉

나는 배식을 받으려고 식당에서 줄을 서 있다. 메뉴는 흰쌀밥에 반찬이 세 가지 정도이다. 그런데 식판이 특이한 구조로 되어 있다. 반찬 놓는 부분이 미닫이 형식으로 위아래 이층 칸으로 되어 있다. 미닫이를 오른쪽으로 밀어 아래 칸에 반찬을 넣고, 다시 왼편으로 밀어 닫으면 위 칸에도 반찬을 넣을 수 있는 구조이다. 일하는 분이 이 식판에 반찬을 나눠주는데, 위 칸에는 콩나물을 놓는다. 아래 칸에는 삶은 달걀과 뭔가 고기 같은 메인 반찬이 있다. 난 아래 칸에 반찬을 넣는 걸 직접 보지는 못했지만 일반적인 배식 상황은 알고 있다. 식판을 들고 혼자 밖으로 나와서 밥을 먹는데, 식판에 밥 약간과 콩나물 약간 밖에 없어서 '너무 적게 받았나?' 하고 생각한다. 아래 칸에 반찬이 있는 걸 잊었는지 모르는 듯하다. 콩나물 반찬을 먹어 봤더니 맛은 괜찮다.

다시 식당 안으로 들어가 사과 몇 쪽을 더 집고 나서 안쪽으로 들어가서 혼자 밥을 먹고 있는데, 저쪽에서 아는 친구가 인사하며 다가온다. 그녀는 나에게 달걀이 참 맛있던데 달걀을 먹었느냐고 묻는다. 나는 받지 않았다고 말하려다가 식판의 아래 칸을 기억해 낸다. 식판의 미닫이를 밀어서 아래 칸을 보니 조그만 캡슐에 싸인 달걀 두 개가 보인다. 사실상 달걀을 본 것이 아니라 두 개의 캡슐을 보았는데 나는 그게 곧 달걀이라는 것을 안다. 나는 달걀이 캡슐에 담겨 있는 것이 의외였고, '캡슐이라니, 이럴 필요까지 있나?' 하고 과하다고 생각한다.

나는 이 꿈을 꾸고 나서 무의식의 개념을 상징하는 매우 익살스러운 꿈이라고 생각했다. 꿈속에는 무의식의 개념을 상징하는 흥미로운 이미지들이 넘쳐난다. 여러 가지 주제들이 전개되고 있지만, 여기서는 무의식의 상징을 중심으로 분석해 보자.

이중 식판은 위 칸과 아래 칸 사이에 미닫이가 달려서 아래 칸을 열어 볼 수 있다. 식판의 구조에서 위 칸은 의식, 아래 칸은 무의식, 둘 사이의 미닫이는 무의식을 숨기는 가림막에 해당한다. 무의식은 꽁꽁 숨겨진 것이 아니라 미닫이를 열면 바로 볼 수 있다. 이것은 필자가 제시했던 철학적 무의식의 개념과 어느 정도 부합하는 구조이다. 앞에서 제시했던 의식의 집에 거주하는 무의식, 의식의 집에 거주하지만 장막에 가려진 무의식이 이런 형태의 이미지로 나타난 듯하다. 즉 꿈속의 이중 식판은 필자의 무의식 개념에 가까운 이미지이다. 둘 사이의 경계는 폐쇄적이 아니며, 언제든 열고 닫을 수 있는 미닫이문 형태의 개방적 구조로 되어 있다. 아래 칸에 메인 반찬이 있다는 것을 잊어버렸거나 의식하지 못했다고 하더라도(이것이 무의식이다!), 누군가 알려 준 정보나 질문만으로도 그 아래에 무엇이 있는지를 (즉 무의식의 존재를) 알아차린다는 것도 필자의 무의식 개념과 유사하다. 분석질문과 꿈의 맥락적 정보를 통해 꿈의 의미와 무의식을 파악할 수 있는 것이다. 철학적 무의식은 바로 이런 것이다. 의식의 집에서 가려져 있지만 미닫이를 열거나 가림막을 걷으면 볼 수 있는 것, 또는 가려진 것을 상기시키는 질문을 받으면 의식에서 사라졌던 무의식을 연상할 수 있는 그런 것이다.* 그런 점에서 이중 식판은 비록 고상한 이미지는 아니지만 철학적 무의식의 개념을 나름대로 잘 표현하는 상징이다.

그런데 꿈의 다음 장면에서 반전이 일어난다. 친구의 질문을 받고 아래 칸의 메인 반찬을 기억해 내고 식판의 미닫이를 열어 본다. 그런데 미닫이를 열어 보니 달걀이 캡슐에 싸여 있다. 보이지 않는 아래 칸의 달걀을 다시 캡슐로 감싸고 있다는 점에서 달걀은 이중 캡슐의 형태로 제시된다. 나는 그것을 보고 약간 놀란다. 숨길 이유가 없는 것을 마치 대단한 비밀처럼 쓸데없이 캡슐에 감추고 있었기 때문이다. 아래 칸에 달걀이 있다는 것은 내가 친구의 질문을 받자마자 알아차린 것이다. 그러니 굳이 또 캡슐에 담지 않아도 된다. 그것이 달걀이라는 것은 이미 드러나 있기 때문이다. 아래 칸을 열어 보는 것으로 충분하지, 그걸 다시 캡슐에 감추는 것은 과하다는 생각은 무의식에 대한 나의 생각을 반영한다. 즉 이중 캡슐 속의 달걀에 대한 나의 꿈은 무의식을 지나치게 과장할 필요는 없다는 것, 그런 가정을 하는 이론은 우스

* 무의식이 의식의 집에서 우리에게 가려진 것이라고 할 때, 가려진 정도는 가볍고 약한 것으로부터 매우 두텁고 무거운 암막처럼 강한 것일 수도 있다. 즉 간단한 질문만으로도 걷히는 무의식이 있고, 여러 단계의 정확하고 예리한 분석질문들을 통해서 심층적인 분석을 거쳐야만 드러나는 무의식도 있다. 분석의 단서나 실마리를 찾지 못할 경우, 무의식이 의식에 드러나는 데 오랜 시간과 과정이 걸릴 것이다.

꽝스럽다는 생각을 반영하는 것이기도 하다. 프로이트가 무의식의 개념에 대해 의식의 접근을 이중 삼중으로 가로막는 장치를 한 것은 바람직하지 않을 뿐 아니라 지나치게 과장된 것이라는 점을 익살스럽게 표현한 꿈이다.

2. 무의식과 의식의 상호 콘텍스트

명제 4-2 **무의식과 의식의 맥락은 연결되어 있다.**

꿈은 의식의 집에서 일어난 것들, 경험한 것들을 모두 포함하는 삶의 맥락을 배경으로 한다. 꿈꾼 이의 삶의 맥락은 꿈의 무의식을 이해하는 맥락이 된다. 삶의 경험들은 기억에 저장되었다가 잊혔다가 다시 기억에 떠오르길 반복하며, 기억과 망각 사이를 넘나들듯 의식과 무의식 사이를 넘나든다. 의식되었다가 의식에서 사라지기를 반복한다. 삶의 경험에서 축적된 의식과 무의식이 꿈의 재료가 되거나 꿈의 이미지와 상징을 만들기도 한다. 동시에 꿈의 무의식을 불러내기 위해 삶의 경험에서 형성된 기억들을 동원하기도 한다.

꿈의 텍스트와 삶의 맥락 안에서도 의식과 무의식이 서로 맥락을 형성한다는 의미에서, 상호 콘텍스트 개념이 드러난다. 즉 꿈의 텍스트와 꿈분석 과정에서 무의식과 의식은 서로의 맥락이 된다. 꿈을 기록한 텍스트는 무의식의 언어와 의식의 언어를 함께 엮어 구성한 것으로, 거기엔 무의식의 언어와 문법이 의식의 언어 및 문법과 함께 조직되어 있다. 꿈꾼 이가 꿈을 보고하는 언어, 꿈의 이미지와 상징, 꿈에 대한 자신의 반응과 태도에는 이미 의식적인 부분과 무의식적인 부분이 상호작용하고 있으며, 그 관계를 분석함으로써 꿈의 의미를 해석하는 것이 철학적 꿈분석 작업이 된다. 이처럼 꿈의 텍스트와 콘텍스트에는 꿈분석의 모든 실마리가 들어 있다. 그걸 벗어난 신비스러운 영역에 무의식의 실체가 따로 있는 것이 아니다. 꿈의 텍스트를 삶의 맥락에 놓고 적합한 분석질문을 사용하여 분석함으로써 꿈의 의미의 상이 떠오르고, 무의식의 메시지를 파악할 수 있다.

삶의 경험들이 기억 속에 저장되는 도중에 잊히거나 의식에서 사라지는 것들도 있다. 기억하고 있었지만 현재 의식되지 않는 것들도 있다. 이들 모두 의식에 가려진 것들로서 무의식을 형성한다. 그런 의미에서 삶의 맥락 자체도 모두 의식된 것은 아니며 무의식으로 남겨진 부분들이 있다. 그중에는 잠정적으로 무의식이었다가 의식되기도 하며, 어떤 경우는 오랜 세월 동안 의식에서 지워지기도 한다. 이처럼 삶의 맥락 안에서도 무의식과 의식은 연결되어 있다. 삶의 맥락에서 보면 불필요해서 정리되는 기억들도 있는 반면에, 오히려 강렬한 사건이지만 충격을 감당하기 힘들어서 망각되는 경우도 있다. 앞에서 다루었던 사례로 해인의 '베란다 사건'을 상기해 보면, 생명이 위협받을 정도의 충격적인 사건이었지만 그 경험은 어린 시절 그 충격을 감당할 수 없어 기억에서 지워진다. 그렇게 의식에서 지워진 사건이 꿈의 무의식을 통해 모습을 드러내기도 한다. 무의식은 마치 그 사건을 암시하는 듯한 꿈(〈검은 어둠 속 마녀의 집〉)을 내보낸다. 정신분석에서는 이를 방어기제로 설명하겠지만, 무의식이 의식에서 사라지고 다시 드러나는 경우들을 보면 무의식의 작동 방식을 어느 하나의 설명으로 환원할 수는 없다.

꿈의 텍스트에는 꿈의 무의식만이 아니라 의식이 반영되어 있다. 꿈의 무의식 속에서 의식이 개입하여 작용하는 사례들도 흔히 볼 수 있다. 다음 꿈들의 사례를 보자. 다음 꿈에서 꿈꾼 이는 아버지가 돌아가셨다는 사실을 꿈속에서도 의식하고 이를 전제로 여러 가지 생각과 판단을 하고 행동한다.

〈돌아가신 아버지가 살아 돌아오는 꿈〉

꿈속에서 아버지가 살아오셨지만, 나는 여전히 돌아가셨다고 생각한다. 돌아가신 분이 왜 돌아오셨을까 생각한다. 방에 여러 사람이 모여 있는데 돌아가신 아버지는 죽은 사람들하고만 대화를 하고 나와는 거리를 두고 대화하지 않는다. 나하고 말하지 않는 이유가 아버지는 돌아가신 분이기 때문이라고 생각한다.

… 때로는 꿈에서 아버지가 실종되었다는 말을 듣지만 무심하다. 찾을 생각을 하지 않는다. (마치 돌아가신 것을 인지하고 찾을 수 없다고 판단하는 듯 행동한다.)

이 사례를 보면, 꿈꾼 이는 현실에서 알고 있는 것(의식하는 것)을 꿈속에서도 알고 있으며, 때로는 꿈에서 의식하진 못하지만 무의식적으로는 아는 것처럼 행동한다. 아버지가 실종되어 찾아야 하는 상황에서도 꿈속 자아는 마치 돌아가신 것을 아는 듯, 찾아도 소용없다는 것을 아는 듯 아무 조치도 취하지 않는다. 이처럼 꿈꾼 이는 꿈속에서 현실의 의식과 꿈의 무의식의 경계를 넘나들거나, 때론 두 영역이 중첩되는 것처럼 행동한다. 의식과 무의식의 맥락이 연결되어 두 영역이 서로 영향을 주거나 정보를 공유하며 소통하는 듯 보인다.

또한 다음 꿈의 사례를 보자.

〈박물관 이름을 알아내려는 꿈〉

프랑스인지 이태리인지 유럽의 한 박물관 입구로 들어선다. 이곳은 고풍스러운 건물과 신비스러운 분위기의 전경이 있는 곳으로 꿈속에서 몇 번 와본 듯 낯이 익다. 나는 이곳이 어느 박물관

> 인지 궁금했던 기억이 나서, 이번에는 박물관 이름을 알아보려고 한다. 자세히 살펴보지만, 알파벳과 로마자가 섞여 있다는 것 말고는 희미하게 보일 뿐이다. 어렴풋이 '옥타비아누스 VI'을(꿈속에서 이 글자가 뚜렷하진 않았으나) 애써 읽어 낸다. 이 글자가 외관 위쪽 정면에 새겨진 웅장한 석조 건물이다. 아마도 고대 왕궁을 현대식으로 개조한 박물관인 듯하다.

꿈에 어떤 박물관에 갔다. 내가 꿈속에서 몇 번 와본 곳이다. 그런데 내가 이 박물관 이름을 궁금해했다는 것을 기억하고 의지적으로 이름을 읽어 내는 꿈이다. 여기서 박물관 이름을 알아내려는 의지는 꿈속에서 생긴 것이 아니라 현실에서 가진 의지이다. 박물관을 방문하는 꿈에서 깰 때마다, 나는 그 박물관이 어딘지 궁금했고 그 이름을 알아내고 싶었기 때문이다. 꿈속의 자아가 현실 자아의 그 의지를 기억하고 반영하여 행동한 것이다. 이 경우에는 어느 것이 무의식이고 어느 것이 의식인지 모호할 정도로 두 가지가 하나의 맥락으로 연결되어 있다.

이 박물관은 꿈꾼 이가 꿈속에서 자주 가거나 보았던 익숙한 곳이다. 실제로도 이 박물관이 어딜까 궁금했는데, 꿈속에서도 그걸 궁금해하며 건물 입구 외관 위쪽에 새겨진 글자들을 유심히 들여다본다. 희미해서 잘 보이지는 않는 와중에도, 어렴풋이 O, V, I, … (N도 얼핏 본 듯하다) 등의 알파벳과 로마숫자들(숫자 V와 I을 보았는데, 그 숫자들을 조합해 보면, IV와 VI이 가능하다)을 보며, 나는 집중하여 '옥타비아누스 6세(Ⅵ)'라는 박물관 이름을 추측하듯 읽어 낸다. 그래서 이름을 발견한 것인지, 혹은 내가 일부 추측하여 부과한 것인지 불분명하다. 아무튼 꿈속에서 이 박물관은 나의 의지로 이름을 갖게 되었다.

위의 꿈들을 보면, 꿈속의 일인칭 나는 의식적 자아이면서도 꿈속의 자아다. (이 꿈에서는 '흑인 여자'나 '맹인 귀신' 같은 타자의 형태를 취하는 무의식적 자아는 등장하지 않기에, 모두 일인칭으로 경험하는 꿈의 세계이다.) 그런데 꿈속의 자아가 현실의 나의 생각과 기억과 의도를 의식하고 반영하여 행동한다. 꿈의 맥락과 현실의 맥락이 하나로 겹쳐진 느낌이다. 의식과 무의식이 중첩되어 있거나, **의식의 맥락과 무의식의 맥락이 상호 콘텍스트로** 연결되어 있다.*

꿈은 의식과 무의식을 연결하는 매개이다. 꿈을 분석하는 것은 그 연결 부분을 드러내거나 연결된 매듭을 푸는 작업이다. 무의식은 의식에 폐쇄적이지 않다. 꿈의 무의식은 의식에 철저히 숨겨진 것도 아니고, 의식에 의해 도달할 수 없는 것도 아니다. 삶의 맥락 안에서 꿈의 텍스트를 매개로 사유의 길을 잘 낸다면(적합한 분석질문과 숙고적 연상이 그 길이 될 것이다), 의식적으로 무의식에 도달할 수 있다. 그런 점에서 의식은 무의식에 접근가능하며, 이 두 영역은 연결되어 있다. 그렇다고 꿈의 세계와 현실의 세계가 하나라고 말하는 것은 물론 아니다. 둘의 구분 위에서도 상호 콘텍스트 개념은 성립한다. 그러한 상호성의 관계는 물리적 인과관계가 아니라, 사유와 생각을 전하고 받는 사고의 송수신이나 대화를 주고받는 것을 뜻하기 때문이다.

무의식이 의식과 아무 연관이 없고 서로 가교할 수 없는 관계라면,

---

* 때로는 꿈속의 꿈, 꿈에서 깨는 꿈, 꿈의 장면들이 대화하듯 이어지는 꿈의 시리즈, 이전에 꾸었던 꿈을 연상하는 꿈 등 의식과 무의식이 복합적이고 중층적으로 구성된 꿈들도 있다.

나의 꿈이나 무의식이 왜 하필 나의 꿈이고 나의 무의식인지도 알 수 없다. 나의 삶의 맥락에서 탄생하여 나의 무의식을 나타내는 꿈이라고 말하기도 어렵다. 자기 삶의 맥락에서 자신과 소통되지 않는 꿈이라면 왜 자신에게 속한 꿈인지 알 수 없다. 그런 꿈은 어쩌면 누구에게도 속한 것이 아니다. 왜 하필 다른 이가 아니라 내가 그 꿈을 꾸었는지도 이해할 수 없다. 철저하게 꿈은 타자적인 것이 되어 버린다. 하지만 이는 꿈의 실상과 대치되는 관점이다. 많은 경우 꿈은 자기 삶의 맥락에서 고유한 의미를 생성하기에 자신에게 의미 있는 것이 된다. 사람들은 자신이 왜 그런 꿈을 꾸었는지 궁금해하고, 그 꿈을 자신의 것으로 받아들이며 자기성찰의 계기로 삼는다. 꿈은 자신의 삶의 맥락과 분리하여 그 자체로 특정 의미를 갖지 않는다. 꿈은 다른 사람이 아니라 바로 꿈꾼 이 자신과 대화하고 소통한다.

그러면 의식과 무의식의 맥락이 서로 연결되어 있음에도 불구하고, 그 연결 지점이 의식에 숨겨지는 이유는 무엇인가? 즉 꿈의 무의식은 왜 의식의 집에서 숨겨졌을까? 우선 그 이유가 반드시 특별한 것은 아니라는 것을 상기할 필요가 있다. 많은 경우 의식의 정보들은 잠재적으로 무의식으로 보내져 저장된다. 많은 꿈들이 특별한 억압 때문에 꾼다고 볼 이유는 없다. 그럼에도 꿈의 사례들을 분석해 보면 특별히 눈길을 끄는 몇 가지 유형을 발견할 수 있다.

첫째는 회피의 경우다. 즉 내가 의식적으로 감당하기 어렵거나 의식하고 싶지 않아서 의식하지 못하는 경우다. 상처를 마주하기 힘들어 회피적인 성향을 보이는 것이다. 이런 경우 꿈의 무의식은 기억에서 지워진 상처나 문제들과 관련하여 모종의 메시지를 전달하기도 한다. (앞에서 분석했던 해인의 사례가 여기에 해당한다.)

둘째, 자기검열에 의해 자신의 생각을 숨기거나 무의식이 보내는 메시지를 왜곡하는 경우다. 자기검열의 성향은 꿈에도 반영되지만, 자기검열이 심한 경우에는 분석 과정에서 무의식의 메시지를 부정하거나 반대로 해석하려는 경향을 보이기도 한다. 일종의 자기기만적 해석이 일어나는 것이다. (대표적으로 6장 4절의 미연의 사례를 보라.)

셋째, 무의식의 언어와 메시지는 투명한데, 의식이 받아들이지 못하거나 눈치채지 못하는 경우이다. 즉 인정할 수 없는 사실 때문에 무의식의 투명한 언어조차 알아듣지 못한다. 다음 지수의 사례를 보자. 그녀는 수차례 다음과 같은 꿈을 반복하여 꾸었다.

〈나의 고통에 반응하지 않는 엄마 꿈〉

무언가를 사달라고 떼쓰는 어린 애처럼, 나는 엄마가 무언가 해주기를 바라면서 드러누워서 소리 지르고 울면서 떼를 쓰고 있다. 다 큰 어른의 몸으로 아이처럼 바닥에 뒹굴며 엄마에게 떼를 부리고 반항하듯 소리를 지르고 있다. 그러나 엄마는 시선을 딴 데로 돌리고 내 행동에 아무런 반응도 하지 않는다.

지수는 우울증과 무기력증으로 학업을 계속할 수 없을 정도로 힘들어하던 내담자이다. 엄마는 어릴 때부터 그녀의 미래에 대하여 모든 계획을 일일이 다 세워 놓고 그녀에게 따르기를 요구했다. 그녀는 자신을 위해 모든 걸 희생해 온 엄마에게 조금도 반항하지 않고 엄마가 원하는 대로 모든 것들을 해왔다. 좋은 대학에 입학하는 등 나름 성과도 거두었다. 그러다 대학에 와서 어느 순간 모든 의욕을 상실하고 무력해지고 말았다. 치료를 받아야 할 만큼 그녀가 무력감과 우울증에 빠지고 나서야 엄마는 그런 양육 방식을 멈추었다. 하지만 지수는 자신이 조금이라도 기력을 차리면 엄마가 다시 예전으로 돌아갈 것을 알고 있다. 지금은 무력하게 잠을 자는 것 외에 아무것도 할 힘이 없고 의욕도 없다. 자신은 무기력 자체인 듯하다.

철학적 꿈분석은 우리가 미처 의식하지 못하는 것들이 있다는 점에서 무의식의 개념을 수용하지만, 프로이트와 달리 **꿈의 텍스트에 왜곡된 것은 없다**고 본다. 이 꿈의 경우, 꿈의 텍스트에는 아무런 왜곡이나 위장이 없다. 꿈의 텍스트의 의미는 명료하다. 꿈속의 엄마가 꿈꾼이에게 냉담하다는 것은 누가 보아도 알 수 있다.* 세부 묘사에 의하면 "내가 아이처럼 울며 고통을 호소하지만, 엄마는 팔짱을 낀 채 몸을 사선으로 돌리고 시선을 딴 데 두고 서 있다." 평소 지수의 엄마는 지수에게 입버릇처럼 사랑한다고 말하지만, 꿈의 텍스트는 그와 다른 엄마의 모습을 보여 주고 있다. 아프다고 울부짖는 아이를 외면하고 팔짱을 낀 채 시선을 돌리는 것은 의심하는 태도이지 결코 사랑하는 사람의 태도가 아니다. 이 꿈의 텍스트 자체만으로도 누구나 어렵지 않게 '냉정한 엄마의 모습'을 읽어 낼 수 있다.

이 텍스트에 나타난 무의식의 언어는 너무 투명하여 제3자도 바로 이해할 수 있다. 즉 특별한 분석 없이도 꿈꾼 이의 무의식을 누구나 읽

* 물론 무의식이 항상 투명하게 표현되는 것은 아니다. 그것은 생경한 이미지나 복합적인 상징과 어휘 등으로 표현되기도 하며 다른 것을 우회하여 표현되기도 한다. 그럴 경우 꿈의 의미를 바로 이해하기란 쉽지 않으며 복잡한 분석을 거쳐야 파악할 수 있다. 하지만 그 모든 것은 꿈의 텍스트와 콘텍스트에 들어 있으며 그 관계망 안에서 의미가 분석된다. 꿈의 텍스트 밖에서 왜곡을 일으키거나 인과적으로 작용하는 무의식적 실체를 상정할 필요는 없다.

을 수 있다. 그러나 꿈을 꾼 본인은 처음엔 그 의미를 알아채지 못하였다. 엄마가 냉담하다는 생각을 스스로 인정할 수 없었으며, 자신을 사랑한다는 엄마의 말을 믿고 싶었을 것이다. 진실을 알고 싶지 않아서 자신을 속이는 자기기만 상태에 빠진 것이다. 즉 나를 사랑한다는 생기 없는 엄마의 목소리가 '엄마는 나에게 냉담하다'고 생각하는 진실을 덮어 버린 것이다. 또한 무의식의 진실을 알아채지 못한 것은 그 진실을 감춰야 할 이유가 있기 때문이다. 그 이유란, 그녀의 삶의 맥락에서 볼 때, 엄마를 원망해선 안 되며 엄마한테 감사해야 한다는 것이다. 엄마가 늘 말하듯 평생 자신을 위해 희생한 엄마를 탓해서는 안 되기에 스스로를 속이고 그 진실을 무의식으로 밀어 넣은 것이다. 그리고 꿈꾼 이가 그 진실을 계속 외면하였기에 꿈의 무의식이 반복된 꿈으로 그걸 보여 준 것이다. 반복되는 꿈의 텍스트에는 자신이 인정하고 싶지 않았던 사실이 그대로 명료하게 드러나 있다. 꿈은 자신이 괴로워하는 고통 이면의 진실을 깨닫게 해주었다. 자신을 성찰하고 좀 더 주의를 기울이면 알 수 있는 사실인데도 의식하지 못한 것은, 그것을 인정하고 싶지 않았기 때문이다.

3. 자유연상이 아닌 숙고적 연상

명제 4-3 무의식을 인식하는 방법은 자유연상이 아니라 숙고에 의한 연상이다.

앞에서 필자는 의식으로 접근가능한 무의식 개념에 대하여 논하였다. 무의식은 의식의 집에 살며, 의식의 맥락과 연결되어 있다. 그럼에도 무의식과 의식의 연결 지점이 숨겨진 이유를 살펴보았다. 이제 의식에 숨겨진 무의식이 어떻게 다시 의식에 드러날 수 있는지 살펴볼 차례이다. **의식은 어떻게 무의식에 접근할 수 있**으며, 어떻게 무의식의 메시지를 파악할 수 있는가? 필자는 의식이 무의식에 접근하는 철학적 방법으로 숙고에 의한 연상 혹은 '**숙고적 연상**'을 제시한다. 필자의 숙고적 연상 개념은 프로이트 정신분석과 철학적 꿈분석 간의 대비를 잘 보여 준다. 이제 프로이트가 자유연상을 주장하는 이면의 생각을 추적하면서 자유연상의 문제와 한계를 살펴보고, 숙고적 연상은 그런 한계를 어떻게 극복하는지 살펴보자.

잘 알다시피 프로이트의 정신분석은 무의식의 개념과 자유연상의 방법이라는 두 가지 중심축으로 이루어져 있다. 그의 무의식 개념은 의식에 의해 접근할 수 없는 실체 개념이며, 무의식에 도달하기 위한 자유연상의 방법은 숙고와 비판적 사유를 배제하는 것이기에 이 두 개념은 철학적 꿈분석의 중심 개념들과 명료한 대조를 보인다.

그러면 프로이트 정신분석의 핵심으로 들어가는 질문은 무엇일까? 그 질문은 다음이다. 프로이트는 무의식의 탐구를 위해 왜 '숙고를 배제한' 자유연상을 고집했을까? 이 물음을 따라 프로이트의 생각을 추적해 보면 그의 정신분석의 기본 입장이 무엇이며, 그것이 의존하는 가정들이 왜, 어떻게 도입되었는지 그 면모가 드러난다. 동시에 그런 생각에 담긴 오류와 문제점도 잘 파악할 수 있다. 필자는 프로이트 정신분석의 두 축인 무의식의 개념과 자유연상 방법이 의존하고 있는 주요 전제들의 문제와 맹점을 비판함으로써, 꿈의 의미를 분석하는 데 자유연상보다 '숙고에 의한 연상'이 더 적합하며 꿈의 무의식을 탐구하는 더 일관적인 방법이라는 것을 논할 것이다.

정신분석이 무의식에 도달하는 방법이 수동적이고 자동적으로 무의식의 흐름을 따라가는 자유연상이라면, 대조적으로 철학적 꿈분석이 무의식에 도달하는 방법은 능동적인 숙고의 과정으로 적절한 근거를 찾아감으로써 의식하지 못한 것(즉 무의식)을 의식하도록 해준다. 사실 이러한 방법론의 차이는 **무의식의 개념이 무엇인지에 대한 생각의 차이**를 반영한다. 프로이트는 무의식을 합리적인 사고나 의식으로는 접근할 수 없는 마음 깊이 숨겨진 실체로 보았으며, 꿈은 바로 이런 무의식적 실재를 의미한다고 보았다. 그렇기에 합리적으로 이유를 찾는 사고나 비판적인 숙고에 의해서는 무의식에 도달할 수 없으며, 무의식에 접근하려면 무의식의 흐름을 자동적으로 따라가는(혹은 무의식이 통제하는 흐름에 수동적으로 맡기는) 것이 필요하고 그것이 바로 자유연상의 방법이라고 생각했던 것이다.

자유연상의 방법은 꿈꾼 이가 어떻게 해서 그런 꿈을 꾸게 되었는지, 꿈의 의미가 무엇인지를 밝히기 위해 '심사숙고를 배제한 채' 자유로이 연상되는 것을 말하도록 한다. 1장 4절의 꿈을 상기해 보자. '집도 없고 부모도 없는 떠돌이 남아'를 거두는 꿈에서, 이 '떠돌이 남아'는 무엇을 의미하는가? 그로부터 무엇이 연상되는가? 이 질문에 꿈꾼 이가 처음 연상한 것은 교환학생으로 간 학교의 기숙사에 함께 거주하는 '한국인 유학생'이었다. 자유연상법에 의하면 처음 연상한 것을 답으로 간주한다. 그렇게 생각하는 이유를 묻거나 의식적인 숙고의 과정을 배제한다. 하지만 무엇을 연상하든, 아무 상관이 없어 보이는 것이어도 처음 연상한 것을 답으로 간주하는 것은 자유연상이 주관적이고 맹목적이라는 비판을 면하기 어렵다. 이는 정신분석이 올바른 해석과 잘못된 해석을 판별할 수 없다는 것을 함축하며, 그 결과 어떤 해석이든 상관없다는 입장을 취하는 것과 다름없다. 특히 무의식이 알고 있다고 상정되는, 꿈의 의미로 제시된 자유연상의 결과를 평가할 객관적 기준이 없다. 이런 방식의 자유연상으로는 꿈의 의미를 올바로 분석할 수도, 제대로 된 분석인지 평가할 수도 없다.

철학적 꿈분석은 숙고적 연상을 통해 이 문제를 해결한다. 분석질문을 통해 인도되는 숙고적 연상에 의하면 적절한 연상이 있고 부적절한 연상이 있다. 연상의 경우에도 경쟁하는 가설들이 있고 어느 가설이 더 나은지 평가할 수 있다. 프로이트의 주장과 달리, 분명 더 나은 분석이 있으며 또한 숙고에 의해 그것을 평가할 수 있는 기준도 있다. 그리하여 처음 연상된 것이 무엇이든 반드시 좋은 것은 아니며, 분석질문과 숙고적 연상법에 의해 더 좋은 답변을 찾을 수 있다. 꿈의 예로 돌아가 이 점을 살펴보자.

꿈꾼 이는 '떠돌이 남아'로부터 처음엔 '한국인 유학생'이 연상되었지만, 철학적 꿈분석의 분석질문이나 숙고하는 비판적 해석에 의하면, 이 연상은 꿈의 맥락상 적절하지 않음이 드러났다. 그럴 경우 다른 대안적 가설을 찾아보는 것이 마땅하다. 자유연상이 능사는 아니며, 처음 연상된 것이 반드시 맞는 것도 아니다. 그리하여 그녀의 교환학생 시기의 중요한 목표와 관련한 분석질문과 숙고를 통해 다른 가설을 세울 수 있었다. 이것은 숙고에 의한 연상의 방법이다. 그 결과 처음에 연상했던 '한국인 유학생' 대신에, 대안 가설로 '수험생 남동생'을 대입했을 때 적절한 분석이 이루어졌다(1장 4절의 분석을 보라). 이 분석 가설은 한국인 유학생 가설이 설명하지 못하는 꿈의 맥락과 삶의 맥락들을 잘 설명해 준다는 점에서 더 적절하거나 적합한 가설이며, 보다 나은 분석이 된다. 이 적절성은 숙고에 의한 연상과 비판적 사유를 통하여 근거를 확보할 수 있다. 이처럼 철학적 꿈분석은 (프로이트 정신분석과 달리) 처음 연상된 모든 것이 동등하게 좋다고 보지 않으며, 근거를 묻는 비판적 합리적 접근을 통해 적합한 가설과 꿈의 의미를 찾아내고, 또한 찾아낸 의미들을 평가할 수 있다.

숙고적 연상법은 연상 작용에 대해서도 의식적으로 적절한 근거를 찾아봄으로써, 가설 차원의 다양한 연상에 대한 비판적 검토를 거쳐 어떤 연상이 적절한지 선택할 수 있는 기준을 제공한다. 이런 의미에서 숙고적 연상은 능동적이고 적극적으로 활동하는 이성의 사유 작용이다. 적극적으로 적절한 가설들을 세워 보고 적절하지 않은 연상은 분석 과정에서 제외하기도 한다. 모든 연상이 꿈해석의 동등한 후보자는 아니며, 어떤 꿈분석이든 동등하게 좋은 것도 아니다.* 앞의 꿈에서 "'집도 부모도 없는 떠돌이 남자아이'에게서 연상되는 사람이 누구인가?"에 대한 질문에 처음에는 한국 유학생을 떠올렸으나, 유학생들의 처지가 "집도 부모도 없으며 동시에 내가 돌봐야 할 존재인가?"

* 자유연상된 것은 꿈의 최종적 의미라기보다, 오히려 의미를 찾는 과정에서 시험적으로 고려하는 일종의 가설의 단계, 검증이 필요한 가설의 차원에 있는 것으로 간주하는 것이 더 바람직하다.

에 대한 추가적 분석질문을 통해 맥락상 처음의 연상이 적절하지 않다는 판단에 이르렀다. 나아가 그녀의 삶의 맥락만이 아니라 이전의 다른 꿈에 대한 분석을 근거로, 필자는 '입시공부로 집을 떠나 기숙사에서 생활하는 남동생'을 새로운 가설로 제안할 수 있었다.

분석의 근거가 된 다른 꿈을 살펴보자. 다음은 〈떠돌이 남아〉 꿈을 꾸기 몇 달 전에 꾸었던 꿈인데, 떠돌이 남아가 누구를 상징하는지에 대해 새로운 가설을 찾는 데 도움이 되었다.

〈동생을 기다리다 지각하는 꿈〉

꿈속에서 남동생과 나 모두 고등학교에 등교해야 하는 학생이었다. 때는 아침이었는데 등교 시간이 지나 이미 지각이었다. 서둘러 내 짐을 챙겨 집을 나서려고 하는데, 동생이 급하게 문서 작업을 해야 한다며 내 노트북을 사용하겠다고 했다. 학교에 빨리 가야 했지만, 내 노트북을 챙겨 가야 했기 때문에 하는 수 없이 조급한 마음으로 남동생이 문서 작업을 끝내기를 기다렸다. 하지만 남동생이 한참 동안 내 노트북을 쓰는 바람에 시간이 많이 흘러, 어느덧 학생들이 하교하는 오후 4시가 되었다. 나의 마음은 초조함에서 포기 상태로 바뀌었고, 그냥 그 날은 학교를 결석해야겠다고 생각하였다.

꿈꾼 이가 교환학생을 위해 출국하기 얼마 전에 꾼 꿈으로, 원래 그녀는 교환학생을 가서 학기가 끝나면 부모님과 현지에서 여행을 하다가 귀국하려고 했다. 그런데 수험생인 남동생 때문에 그 여행을 포기해야 해서 속상하던 차였다. 〈떠돌이 남아〉와 이 꿈이 같은 삶의 맥락을 공유하고 있다는 걸 알 수 있다.

꿈들 간의 상호 콘텍스트 개념(2장 4절)에 의하면, 이전의 꿈에 대한 분석 사례가 이후의 꿈을 분석하는 데 상호 맥락이 되거나 정보를 제공할 수 있다. 여기서 〈동생을 기다리다 지각하는 꿈〉은 '떠돌이 남아'가 누구인지에 대하여 '한국 유학생' 대신에 '남동생'이라는 새로운 가설을 세우는 근거가 되었다. 꿈의 내용을 보면, 등교시간이 지나서 나는 이미 지각하게 생겼는데 남동생이 내 노트북을 쓰느라 시간을 오래 끄는 것이 답답하고 초조하다. 인내심을 가지고 기다리다가 너무 늦어져서 포기하기에 이르렀다. 동생에 대해 답답하고 화가 났고 불만을 느끼는 꿈이다. 꿈에서 동생 때문에 학교에 지각한 것은, 동생의 상황 때문에 내 계획에 차질이 생기는 것에 대한 불만이 재현된 것이다. 동생이 나의 계획이나 행복에 방해가 된다고 생각했던 것이 이런 꿈으로 나타난 것이다.

이 꿈은 꿈꾼 이가 누나로서 어릴 때부터 남동생을 돌보고 배려해야 하는 데서 오는 부담을 느끼고 있음을 보여 준다. 기꺼이 배려하고 기다려 주긴 하지만 자신의 일에 지장이 생기면 스트레스를 받기도 한다. 남동생에 대한 부담감이라는 키워드는 두 꿈에 공통적으로 작용하고 있다. 이 꿈을 분석하는 과정에서 남동생에 대한 부담감이 '떠돌이 남아'에게 느끼는 것과 비슷한 감정임을 알 수 있었고, 이는 처음의 가설 대신 새로운 가설을 세우는 데 도움이 되었다.

이상의 분석에 의하면, 〈떠돌이 남아〉 꿈을 분석하는 과정에서 적합한 가설을 세우는 데 두 가지 근거가 중요한 역할을 했다는 걸 알 수 있다. 첫 번째, 삶의 맥락에 대한 근거와 정보이다. 수험생인 동생을 제외한 유럽 가족여행을 계획했다가 동생 때문에 무산된 것에 대한 부담과 속상함에 대한 정보가 가설의 근거가 되었다. 두 번째, 상호 콘텍스트가 되는 다른 꿈에 대한 정보이다. 등교 시간이 늦었는데 동생이 내 노트북을 다 쓸 때까지 초조하게 기다리는 꿈의 분석을 근거로 동생에 대한 부담감을 느끼는 맥락을 찾을 수 있었다. 이 두 가지는 '떠돌이 남아'를 '남동생'의 상징으로 볼 만한 적절한 근거를 제공했다. 이렇게 두 개의 꿈—즉 '떠돌이 남아'를 기숙사에 데려오는 꿈과 '내 노트북을 쓰는 남동생'을 기다리다 지각하는 꿈—이 서로 맥락이 되어 줌으로써, 꿈의 상징과 의미를 찾을 수 있었다. 이는 꿈의 텍스트를 분석하는 데, 꿈꾼 이의 삶의 맥락만이 아니라 다른 꿈들도 상호 콘텍스트에 의해 분석의 맥락이 된다는 것을 보여 준다. 반면에 이런 근거들을 고려하는 숙고의 과정을 배제한 채, 자유로이 떠오르는 연상만으로 객관적으로 올바로 꿈을 분석할 수 있을지는 회의적이라고 할 수밖에 없다.

프로이트는 기억하거나 보고되는 꿈의 내용(즉 꿈의 텍스트)을 그 자체로 면밀하게 분석하지 않는다. 우리가 꾸는 꿈이란 무의식이 자신이 알고 있는 본래적 꿈의 의미를 왜곡해 보여 준 것일 뿐 중요한 것이 못 된다고 생각한다. 즉 기억된 꿈은 (의식은 모르지만) 무의식이 알고 있는 꿈의 의미를 왜곡해 다른 표상으로 나타낸 것으로 본다.* 이로부터 프로이트는 꿈의 내용은 양적으로나 질적으로나 그다지 중요하지 않다고 생각한다. 꿈 내용은 자유연상의 재료일 뿐이며, 자유연상을 통해 무의식의 진리(즉 본래 꿈의 의미)와 만날 수 있도록 해줄 꿈

---

* 꿈의 내용을 이루는 꿈요소들은 "무의식적인 것의 왜곡된 대체물"이다. 혹은 "기억해 낸 꿈은 본래적 꿈의 왜곡된 대체물"이다. Freud(1917), 7강.

요소가—즉 왜곡된 꿈요소를 분석하여 왜곡되기 전의 본래 의미를 찾는 것이—중요할 따름이다. 그에 따르면 꿈의 의미는 왜곡되기 이전의 본래 꿈에서 찾아져야 한다. 본래 꿈의 의미는 오직 무의식만이 알고 있고 무의식만이 알려 줄 수 있을 뿐이다. 그렇게 무의식이 알려 주기를 기다리는 것, 그것이 바로 무의식의 흐름에 내맡기는 자유연상법이다.

이처럼 정신분석에서 **자유연상이 도입되는 근저에는 꿈의 이분법과 꿈이 왜곡되었다는 가정이 놓여 있다.** 프로이트는 기억된 꿈을 무의식이 검열하여 왜곡한 것으로 간주하고, 왜곡되지 않은 본래의 꿈이 따로 존재한다고 가정한다.* 하지만 꿈의 이분법을 비롯하여 우리가 기억하는 꿈(즉 이야기 된 꿈의 텍스트) 외에 또 다른 진짜 꿈이 어딘가에 따로 있다는 가정은 근거가 없다. 철학적 꿈분석이 보여 주었듯이, 기록되거나 이야기된 꿈의 텍스트가 꿈의 전부이며, 꿈의 텍스트는 분석이 필요할지언정 그것에 왜곡된 것은 없다. 우리가 기억하는 꿈은 왜곡된 것이라는 가정과, 무의식만이 아는 왜곡되지 않은 본래적 꿈의 실재를 상정하는 것은 독단에 불과하다.

꿈에 대한 이분법적 가정과 꿈은 왜곡된 것이라는 가정은 심각한 문제를 갖는다. 이런 가정 아래서는 무의식만이 꿈의 의미에 접근할 수 있다. 또한 꿈을 관리하고 검열하여 왜곡된 꿈을 내보내는 등 모든 과정에서 무의식이 주도적인 역할을 담당한다. 이렇게 꿈의 의미를 파악하기 위한 모든 주도권이 무의식에 넘겨진다. 이 경우 가장 큰

* Freud(1917), 7강, 9강.

문제는 무의식이 맹목적으로 알려 주는 자유연상이 과연 맞는 답인지 확인할 객관적 근거가 없다는 것이다. 무의식이 아는 것을 과연 우리가 알 수 있는지, 나아가 무의식이 아는 것과 자유연상된 것이 일치하는지 확인할 근거도 없다. 프로이트 정신분석에서는 꿈의 의미가 드러나는 방식이 숙고의 과정을 철저히 배제하기 때문에 객관적으로 의미를 확인할 수 있는 근거들이 모두 제거되고 만다. 그렇게 분석된 꿈의 의미는 객관적으로 정당화될 수 없으며, 주관적 연상이나 주관적 확신에 머무를 따름이다. 그 결과 무의식은 아무도 접근하지 못하는 신비스러운 영역에서 벗어날 수 없다. 당연하게도 이런 방식으로는 꿈의 의미나 무의식에 대해 보편타당하고 객관적인 탐구가 불가능하다.

더구나 **자유연상의 방법은 이중 기준의 문제**라는 치명적인 약점을 갖고 있다. 자유연상의 맹점 중의 하나는 어디서 연상을 끝내야 하는지 결정할 기준이 없다는 것이다. 환자는 자유연상으로 떠오른 것에 대해 "이것이 내 꿈의 의미다!"라고 말하고, 정신분석가는 "아니다, 아직 꿈의 의미에 도달하지 못했다. 더 깊은 곳까지 연상이 필요하다!"라고 말하는 경우가 얼마든지 있을 수 있다. 더구나 자유연상이 가리키는 실체, 마지막 연상에 대해, 환자의 주장과 분석가의 주장이 상충할 때 누가 옳은지 결정할 수 없다. 이때 대체로 분석가의 주장에 권위를 부여한다. 정신분석에서는 분석가의 권위를 우선하기에 환자나 피분석자가 주도적으로 자신의 꿈의 의미를 파악하는 데 제한이 있다.*

---

* 자유연상의 이중 기준 및 한계에 대해서는 다른 논문에서 자세히 논의한 적이 있다. 김선희(2013), 「꿈에 대한 철학적 분석의 가능성: 철학상담에서 어떻게 꿈을 다룰 수 있는가?」, 『철학연구』 제102집, 철학연구회, 2013.

세부적으로 보면, 꿈의 내용에 대해 자유연상을 할 때 전체 꿈의 텍스트에서 어떤 요소를 선택하여 어떤 순서로 할 것인지에 대한 기준이 없다. 어떤 요소를 어떤 순서로 선택할지의 문제는 임의적으로 맡겨질 뿐이며 어떤 선택을 하든 동일한 연상에 도달한다고 가정해야 한다. 꿈속의 요소들 중 어떤 것으로 연상을 시작하든, 어떤 순서로 연상하든 동일한 결론에 도달한다는 가정이 어떻게 성립할 수 있을까? 그러나 놀랍게도 프로이트는 그것을 가정한다. 연상되는 것은 결국 성적인 소망이라는 동일한 결론에 도달한다고 보기 때문이다. (여기서 약간의 변형이 가능하지만 소망의 성취라는 점에서는 같다.)

또한 프로이트는 꿈의 부분적 요소를 자유연상하는 것으로부터 꿈의 전체 의미를 발견할 수 있다고 보았는데, 어떻게 부분에 대한 연상이 전체 꿈의 왜곡되지 않은 의미를 나타낼 수 있는가? 어떻게 분석된 부분들로부터 전체 무의식이 알려질 수 있을까? 그것이 알려지는 방식을 어떻게 객관적으로 설명하고 보증할 수 있는가? 사실상 프로이트는 꿈의 부분적 요소들에서 연상된 것들이 상호 어떤 연관을 갖는지, 또 어떻게 분석된 꿈요소의 부분들이 무의식의 전체 의미를 나타내는지 그 방법에 대해서는 납득할 만한 설명을 제시하지 못한다. 어쩌면 이런 문제들을 의식조차 하지 못했을 수 있다. 대부분의 꿈의 언어와 상징들이 동일하게 성적인 것을 표현한다는 가정에 사로잡혔기에 이런 문제를 중요하게 생각하지 않았을 수 있다. 부분적인 분석만으로도 성적 소망이라는 무의식 전체가 저절로 드러난다고 생각했다면, 다른 것은 부차적인 사소한 문제라고 여겼을 수 있다.

마지막으로 상징과 관련하여 꿈의 무의식에 접근하는 프로이트 방법론의 일관성 문제를 짚고 넘어가야겠다. 프로이트는 꿈의 전체

텍스트 자체를 중요하게 여기지 않으며, 이런 생각을 반영하듯, 꿈 전체를 분석하는 대신 여러 꿈들을 놓고 꿈요소만을 분석하여 비교하는 방식으로 정신분석을 설명하고자 시도한다. 프로이트는 특히 꿈의 상징들에 대해서 그런 접근 방식을 취한다. 그 결과 맥락과 상관없이 적용되는 상징 해석 목록을 제공하는 우를 범한다. 의도했든 아니든, 그가 경멸해 마지않던 해몽책과 같은 역할을 스스로 자처한 셈이다. 상징은 무의식의 검열을 거치지 않은 것으로, 또한 연상 내용이 없이도 꿈을 이해하기 위한 번역문을 찾는 것으로, 자유연상의 대상이 아니라고 본 것이다.* 그는 이제 그 목록에 근거하여 꿈을 해석하며, 때로는 꿈분석이나 자유연상조차도 필요하지 않다는 듯한 태도를 보이기도 한다.

프로이트는 꿈을 이해하기 어려운 이유는 무의식이 꿈을 검열하여 꿈 내용을 왜곡하는 것 외에도 꿈의 상징을 해석해야 하는 어려움이 있기 때문이라고 본다. 꿈을 이해하려면, 즉 무의식이 왜곡하기 이전의 원래 꿈에 도달하려면, 꿈꾼 이의 연상을 불러내야 하고, 또한 상징의 의미를 밝혀야 한다. 그런데 프로이트는 이 두 가지를 독립적인 작업으로 간주하는 듯한 접근과 태도를 보인다. 상징은 자유연상에 의해 의미가 밝혀지는 것이 아니라 별도의 분석이 필요한 작업으로 간주하는 것이다.

상징에 대한 프로이트의 이런 생각들은 매우 의외라고 할 수밖에

---

* 프로이트는 '상징은 고정불변의 번역'이라고 선언한다. 그렇다면 그는 상징적인 꿈의 경우 꿈꾼 이에게 아무것도 묻지 않고도(즉 자유연상의 작업 없이도) 고정불변의 상징적 의미를 통해 꿈을 해석하는 것이 가능하다고 본 셈이다. Freud(1917), 10강.

없다. 이야기된 꿈 내용 자체가 왜곡된 것이라면, 왜 상징은 예외적인 것으로 보아야 하는가? 왜 상징은 연상의 대상이 아니고 (마치 어딘가에 고정된 의미가 주어져 있는 듯) 신화와 동화 등 다른 출처에서 의미를 찾아야 하는가? 더구나 분석되기도 전에 어떻게 상징과 상징이 아닌 것을 구분할 수 있는가? 꿈의 텍스트 안에서 상징은 예외적인 요소가 아니다. 상징도 텍스트의 내적, 외적 맥락에 의해 의미가 드러날 뿐이다. 심지어 상징은 숨어 있을 수도 있다. 예컨대, 다음 절에서 다룰 〈오랑우탄을 기르는 친구 집을 방문하는 꿈〉에서 오랑우탄은 부재하는 것, 즉 지금은 가고 없는 것과 관계한다. 여기서 오랑우탄 자체는 무엇을 상징하지 않는다. 상징은 오랑우탄이 아니라, 그것의 관계 항(즉 '지금 없는 것')이 된다.

프로이트는 상징의 의미를 다루는 방식도 자유연상의 방법에 포함된다고 언급하고는 있으나, 실제로는 별개의 방식으로 다루고 있다. 그는 꿈의 상징이 대부분 성적인 것이라고 가정한 후, 남성 성기를 상징하는 것들과 여성 성기를 상징하는 것들의 해석 목록을 별도로 제시한다는 점에서도 알 수 있다. 전자를 표현하는 상징들로 지팡이, 우산, 몽둥이, 나무, 칼이나 창, 검, 총 같은 뾰족한 물건들, 뱀, 모자… 등을 제시하며, 후자를 표현하는 상징들로 구덩이, 구멍, 용기나 병, 서랍, 가방, 상자, 장롱, 방… 등을 끝없이 나열한다.* 그러나 꿈의 상징을 해석하기 위해 자유연상이 아닌 다른 데서 근거를 찾는 것은, 자유연상이 꿈분석의 방법으로 불충분하다는 것을 함축한다. 또한 자유연상

---

* Freud(1917), 10강.

의 대상인 것과 아닌 것을 임의로 구분하는 것이나 꿈의 상징의 의미를 다른 방식으로 찾는 것은 방법론적 일관성이 없다는 것을 보여 준다.

반면에 철학적 꿈분석은 상징을 특별한 것으로 보지 않으며, 꿈의 텍스트를 구성하는 다른 요소들과 동일한 방식으로 꿈의 맥락 안에서 상징을 분석한다. 상징 역시 일관적으로 분석질문과 숙고적 연상에 의해 같은 방식으로 의미가 분석된다(〈수달에게 쫓기는 꿈〉을 상기해 보라). 꿈의 텍스트 안에서 상징은 예외적으로 다뤄지거나 특별하게 취급되지 않는다. 꿈의 상징을 포함하여 꿈의 텍스트 안에 나타나 있는 모든 것이 텍스트의 내적 논리와 꿈이 생성된 삶의 맥락에 의거하여 의미를 드러낼 따름이다. 철학적 꿈분석은 근거 없는 가정들이나 신비한 영역을 상정하지 않고, 분석질문과 숙고적 연상의 일관적인 방법에 따라 꿈의 텍스트의 의미를 분석한다.

4. 무의식에 접근하는 의식의 방법

명제 4-4 숙고적 연상은 보편적 근거를 지닌 개념적 사유의 수준에서 꿈을 분석한다.

꿈에 대한 철학적 분석에서 중요한 역할을 하는 분석질문은 텍스트에 드러난 꿈의 의미를 탐구하기 위해 이유와 근거를 묻는 철학적 질문들이다. 그 질문들은 숙고적 사유나 이유를 검토하는 비판적 사고를 촉구하는 물음들이다. 주관적 확신을 넘어 근거를 가진 꿈분석이 되려면, 꿈의 의미가 우연적인 것에 머물러선 안 되며 전체 맥락과 전체 계기 안에서 객관적으로 정당화되어야 한다. 꿈의 텍스트와 콘텍스트의 논리에 근거하여 숙고를 불러일으키는 분석질문을 통해, 보편적, 개념적 사유의 지평에서 꿈의 의미의 정당화를 획득하는 것이야말로 철학적 작업이자, 철학적 꿈분석의 역할이다.

철학적 꿈분석의 작업은 꿈을 기록한 텍스트 자체를 분석함으로써 꿈의 의미를 찾는다. 먼저 꿈의 텍스트에 대한 현상학적 질문과 답변에서 출발하여 꿈의 무의식에 대한 반응들(꿈속에서의 반응, 꿈을 깨고 난 후의 반응 등)을 있는 그대로 관찰하며 기술한다. 하지만 현상학적 기술만으로는 꿈분석의 방향을 잡을 수 없다. 의식적으로 꿈의 무의식에 더 다가가려면, 꿈에 대해 비판적 분석과 숙고를 동반하는 질문과 응답이 필요하다. 이것이 바로 철학적 꿈분석의 핵심 작업인 분석질문의 역할이다. 그리고 분석질문이 인도하는 숙고적 연상을 통해 그러한 현상학적 기술을 비판적으로 검토하는 동시에 객관적 근거를 토대로 무의식의 메시지를 파악한다. 요약하면, 꿈에 대한 반응을 있는 그대로 기술한 후 비판적 분석의 과정을 거친다. 이 두 가지 방법을 합쳐 **비판적 현상학**으로 규정할 수 있다. 여기서 현상학적 질문과 기술은 무의식에 대한 반응을 있는 그대로 관찰하기 위한 것이고, 분석질문을 통한 숙고적 연상은 그러한 현상학적 기술에 대해 비판적으로 검토함으로써 객관적 근거를 토대로 무의식의 메시지를 파악하기 위한 것이다.

적합한 분석질문을 제기하는 것은 철학적 꿈분석에서 꿈의 텍스트를 해석하기 위한 단서를 찾는 핵심 작업이다.* 일련의 분석질문을 통해 개별적인 꿈의 이미지가 보편적 이해 가능성으로 연결된다. 숙고적인 연상을 불러일으키는 분석질문과 그에 대한 답을 찾는 과정에서 꿈의 의미는 모종의 보편적 근거를 얻는다. 텍스트의 논리에 근거한 적절한 분석질문이 꿈의 무의식을 이해할 수 있는 보편적 가능성을 열어 주며, 꿈에 대한 개념적 사유를 가능하게 해준다. 지극히 개인적인 내면의 꿈이지만 누구에게나 보편타당한 이해 가능성이 열리게 되는 것이다. 이는 꿈꾼 이에게도 마찬가지다. 비록 자신의 꿈일지라도 분석되기 전에는 이해되지 않는 경우가 많다. 그러나 분석질문에 답을 찾는 과정에서 이해가 더 깊어지거나 생각지 못한 새로운 시각을 얻는다. 때로는 풀 수 없는 수수께끼 같은 꿈도 암호를 풀고 해독할 수 있게 된다.

철학적 꿈분석은 보편적 인식에 이르는 근거에 바탕을 두고 숙고적 분석질문을 통해 꿈의 의미를 찾아가는 과정을 보여 준다. 꿈분석

* 철학적 꿈분석에서 분석의 실마리를 찾아내는 분석질문의 역할은 매우 중요하다. 꿈의 텍스트 분석에 적중하는 질문을 제기하는 것만으로도, 그 질문에 응답하며 꿈의 핵심적인 의미를 찾을 수 있다.

에서 연상을 사용할지라도 우연적이고 주관적인 연상에 머무르기보다, 비판적인 숙고적 연상을 통해 보편적 근거의 지평에서 꿈의 의미를 분석한다. 그리하여 철학적 분석은 유일하고 고유한 개별적인 꿈을 다룰 때조차도, 누구나 납득하거나 이해할 수 있는 보편적 개념적 이해를 지향한다.

철학적 꿈분석은 꿈의 텍스트를 면밀하게 관찰하는 동안 제기될 수 있는 모든 질문들을 해나간다. 삶의 맥락과 연관하여 숙고적 연상을 불러일으키는 분석질문을 지속적으로 제기하고 응답하는 일련의 과정에서 텍스트 안에 담긴 꿈의 의미를 찾아간다. 여기서 꿈의 의미와 분석에 대한 근거를 제시함으로써 정당화하는 작업이 동반된다. 증명이나 정당화는 무의식의 인과적 기제가 아니라 숙고하는 이성과 능동적 사유로만 가능하다. 무의식의 탐구가 가능하려면, 자유연상과 같은 무의식의 활동이 아니라, 이성의 의식적인 사유가 필요하다.*

철학적 꿈분석은 철학적 대화와 숙고를 통해 분석 가설을 세우고 평가하는 등 의식의 길을 통해 무의식에 도달하고자 한다. 무의식은 의식의 집에 거주하며 의식에 의해 접근가능한 것으로 본다. 즉 무의식은 의식의 집 안에서 가려진 부분일 뿐이며, 철학적 분석을 통해 의식에 드러난다. 의식이 접근할 수 없는 무의식의 개념은 마치 물자체와 같다. 그런 무의식은 있다고 해도 무의식의 어떤 의미가 옳은지 알 수도 없고 판단할 수도 없다. 우리가 물자체를 알 수 없는 것과 마찬가

---

* 무의식은 의식, 혹은 반성적인 숙고에 의해 접근할 수 있어야 무의식에 대한 탐구의 객관적 근거를 확보할 수 있다. 그렇지 않다면 아무리 전문가라 할지라도 독단에 빠지기 쉽고, 임의적이고 자의적인 분석의 한계를 벗어날 수 없다.

지다. 그런 의미의 무의식은 일관적으로 해명될 수 없는 것이다. 이는 정신분석이 무의식 개념을 전제했으나, 무의식의 개념 자체를 분명한 형태로 제시하지 못했다는 것을 의미한다.

철학적 꿈분석에서 무의식에 이르는 의식의 길은 숙고적 연상과 그것으로 인도하는 분석질문이다. 꿈의 텍스트와 콘텍스트 안에서 분석질문과 그에 대한 적합한 응답을 통해 꿈의 의미가 객관적 근거를 확보할 때, 개별적인 꿈 이야기가 보편적 차원으로, 개념적 사유의 지평으로 상승한다. 그리하여 철학적 꿈분석은 개념적 사유의 수준에서 꿈을 다룰 수 있게 된다. 또한 꿈의 텍스트와 맥락에 비추어 적합한 가설과 적합하지 않은 가설을 구분하고 평가할 수 있는 기준을 갖게 된다. 그리하여 꿈의 분석은 객관적 평가의 대상이 될 수 있다. 이렇게 숙고적인 분석질문을 통해 의식적으로 무의식에 이르는 길을 내고, 무의식의 실마리와 단서를 찾으며 꿈분석의 객관적 근거를 확보할 수 있다. 삶의 총체적 맥락에 근거하여 꿈의 무의식이 전하는 의미와 메시지를 발견할 수 있다.

우리가 지금까지 다루었던 사례들, 예컨대 하늘 높이 곧게 자라나는 나무, 검은 어둠 속 마녀의 집의 불, 끈질기게 쫓아오는 수달, 집도 부모도 없는 떠돌이 남아, 검은 바다 위의 집, 신발을 잃어버리는 꿈의 반복, 하늘을 나는 집, 벌레가 등장하는 여러 꿈 등에서 분석질문과 이를 통한 숙고적 연상이 어떻게 꿈의 무의식에 이르는 길이 되었는지 상기해 보도록 하자.

반면에 꿈의 맥락과 숙고적 사유를 배제한 채 꿈의 요소들을 그 자체로 자유롭게 연상하는 것(즉 자유연상)으로는 자의적인 의미에 도달하는 것을 방지하기 어렵다. 그것은 꿈꾼 이의 고유한 삶의 맥락을 고려하지 않는다. 또한 꿈의 요소들을 임의로 분리하여 다루는 것은 꿈 텍스트의 총체적 맥락(즉 꿈의 요소들은 전체 맥락 안에서만 의미를 드러낸다는 것)을 간과한 것이다. 상징의 경우도 꿈의 맥락을 떠나 독자적인 의미를 갖지 않는다(2장 5절을 참고하라). 나아가 꿈의 요소들 중에서 무엇이 상징이고 상징이 아닌지, 또 무엇이 중요한 상징인지도 역시 꿈의 전체 맥락에 달려 있다. 심지어 상징은 텍스트에 직접 명시적으로 드러나지 않는 경우도 있다. 그 경우, 상징은 숨겨져 있으면서도 꿈의 의미를 구성하는 중요한 역할을 하기도 한다.

다음의 예를 살펴보자.

〈오랑우탄을 기르는 친구 집을 방문하는 꿈〉

꿈에 내가 초등학교 6학년 때 같은 반이었던 친구 집에 놀러갔다. 나는 친구 집을 어색하게 둘러보고 있었다. 그때 친구가 오랑우탄을 키운다고 말하면서, 그래서 집이 더러울 거라고 말했다. … 그런데 나는 그 친구가 이전에 오랑우탄이 아닌 다른 동물을 키웠다는 것을 알고 있었다. 그래서 나는 친구에게 "너 예전에 다른 동물 키웠잖아"라는 식으로 알은체를 했다. 그러자 그 친구가 나보고 역시 너는 동물에 대해서는 다 기억한다며 대단하다고 말했다.

꿈꾼 이는 현재 성인이지만 꿈은 그녀를 초등학교 6학년 시절로 소환한다. 그때는 꿈꾼 이가 불행한 사고로 친한 친구를 잃어 매우 힘들어했던 시기다. 꿈속에서 그녀는 동물에 대해서 잘 아는 사람으로 등장한다. 꿈에서 중요하게 관심을 끄는 것은 오랑우탄이 아니라 '오랑우탄 아닌 다른 동물'이다. 오랑우탄은 바로 그 '다른 동물'의 기억을 불러오기 위한 것으로 등장할 뿐이다.

여기서 오랑우탄이 무엇을 상징하는지 이해하기 위해서, 오랑우탄에서 자유로이 연상되는 것을 묻는 것은 그 꿈을 이해하는 데 도움이 되지 않는다. 꿈의 텍스트의 초점은 오랑우탄이 아니라, 오랑우탄이 '아닌 것'에 있기 때문이다. 즉 이 꿈에서 분석의 역할을 하는 물음은 "현재의 동물(오랑우탄)이 아닌 과거의 다른 동물을 기억하는 것에서 연상되는 것은 무엇인가?"이다. 즉 오랑우탄을 연상하는 것이 아니라, '오랑우탄이 아닌 동물'에 초점을 두어 과거의 동물에 대한 기억과 연결되는 의미를 찾아야 한다. 꿈의 텍스트에 따르면 그것은 '지금은 부재하는' 과거의 인연과 그 시절을 기억하는 것이다.

앞의 분석질문은 꿈꾼 이에게 곧바로 과거의 그 친구를 떠올리게 해주었고, 꿈꾼 이는 이 꿈을 과거에 함께했던 사랑하는 친구, 사고로 자신의 곁을 떠난 친구를 기억하는 꿈으로 이해할 수 있었다. 또한 꿈에서 오랑우탄을 보자, 친구가 이전에 다른 동물을 키웠다는 기억을 떠올렸다는 점에서 오랑우탄은 지금은 가고 없는 과거의 그 친구를 기억하도록 매개하는 역할을 하는 상징으로 분석된다.

이 꿈의 분석 사례는, 꿈의 상징이 항상 분명한 형태로 제시되는 것은 아니며 때로는 꿈의 텍스트에 숨겨진 상징이 중요한 의미를 갖는다는 것을 보여 준다. 위 사례에서 꿈의 상징은 텍스트에 직접 명시적으로 표현되어 있지 않지만 중요한 역할을 하는 상징으로 자리 잡고 있다. 이 경우에 상징은 어떤 의미로는 꿈의 텍스트 속에 없으면서도 있다고 볼 수 있다. 이는 프로이트의 생각과 달리, 꿈이 분석되기 전에는 무엇이 상징이고 상징이 아닌지, 또 무엇이 중요한 상징인지 드러나지 않으며 알기도 어렵다는 것을 보여 준다. 그렇기에 어떤 상징을 분석해야 꿈의 전체 의미가 드러날 수 있는지는 분석 이전에 미리 알 수 없고 임의로 중요한 상징을 고를 수도 없다. 이미 중요한 상징이 무엇인지 알고 있다는 그런 태도는 자칫 순환논리의 오류에 빠질 수 있다.

5. 꿈의 논리, 무의식의 논리

명제 4-5 **의식과 무의식 사이에 모종의 논리가 있다.**

이제 구체적인 철학적 꿈분석의 방법론적 모델들을 제시하기 이전에 과연 꿈의 세계와 꿈의 현상에 논리가 적용될 수 있는지, 혹은 그런 방법론을 가능하게 하는 논리가 있는지 하는 문제를 짚고 넘어가려고 한다. 꿈의 논리는 철학적 꿈분석을 학문적으로 정립하기 위해 해결해야 할 최대의 난제이자 관문이다. 철학이 철저히 부정해 온 문제이고, 철학의 역사에서 꿈을 연구 주제로 간주하지 않은 이유이기도 하다. 논리가 없는 비합리적 영역에 대해 철학적 탐구를 할 수는 없기 때문이다. 그럼에도 나는 그 가능성을 타진하며 이 주제를 이끌어 왔다.

꿈의 논리를 말하는 것은 매우 조심스러운 일이다. 이 문제는 앞으로 지속적인 사례 분석을 통해 계속 보강해 나가야 할 것이다. 지금은 분석된 꿈의 사례를 토대로 말할 수 있는 가설의 수준에서 기술하는 정도로 그치려고 한다.*

지금까지 필자는 이 책의 곳곳에서 꿈의 논리의 가능성들을 염두에 두고 논의하였다. 대표적으로 텍스트의 논리, 텍스트 맥락의 논리, 대화의 논리, 이해의 논리, 정당화의 논리, 방향성을 지니는 변화의 논리 등을 지지하는 작업을 해왔다. **철학적 꿈분석은 심리보다 논리에 초점을 둔다.** 꿈의 사례 분석을 통해 그러한 논리가 적용되는 것을 보이

* 꿈의 논리에 대한 본격적인 논의는 후속 저서에서 자세히 다룰 예정이다.

고자 했다. 물론 성공적인 분석 사례가 일반적 원리를 증명해 주는 것은 아니지만, 그럼에도 특수한 꿈의 사례들이 꿈의 논리적 성격을 드러낸다면 그것을 범례 삼아 논리와 개념을 추상하는 작업을 진행할 수 있다.

의식과 무의식 사이에는 모종의 논리가 흐른다. 이 논리를 파악하려면, 개별적인 꿈들의 분석 이외에도, 꿈의 시리즈를 통해 꿈들이 전개되는 흐름의 성격과 방향을 관찰하는 것이 필요하다. 나아가 연속적인 꿈들 사이의 관계와 삶의 맥락과의 연관 등을 관찰할 수 있는 개인의 꿈의 역사를 분석하는 것이 도움이 된다. 이런 작업은 꿈의 역사와 꿈의 연대기를 필요로 하는 거대한 작업이다. 그것은 한 개인의 꿈의 세계와 꿈의 역사를 통해 꿈들의 관계와 전개 과정 속에서 논리를 찾는 작업이다. 이 거대한 작업을 여기서 본격적으로 다루기는 어려우며, 여기서는 몇 사례를 압축하여 살펴보는 것으로 만족해야겠다.*

지금까지 필자가 논의해 온 것을 정리하면 다음과 같다. 꿈은 텍스트라는 철학적 꿈분석의 제1원리에 따라 꿈에는 **텍스트의 논리**가 적용된다. 그리고 무의식과 의식이 소통하는 꿈의 현상을 통해 꿈의 세계에서 **소통과 대화의 논리**를 찾을 수 있었다. 꿈이 방향성을 가지고 변화하는 과정에서 의식과 무의식이 상호 소통하는 꿈의 현상은 그러

* 꿈의 논리를 탐구하고 정립하는 것은 객관적-보편적 정당화를 추구하는 철학적 꿈분석의 과제이기도 하다. 꿈을 매개로 의식과 무의식 사이에 흐르는 논리를 파악하려면 일련의 꿈의 시리즈를 통해 꿈들이 전개되는 흐름의 성격을 관찰하는 것이 필요하다. 꿈의 역사에 해당하는 방대한 사례가 필요한 이유다. 이 과제는 이후의 독립적인 작업으로 남겨 두고자 한다.

한 논리의 작용을 보여 준다. 앞에서 살펴본 다양한 사례들을 통해, 의식과 무의식의 관계에서, 꿈꾼 이와 꿈의 무의식 사이에서, 또 일련의 꿈들 사이에서 형성되는 상호 소통의 논리 및 대화의 논리를 찾아볼 수 있었다.

또한 철학적 꿈분석은 **이해의 논리**를 지향한다. 이해한다는 것은 의미 연관성을 찾는 것이다. 관계들 속에서 의미를 형성하도록 연결된 의미의 맥을 발굴하는 것이다. 철학적 꿈분석은 꿈의 텍스트를 콘텍스트 위에 올려놓고 그로부터 형성되는 관계망 안에서 연관관계를 살피며 의미의 맥을 발굴하는 작업이다. 꿈의 무의식, 혹은 꿈의 의미를 이해한다는 것은 그 관계망을 전체적으로 또 세부적으로 살피면서 의미의 연관 관계를 찾는 것이다. 법칙적, 인과적 설명과 달리 이해는 근거를 찾고 내용을 추론하며 적절한 의미 연관성을 발굴함으로써 이루어진다. 여기서 꿈의 논리가 이해의 논리라고 말할 때는, 넓은 의미의 이해를 뜻한다. 즉 꿈내용의 추론뿐만이 아니라, 꿈의 이야기 전개에서 그럼직한 이야기다움을 형성하는 서사의 논리, 맥락의 논리, 관계의 논리, 앞뒤가 들어맞는 맞음의 논리, 방향성을 지닌 지향의 논리, 성장과 변화를 담은 성장의 논리 등을 모두 포함한다.

꿈의 논리를 텍스트의 논리, 대화의 논리, 이해의 논리로 규정할 때, 꿈의 논리는 **맥락과 관계를 중시하는 논리적 특성**을 갖는다. 즉 꿈의 텍스트는 삶의 맥락이라는 콘텍스트와 관계하며 그 관계 안에서 의미를 산출한다. 무의식과 의식 사이의 소통과 대화의 논리는 서로 메시지를 주고받는 상호 관계의 논리, 나아가 상호 이해의 논리라고 할 수 있다. 꿈의 현상에는 상호 관계의 논리가 발견된다. 꿈을 이해하면 꿈을 만드는 무의식이 바뀐다. 즉 알고 있으면 달라진다는 것, 의식과 무의식은 알고 있으면 서로 반응한다는 것을 보여 준다. 이는 관찰이 세계의 상태를 변화시킨다는 양자논리 관점에서도 설명될 수 있다.*

자신의 꿈을 이해(의식, 인식, 분석)하고 나면, 꿈과 무의식이 변화하는 경험을 하곤 한다. 의식과 무의식 사이의 상호 관계 논리는 다양한 방식으로 나타나는데, 3장에서 다룬 사례들이 이를 잘 보여 준다. 예컨대, 오랫동안 반복되던 꿈이 분석되어 이해하고 나면, 더 이상 같은 꿈을 반복하여 꾸지 않는다. 역으로 꿈의 무의식이 보내는 메시지를 이해하지 못하거나 받아들이지 못하면 꿈은 반복하여 계속 같은 메시지를 보낸다. 그러다가 메시지를 이해하고 수신하면 같은 말을 더 할 필요가 없다는 듯, 꿈은 반복을 멈추거나 다른 메시지로 넘어간다. 같은 소재가 등장하더라도 주제나 전개가 달라진다. 꿈을 이해하고 나면 그 이해를 전제로 더 진전된 내용의 꿈을 꾸기도 한다. 또한 꿈분석을 통해 이해된 상징을 다른 꿈속에서도 알아본다(예컨대, 해인의 경우, 햄스터는 다른 여러 꿈에서도 그녀가 좋아하는 것으로 등장한다). 이는 '꿈을 이해하면 꿈의 세계가 달라진다.' 혹은 '무의식을 이해하면

* 양자역학은 관찰하면 세계가 달라진다는 것, 즉 관찰하면 양자의 중첩 상태가 붕괴되어 하나의 상태로 확정된다는 것을 형식화한다. 구체적으로 우리에게 세계가 드러나는 것은 관찰의 결과 여러 가능성들의 중첩이 붕괴되어 하나의 상태로(하나의 특정 현실로) 드러나는 것이다. 이와 마찬가지로 철학적 꿈분석은 무의식의 세계가 그 자체로 독립적인 실재가 아니라 의식이 질문하고 그것에 응답할 때 비로소 드러나는 것으로 본다. 또한 꿈의 논리는 의식과 무의식의 관계에서도 '관찰하면 세계가 달라진다는 것', 즉 꿈꾼 이가 꿈의 무의식을 알고 나면 무의식의 세계가 달라진다는 것을 보여 준다. 꿈의 논리와 양자의 논리의 연관성에 대해서는 다음 기회에 자세히 다룰 것이다. 카를로 로벨리; Rickles, Dean 참고.

무의식의 세계가 다르게 작동한다'는 것을 뒷받침한다. 이처럼 꿈의 세계에 작동하는 논리는 관계적이며, 개별 꿈보다 이어지는 꿈들 및 꿈의 역사를 살필 때 더욱 분명하게 드러난다.

우리는 앞에서 의식과 무의식의 대화 및 소통의 논리에 대하여 다루었다. 그러한 논리는 상호성의 특징을 갖는다. 무의식은 의식의 집 안에서 가림막 너머의 보이지 않는 부분이다. 의식과 무의식 모두 내 마음의 방 안의 현상이며 삶의 맥락에서 형성된 것이지만, 꿈은 의식에 가려져 있는 무의식이 만들어 낸 텍스트이다. 그렇기에 꿈을 통해 자신과 대화를 할 경우, 의식과 무의식을 넘나드는 사유의 흐름이 드러난다. 꿈분석을 통해 무의식이 이해되면 의식 세계도 변하고 그 변화는 다시 무의식에 반영된다. 이러한 소통은 일방향적인 것이 아니라 의식과 무의식이 서로에게 반응하며 상호적으로 이루어진다. 의식과 무의식 사이의 소통 방식은 상호성의 논리, 맥락의 논리, 관계의 논리로 나타난다.

개인의 꿈을 지속적으로 기록하고 분석해 보면, 일련의 많은 꿈들이 자신의 고민이나 관심사를 반영하는 주제를 중심으로 잘 조직되어 있음을 알 수 있다. 즉 일련의 꿈들이 상호 콘텍스트로 연결되어 서로의 맥락을 이루는 커다란 텍스트처럼 구성되어 있다. 특히 '꿈분석으로 수행하는 철학상담'의 경우에는 상담의 목표와 상담 진행 과정이 꿈에 반영될 정도로 꿈들도 주제와 방향성을 가지고 전개되기에 그러한 연결성을 더 잘 확인할 수 있었다. 내담자들은 상담 목표와 변화 과정이 꿈에 반영되는 것을 경험했다. 꿈들은 내담자들의 변화가 드러나는 상담 단계에 맞게 문제 상황을 보여 주고, 질문하거나 행동을 촉구하기도 했다. 상담의 초반에서 중반을 거쳐 종반을 향해 가는 동안,

꿈도 순차적으로 그런 방향성을 띤 스토리로 전개되었다.

이를 잘 보여 주는 사례가 3장 3절에서 다루었던 해인의 꿈이다. 7개의 꿈으로 압축된 해인의 꿈의 역사는 꿈이 뚜렷한 방향성을 가지고 변화해 가는 서사의 논리를 잘 드러내 준다. 상담이 진행되면서 해인이 문제의 핵심을 파악하고 목표를 설정하고 그것을 향한 노력이 시작됨에 따라, 꿈 또한 그 과정에 호응하며 변화해 나갔다.

초반의 꿈들에서 해인은 검은 어둠의 공간에서 바닥 모를 심연의 불안에 떨고 있다(〈검은 어둠 속 마녀의 집〉). 집을 짓지만 검은 바다에 표류하거나 땅에서는 녹아내려 정상적인 집을 짓지 못하는 꿈들이 이어진다(〈검은 바다 위에 표류하는 집〉).

중반의 꿈들은 마음에 드는 집을 찾아 나서는 일련의 꿈들로(〈집을 탐색하는 꿈들의 시리즈〉), 자신이 지향하는 목표를 향해 노력 중이라는 것을 나타낸다(〈높은 곳에 올라감〉).

후반에 이르러 꿈은 드디어 원하는 집(〈높은 곳에서 집다운 밝은 집을 봄〉)과, 해인의 삶의 목표이자 상담의 목표인 안정된 삶에 도달하는 모습을 보여 준다(〈밝고 하얀 방과 햄스터〉).

해인의 꿈의 역사는 검고 어두운 불안의 집을 벗어나 밝고 안정된 집을 향하는 여정이라고 할 수 있다. 여기에는 꿈들의 이야기가 묘사하는 **서사의 논리**가 담겨 있다. 이 분석 사례는 꿈꾼 이가 꿈의 메시지와 소통하면서 지향하는 목표를 향해 일관적으로 나아가는 모습을 보여 주며, 꿈도 그런 자기변화와 지향에 맞추어 변화하는 것을 보여 준다. 이때 꿈의 변화는, 무작위로 일어나는 것이 아니라, 지향하는 목표 내지 방향성을 가지고 이루어지고 있다. 이는 **의식과 무의식 사이의 소**

통과 대화의 논리를 보여 준다. 이렇듯 꿈의 세계는 합리성과 무관한 제멋대로의 충동적인 세계로만 치부될 수 없다. 또한 삶과 꿈의 관계에서 앞뒤 맥락이 들어맞는 이해가능한 꿈의 서사를 보여 준다. 여기에 서사의 논리, 소통과 대화의 논리, 맥락의 논리, 맞음의 논리, 이해의 논리가 작용하고 있음을 알 수 있다.

다음으로 인영의 사례를 보자. 안식처를 찾아가는 인영의 꿈 시리즈에서는 꿈의 전개와 흐름을 이해가능한 것으로 만들어 주는 논리를 찾아볼 수 있다. 같은 시기에 꾼 5개로 이루어진 꿈의 시리즈에서, 초반에 영국의 어느 마을에 자신이 동경하는 집이 등장한다(꿈 a). 그녀에게 영국의 집은 상처받지 않는 자유로운 안식처를 의미한다. 부모의 집을 떠나 자신만의 안식처를 갖는 것이 지금 그녀가 지향하는 목표다. 이후의 집들의 꿈(꿈 b~e)이 이어진다. '꿈 a'의 동경하는 집과 대조적으로 어릴 적 상처 입은 집, 상처를 주는 엄마의 집들이 다양한 모습으로 연달아 등장한다. 이 꿈의 시리즈는 상처받은 집을 떠나 자신이 동경하는 영혼의 안식처를 찾으려는 꿈꾼 이의 목표와 지향을 보여 준다(지향의 논리).

'꿈 b'와 '꿈 c'는 자신의 내면을 존중하지 않는 부모로부터 상처받는 꿈꾼 이의 상황을 사적인 공간이 침해당하는 엄마의 집으로 보여 준다. '꿈 d'는 경제력으로 자신을 통제하고 회유하려 드는 부모에게서 벗어나 부유하지 않더라도 억압받지 않는 자유로운 안식처를 찾아 떠나려는 의지를 이사 가려는 꿈으로 보여 준다. 꿈꾼 이는 여전히 부모와 함께 사는 집이 불편하고 계속 상처받지만, 그 집의 상처와 불편함에서 벗어나 '꿈 a'의 안식처를 향해 나아가고 있다. 또한 '꿈 e'는 친구들 사이에서 외로움을 느끼고 자신을 힐난하는 선생님의 비난을 떠올리는 꿈이다. 하지만 동시에 꿈은 10대의 나, 그리고 평소의 나와 다르게 불편함을 덜 느끼는 방식으로 대응하려는 나의 모습을 보여준다(꿈 d). 10대의 나보다 좀 더 성숙해진 현재의 모습이다.

자신만의 집을 찾는 꿈의 여정은 상처투성이지만 포기하지 않고 자신의 문제와 부모와의 관계를 해결하기 위해 노력하는 모습이 반영되어 있어 자기성찰의 중요한 자료가 된다. 이 꿈들의 시리즈는 철학적 분석을 통해 꿈꾼 이의 성장과 변화, 그 과정을 거쳐 온 현재 자신의 모습을 보여 준다. 꿈속에서 진행되는 서사도 현실의 자신의 역사와 소통함으로써 개인의 변화 과정을 돌아보고 깊이 성찰하도록 해준다. 인영의 경우, 이 꿈의 시리즈를 통해 직면하기를 꺼리던 10대의 자신을 돌아볼 수 있었다. 그 시절의 자신을 위로하고, 희망과 용기를 건넬 수 있었다. 현재의 자신에 대해서도 더 성숙해진 모습을 인식할 수 있었고, 삶의 책임을 자각하고 미래를 향한 실천 의지를 다질 수 있었다.

이상에서 두 사례를 통해 일련의 꿈들에 내재되어 있는 논리를 살펴보았다. 꿈의 논리는 개별적이고 단편적인 꿈보다는 연속되는 꿈들에서 잘 드러난다. 문제를 해결하며 성장해 가는 한 개인의 꿈의 역사를 통해, 꿈들의 전개에 작용하는 논리, 즉 서사의 논리, 성장의 논리, 지향의 논리 등을 확인할 수 있다. 해인과 인영의 사례는 이런 논리를 명료하게 보여 준다. 해인의 꿈에는 불안의 집으로부터 안정된 집을 찾아가는 서사의 논리가 있고, 인영의 꿈에서는 상처 입은 집을 떠나 안식처를 향해 나아가는 지향의 논리가 보인다. 이런 사례들은, 개인의 꿈의 역사도 개인의 삶의 역사 못지않게 개성적이고 탄탄한 서사와 스토리를 가지고 있다는 걸 보여 준다. 꿈들은 아무 관계 없이 무작위로 나열되지 않는다. 따라서 일련의 꿈들에 흐르는 논리를 파악함으로써, 꿈은 타인에게 설명가능하고 보편적으로 이해가능한 방식으로 분석될 수 있다.

5장

철학적 꿈분석 방법: 네 가지 모델

명제 5 꿈에 대한 철학적 대화의 방법은 비판적 현상학에 근거한다.

필자는 철학적 꿈분석의 기초방법론을 비판적 현상학으로 규정한다. 꿈분석을 위해 먼저 꿈에 대한 경험을 있는 그대로 현상학적으로 기술한 후, 기록된 꿈에 대해 비판적 분석과 검토를 거친다. 구체적인 분석 모델로는 숙고에 의한 연상 모델, 가설적 설명 모델, 정체성에 기초한 해석 모델, 철학적 사고실험 모델을 제시한다. 이 네 가지 모델은 서로 배타적인 것이 아니기에 함께 사용 가능하다. 둘 이상의 모델을 결합하여 사용할 때 더욱 풍부한 분석에 이르는 경우도 있다. 숙고에 의한 연상 모델은 가장 기본적인 꿈의 대화법으로, 꿈의 텍스트를 꿈의 콘텍스트 위에 올려놓고 분석질문과 숙고적 연상을 통해 의미의 관계망에 떠오르는 꿈의 의미를 파악한다. 가설적 설명 모델은 창조적 사유의 실험을 통해 꿈의 가설을 세우고 가설의 적합성을 검토한다. 정체성에 기초한 해석 모델은 꿈꾼 이가 추구하는 가치와 정체성의 맥락에서 꿈의 의미를 분석한다. 철학적 사고실험 모델은 철학적 상상력으로 상황에 이입하는 사고실험을 통해 꿈의 의미를 분석한다. 이 각각의 모델을 적용한 꿈의 분석 사례들을 소개함으로써, 꿈을 분석하는 철학적 방법에 대한 실천적 이해를 돕고자 한다.

1. 비판적 현상학

명제 5-1 철학적 꿈분석의 기본 방법론은 비판적 현상학이다.

철학적 꿈분석은 꿈에 대한 철학적 대화이다. 이 말은 오직 철학적 대화로 꿈을 분석하며, 심리적 메커니즘의 작동에 관한 정신분석과 심리학의 지식에 의존하지 않는다는 것을 뜻한다. 또한 꿈을 분석하는 과정에서 비판적 사고, 분석적 방법, 현상학, 해석학 등 여러 철학적 방법론과 텍스트 분석 기법을 다양하게 사용할 수 있다는 것을 의미한다. 그중에서도 특히 두 가지가 중요한데, 첫째는 꿈에 대한 경험을 있는 그대로 기술하는 것이고, 둘째는 이 꿈의 기록에 대해 비판적 분석과 검토를 거치는 것이다.

꿈에 대한 경험을 있는 그대로 기술하는 것은 옳고 그름을 평가하지 않고 판단을 중지하는 현상학의 방법을 사용하여 꿈을 기술하는 것이다. 예컨대, 꿈에서 누군가를 잔인하게 해치는 행동을 했더라도 그에 대해 평가하지 않고 자신의 반응을 있는 그대로 기술한다. 즉 그런 행동을 하다니 잘못된 것이다, 그것에 동조하면 안 된다… 등의 평가와 판단을 보류하고 꿈에 대한 자신의 반응, 예를 들어, 나는 그 행동에 수긍했다, 나는 매우 침착했다, 기분이 나쁘진 않았다, 죄책감이 들었다, 죄책감은 없었다, 무서웠다… 등의 반응을 있는 그대로 기술하는 것이다. 그리고 그 자료들을 분석할 때 반응의 이유를 묻고, 답변의 전제와 근거를 검토하는 비판적 숙고의 방법을 사용한다. 구체적으로 분석질문을 하고 그에 대한 답변 및 근거를 검토하는 작업을 통해 꿈의 의미를 분석한다. 단순히 꿈을 묘사하는 것에 그치지 않고, 그 기술된 것의 의미와 전제를 비판적으로 검토하는 것이다. 이와 같이

필자의 꿈분석 방법은 현상학의 방법에 비판적 분석의 방법을 결합시킨 것이다. 나는 이것을 **비판적 현상학으로 규정**한다. 비판적 현상학은 철학적 꿈분석의 가장 기초적인 방법론이다.

비판적 현상학이라는 방법론은 분석질문과 숙고적 연상에도 반영되어 있다. 그리고 1장 5절에서 설명한 꿈기록 양식에도 개괄적으로나마 담겨 있다. 꿈기록 양식은 꿈을 철학적으로 분석하기 위해 필요한 요소들을 감안하여 작성된 것으로, 철학적 꿈분석의 중심 원리인 꿈의 텍스트 개념과 콘텍스트 개념, 최소한의 분석질문 등이 간단한 질문 형태로 포함되어 있다.

꿈기록 양식을 구성하는 문항 1에는 꿈의 배경과 맥락을 적고, 문항 2에는 꿈의 내용을 기록한다. 특히 꿈기록 중에서 "꿈속에서 나는 어떤 행위를 했고 어떤 생각이나 느낌이 들었는가?"를 묻는 문항 3은 꿈속의 행동에 대해 평가를 보류하고(판단중지) 그에 대한 자신의 반응(느낌-사고-행위)을 있는 그대로 기술하도록 요구한다. 이는 꿈분석 과정에서 그렇게 반응한 이유들을 검토함으로써 꿈의 의미를 찾는 데 중요한 역할을 한다. 예를 들어, 꿈에서 누군가를 살해하는 것처럼 나쁜 행동으로 보이는 것도 그것은 꿈의 언어이기에 분석하기 전에는 의미가 드러나지 않는다. 그리하여 그 자체로 나쁜 꿈이란 없다. 어떤 내담자는 조심스럽게 "나쁜 꿈도 있나요?" 하고 묻는다. 엄마를 살해하는 꿈을 꾸었다는 것에 자책하기도 한다. 꿈기록은 이런 꿈속의 행동에 대해 옳고 그름이나 잘잘못에 대한 판단을 유보하고 그러한 장면이나 행동에 대해 자신이 어떻게 반응했는지를 있는 그대로 기술한다. 그 반응이야말로 분석의 실마리를 제공한다는 점에서 중요한 요소이다. 자신의 꿈과 반응이 의식적으론 이해되지 않을지라도, 분석질문을 통해 그러한 반응의 근거들을 찾아냄으로써 꿈의 무의식에 다가갈 수 있다. 그리고 분석 이후에 드러난 꿈의 의미나 메시지가 자신을 이해하는 데 도움을 주었다면 그 꿈은 좋고 나쁨을 떠나 본연의 역할을 한 것이다.

우리는 1장부터 지금까지 철학적 꿈분석의 기본 원리와 방법 및 중심 개념들에 대해 논의하였으며, 철학적 꿈분석이 무엇이며 어떤 접근 방식을 취하는지 전반적인 이해에 도달하였다. 이제 이 장에서 수행하려는 것은 철학적 꿈분석 방법론의 큰 틀에서 사용할 수 있는 네 가지 모델을 소개하는 것이다. 실제로 철학적 대화로 꿈을 분석하는 과정에서 구체적으로 시도했던 방법들을 네 가지 형태의 모델로 분류하여 제시하고자 한다. 그것은 숙고에 의한 연상 모델, 가설적 설명 모델, 정체성과 가치관 모델, 철학적 사고실험 모델이다. 물론 이 방법론적 모델들은 배타적인 것이 아니기에 필요에 따라 철학적 꿈분석의 과정에서 각각, 또 함께 사용할 수 있다.

이제 네 가지 방법론적 모델을 차례로 살펴보자. 각각의 모델에 대해 간략히 설명한 후, 그 모델에 따라 분석했던 꿈의 사례들을 함께 소개하고자 한다. 이를 통해 철학적 꿈분석 방법론이 실제 꿈분석에서 어떻게 적용되는지 그 원리를 이해할 수 있을 것이다. 또한 꿈이 어떻게 분석되는지 분석 사례들을 살펴보는 것은 이 방법론에 대한 실천적 이해를 도울 수 있을 것이다.

2. 숙고적 연상 모델

명제 5-2 숙고적 연상은 비판적 분석질문에 근거한다.

숙고에 의한 연상의 방법에 대해서는 앞에서 이미 자세히 다룬 적이 있다(1장 4절, 4장 3~4절 참고). 숙고에 의한 연상 모델은 가장 기본적인 꿈의 대화법으로, 꿈의 텍스트를 꿈의 콘텍스트(삶의 맥락) 위에 올려놓고 분석질문과 숙고적 상상력을 통해 의미의 관계망에 떠오르는 꿈의 의미를 읽어 낸다. 분석질문과 숙고에 의한 연상은 철학적 꿈분석 과정 전반에서 핵심적인 역할을 하는 대화의 방법이다. 이 방법은 모든 꿈의 대화와, 다른 방법론적 모델에서도 사용된다는 점에서 가장 기본적인 대화법이다.

철학적 꿈분석에서 꿈의 대화를 나눈다는 것은 꿈꾼 이가 이야기하는 꿈에 대하여 철학적 대화를 한다는 것을 의미한다. 꿈꾼 이의 꿈 텍스트와 관련해 분석질문을 구성하고 답하며, 그 답을 비판적으로 검토하여 능동적으로 꿈의 의미를 파악하는 것이다. 즉 꿈꾼 이가 기술하는 꿈의 경험에 대하여 여러 가지 질문들을 제기하고, 그가 느끼고 생각하는 것에 대하여 이유를 묻고 생각을 발전시키는 등 숙고와 자기성찰의 과정을 거친다는 의미이다.

그런데 꿈에 대한 철학적 분석을 위해서 철학자는 연상을 배제해야만 하는가? 비트겐슈타인은 연상의 고정된 방법은 없다고 보았는데, 이는 프로이트의 자유연상이 유일한 방법은 아니라는 것을 시사한다. 앞의 논의에서 언급했듯이, 철학적 대화로서 비판적 사고에 따라 안내되는 연상도 가능하다. 즉 먼저 꿈의 장면들에 대하여 비판적이고 숙고적인 사고가 전개될 수 있도록 분석질문을 구성한다. 그리고 그 질문에 답하는 과정에서 상상력을 발휘해 사건들을 연결(연상)해 보되, 그러한 연결이 가능한 이유나 근거에 대해서 성찰해 본다. 무의식의 심리적 메커니즘을 따라가는 수동적 자유연상과 달리, 숙고를 동반한 연상을 필자는 '**숙고적 연상**'이라 명명한다.

꿈의 무의식을 탐구하기 위해서는 아무런 제약 없이, 자유로이 떠오르는 대로 연상하는 것은 적절하지 않다. 그런 의미의 자유연상으로는 불충분하며, 객관적 의미에 도달할 수도 없다. 정당하게 제기된 물음, 즉 분석질문에 의해 무의식은 적합한 응답을 내보낸다. 이것이 숙고된 연상이다. 비유하자면, 분화되지 않은 무의식의 덩어리는 분석질문에 의해 의미 있는 방식으로 분화되며 의미의 맥을 드러낸다. 꿈분석은 그러한 의미의 맥을 캐는 것이다. 꿈의 의미의 광맥을 캐기 위해서는 상상과 연상의 도구를 사용하더라도, 꿈의 텍스트와 맥락에 정당하게 부합하도록 이끄는 분석질문에 기반한 숙고적 연상이 필요하다. 철학적 꿈분석은 단순히 자동적으로 심리적 흐름을 따라 움직이는 것이 아니라 논리를 따라 의미를 발굴하거나 생성한다.

철학적 꿈분석에서 숙고적 연상 모델은 꿈의 대화의 중심 역할을 한다. 이 모델은 비판적이고 숙고적인 사유 과정에서 활성화되는 상상력과 연상을 통해 꿈의 의미에 도달하며, 꿈으로부터 삶의 통찰을 얻도록 돕는다. 분석질문에 의해 철학적으로, 논리적으로 자극되는 숙고적 연상 및 사유가 어떻게 꿈의 무의식에 도달하게 되는지, 그리하여 꿈의 의미를 파악할 수 있는지 다음 사례들을 통해 살펴보자.

〈모래사장 위 거대한 원형 건축물〉

꿈속에서 나는 바닷가 모래사장과 같은 곳에 있었다. 모래사장 위에는 아주 거대한 구조물이 있었다. 고대 그리스 극장이나 콜로세움 같은 큰 원형 구조물이다. 이 건축물은 먼 과거에 누가 지은 것이라고 했다. 어떠한 목적을 가지고 지은 것인데 왕이 자기를 지키기 위한 것, 혹은 무언가를 지키기 위한 것 같다. 그러나 그건 자신만을 위한 것, 굉장히 이기적이고 개인적인 것이었다. 그런데 현대(내가 있는 시점)에 와서 그 구조물은 바닷물이 잘 들어오지 못하게 만드는 좋지 않은 결과를 초래했다.

꿈꾼 이 V는 과거에 불행한 사고로 사랑하는 사람을 잃었고, 그 이후로 소중한 것을 지키지 못했다는 죄책감과 상실에 대한 두려움을 안고 살아가고 있다. 그녀 안에는 양면성이 공존하는데, 소중한 것을 지키기 위해 내면의 방어막을 쌓는 것과 그에 대한 부작용으로 생겨난 폐쇄성이 그것이다. 그러다 보니 그녀는 감정을 자유롭게 표현하지 못했고, 거기에서 오는 압박을 점점 더 크게 느끼고 있었다.

꿈의 텍스트를 살펴보면, 모래사장 위 거대한 원형 건축물은 고대의 왕이 소중한 무언가를 지키기 위해 지은 것인데, 현대에 와서는 바닷물을 막는 좋지 않은 결과를 낳는다. 꿈속에서 그것은 자기만의 무언가를 지키기 위한 것이면서, 순환을 막는 폐쇄적인 것으로 묘사된다.

이 꿈의 분석에서 중요한 역할을 했던 분석질문은, "원형 건축물이 보여 주는 바처럼 지키기 위한 것이면서 폐쇄적인 것이 있다면 무엇인가?" 달리 표현하면 **"무언가를 지키기 위한 것이 자신을 폐쇄적으로 만드는 것이 있다면 무엇인가?"**이다. 이 물음을 통해, 꿈꾼 이는 바로 자신의 과거의 충격적인 사건을 떠올리게 된다. 그녀는 불운한 사고로 사랑하는 사람을 잃은 후, 그 기억에서 벗어나지 못한 채, 어쩌면 오히려 그 기억을 붙들고 살아가고 있다. 꿈속에서 '무언가를 지키기 위한 것 같다'라고 생각한 것은 바로 그 기억에 관한 것이었다. 고대의 왕이 무언가를 지키려고 건축물을 지은 것에 꿈꾼 이는 깊이 공감한다. 비록 자신만을 위한 이기적인 것일지라도 원형 구조물 안에 자신이 지켜야 할 것을 간직하고 있다는 점에서, 꿈꾼 이는 그에 동조하고 싶은 느낌이 든다. 그런데 그 원형 건축물은 지키는 동시에 폐쇄적인 것이다. 그것은 V 자신의 삶을 상징한다. 소중한 기억을 지키기 위해 내면의 방어막을 쌓고 외부 세계와 소통을 피하고 제한된 관계만을 맺어 온 자신을 닮아 있기 때문이다. V는 상실 이후로 감정을 통제하고 드러내지 않으면서 자기방어적으로 살아왔던 것이다. 이는 꿈속의 고대 왕의 건축물과 자신의 삶의 방식 사이의 유사성을 보여 준다.

그렇게 내면의 벽을 쌓고 방어적이 될수록 V는 압박과 스트레스를 받았다. 그리고 자신에게 자유롭게 표현하고 싶은 욕구가 있으며, 자신이 그것을 억압해 왔기 때문에 스트레스를 받는 것이라는 문제의식을 갖기 시작할 무렵 이 꿈을 꾸었다. 왕은 무언가 가치 있는 것을 지키기 위해 외부의 침입을 막는 폐쇄적인 원형 구조물을 지었고, 현대에 와서는 그 구조물이 바닷물이 잘 들어오지 못하게 하는 등의 좋지 않은 결과를 초래한다. 물이 들고 나는 흐름이 막히고, 외부와 순환이 안 된다. 순환이 안 되는 것은 생명력이 없다는 것을 뜻한다. 물의 순환이 차단되면 물이 고이고 썩을 것이며 생명이 자랄 수 없기 때문이다. 이것은 꿈꾼 이의 삶의 태도와 잘 유비된다.

그렇다면 이 꿈의 메시지는 무엇인가? 혹은 이 꿈으로부터 어떤 메시지를 읽을 수 있을까? 이 꿈은 소중한 것을 지키기 위한 내면의 방어막은 자신을 지키는 보호막이 될 수도 있지만 방어적 성향이 지나친 폐쇄성으로 이어지면 좋지 않은 결과를 일으킨다고 말하고 있다. 더구나 V는 본성상 폐쇄적인 사람이 아니다. 그녀는 자신이 친밀한 관계를 추구하며, 마음을 열고 내면을 공유해야 행복한 사람이라는 것을 스스로 잘 알고 있다. 폐쇄적으로 사는 것은 그녀의 천성에도 맞지 않는 괴로운 일이다. 자신의 본 모습과 다르게, 자신을 솔직하게 표현하지 않으며 사는 것이 스스로를 자유롭지 못하게 만들고 있다는 것을 깨닫고 있을 무렵, 이 꿈은 원형 건축물의 폐쇄적 이미지를 통해 그녀의 깨달음에 호응하는 메시지를 보낸 것이다.

그리고 이 꿈을 과거의 나와 현재의 나의 관점에서 보면 그 의미를 새롭게 읽을 수도 있다. 고대 왕의 지키려는 것과 폐쇄성의 문제는 꿈꾼 이 자신의 트라우마와 연결된 삶의 문제를 연상시킨다. 고대의 왕은 과거의 나, 과거의 행동 방식을 상징한다. 왕은 오직 자신이 지키려는 것에만 관심이 있고 훗날의 문제는 생각하지 못한다. 꿈꾼 이의 과거 자기 모습이다. 미래를 생각하지 못하고 과거에 갇혀 있던 자신의 모습이기도 하다. 현재의 나는('현대에 와서') 폐쇄성의 문제를 의식하게 된 자신이다. 고대의 왕처럼 과거의 나는 오로지 지키는 것(과거의 기억을 간직하는 것)에만 관심을 가졌고, 그리하여 그것이 초래할 부작용(관계의 폐쇄성)을 생각지 못했다. 이제 비로소 현재의 나는 그런 행동 방식의 문제점, 즉 폐쇄적 관계의 문제를 의식하게 되었다. 꿈의 텍스트는 현대에 와서야 폐쇄성으로 인해 좋지 않은 결과를 초래한 것을 인지하게 되었다고 말한다.

이와 같이 과거의 나와 현재의 나의 시점에서 이 꿈을 분석하면, 이 꿈은 과거의 자신의 행동 방식을 이해하고 공감하지만, 더 이상 과거에 갇히면 안 된다는 것과 자기방어적인 폐쇄성의 문제를 자각하게 된 것을 나타낸다.

〈거울에 비친 얼굴: 비누를 잘못된 장소에 둠〉

꿈속에서 나는 자고 일어난 것 같은데, 거울을 보니 내 얼굴이 온통 기미 같은 게 끼어 있어서 깜짝 놀랐다. 얼굴에 물집이 가득 생긴 것 같기도 하다. 놀라서 있다가 다시 거울을 보니, 기미나 물집 같은 것은 다 사라지고 깨끗한 얼굴인데, 이번엔 모르는 얼굴이다. 무표정하고 혈색이 없고 차가운 얼굴이다. 왜 내 얼굴이 아니지? 하면서 살짝 웃어보았다. 그러고 나서야 내 얼굴임을 확인하였다.

두 번째 장면은 뭔가 우중충하고, 습기가 가득하고, 질퍽한 흙이 있는 환경이다. 아마도 절에 간 것 같은데 절의 건물은 보이지 않고, 난 질퍽한 진흙 산길을 혼자서 걷고 있다. 아마 비누인가를 본래 자리에 갖다 두려고 했는데, 잘못된 장소에 두어서 다시 그것을 가져다 제자리에 두려고 했다. 그런데 진흙이 질퍽하여 걸음을 잘 떼지 못하고 끌탕을 하다가 잠에서 깼다.

꿈의 배경과 맥락을 살펴보자. 꿈꾼 이 K는 교육을 통해 사회에 기여하는 일을 하고 있다. 평생 공부와 수도를 병행하며 좋은 삶을 추구하고 있다. 선량한 시선으로 세상을 바라보지만, 뒤틀리고 공격적인 성격의 사람들과의 관계는 심신의 평화를 깨트린다. 이 꿈을 꿀 당시 그는 두 명의 나르시스트에게 연달아 가스라이팅과 심리적 공격을 당하고 있었다. 호의적으로 접근한 그들이 자신을 조정하려 한다는 것을 나중에야 깨달았지만, 이미 자신의 영역을 침범하고 있었고 어느 순간 방어하기 힘들어졌다. 이런 사건에서 오는 충격과 혼란으로 힘든 시간을 보내던 때 이 꿈을 꾸었다.

꿈의 첫 장면에서 나는 일어나 거울을 보는데 얼굴에 기미와 물집이 끼어 있거나, 모르는 얼굴이 보인다. 내가 아닌 듯하다. 거울 속의 웃음 짓는 내 반응을 보고서야 나인 줄 안다. 두 번째 장면에서는 질퍽한 진흙 길을 힘겹게 걷고 있다. 비누를 잘못된 장소에 두어서 제자리에 두려고 하지만 진흙이 질퍽하여 걸음을 옮기기가 힘들다. 두 장면에서 거울 이미지와 비누는 무엇을 상징하며 둘 사이의 연관성은 무엇인가? 그리고 진흙탕 길이 나타내는 의미는 무엇인가? 이 꿈의 의미를 파악하기 위해서는 이 물음들이 해결되어야 한다. 그런데 처음부터 단번에 무의식을 불러내어 꿈의 의미를 알 수 있는 분석질문도 있지만, 텍스트의 내용과 맥락에 대해 세부적인 사항들을 묻는 분석질문도 있다. 즉 때로는 의미를 파악하기 위해 텍스트의 세부 사항들에 대해 질문하며 관계를 면밀하게 분석하는 과정이 필요하다. 이런 과정을 통해 좀 더 결정적인 분석질문에 다가갈 수 있다. 먼저 텍스트가 보여 주는 바를 자세히 살펴보자.

'장면 1'에서, 거울에 비친 나의 이미지는 기미 낀 얼굴이거나 무표정한 낯선 얼굴이다. 웃음을 짓자 비로소 내 얼굴임이 확인된다. 거울은 수동적으로 반사적인 이미지를 비출 뿐이고 그것으로는 자신이 누구인지를 확인할 수 없다. 나의 행동과 반응(살짝 웃어 보는 것)을 보고서야 내 얼굴을 확인할 수 있다. 이렇게 꿈의 텍스트는 자신을 확인하려면, 나를 찾으려면 거울 이미지의 변화보다 나의 반응이 중요하다는 것을 말해 준다. 찾아야 할 진리는 내 안에 있다는 생각이다. 즉 나를 알려면 나를 비추는 거울 이미지에 속지 말고 내 마음의 반응을 살피는 것이 중요하다는 것이다. 어쩌면 이는 불자인 꿈꾼 이의 불교적 성찰일 것이다.

'장면 2'에서 나에게는 비누를 본래 자리에 갖다 두어야 하는 미션 내지 과제가 주어졌고, 이를 힘들게 수행하는 중이다. 아마도 절에 간 것 같은데, 산속의 질퍽한 진흙길을 혼자서 걷고 있다. 비누를 잘못된 장소에 두어 다시 제자리에 두려고 하지만 진흙탕 길이 발걸음을 방해하고 있다. 동시에 진흙탕 길을 걷게 된 것은 비누 미션을 제대로 수행하지 못했기 때문이기도 하다.

여기서 비누란 무엇이며, 비누를 본래 자리에 둔다는 것은 무엇을 상징할까? 비누란 무언가를 깨끗이 씻고 닦는 것이다. 비누를 잘못된 곳에 두었다는 것은 비누의 사용처가 잘못되었거나, 씻고 닦아야 할 대상을 잘못 알고 있는 것이다. 닦아야 할 대상이 잘못 바뀐 것이다. 제대로 초점을 겨누지 못한 것이다. 비누를 본래 자리에 두었다고 생각했으나 잘못된 장소에 두었으니 제자리에 가져다 두어야 한다. **씻고 닦아야 할 대상이 바뀐 것이라면, 진정 씻고 닦아야 할 대상은 무엇일까?** 지금 K가 처한 상황과 맥락을 겹쳐 보면 의미의 상이 보인다. 그녀는 요즘 관계에서 오는 충격과 혼란을 겪으면서 '이 나이에도 사람들의 관계에서 평온이 깨지다니 아직 마음공부가 부족한가!'라고 생각한다. 그리고 꿈의 첫 번째 장면의 맥락과 연관해서 보면, 닦아야 할 것은 거울이 아니라 내 마음이라는 것이 드러난다. 혹은 닦아야 할 것은 남이 아니라 나 자신이다.

이렇게 보면, 꿈의 두 장면이 긴밀하게 연관되어 있음을 알 수 있다. 즉 꿈속에서 비누를 잘못된 자리에서 제자리에(본래 자리에) 두는 과제는 다음을 의미한다. 첫 번째, 거울에 비친 모습이 이상하다면, 닦아야 할 것은 거울이 아니라 내 마음이다. 거울을 닦는다고 내 모습이 제대로 보이는 건 아니며, 내 마음을 닦아야 내 모습이 제대로 보인다는 것이다. 즉 비누(닦아야 할 것)의 본래 자리를 찾는 것은 거울 닦기에서 마음 닦기로의 전환을 말한다. 두 번째, 닦아야 할 것은 남이나 외부적인 것이 아니라 자신이다. 남을 탓하기보다 자신을 성찰하는 것이 먼저다. 비누의 본래 자리를 찾기 위해 그러한 전환이 요청된다. 결국 꿈꾼 이가 진흙탕 속을 걷게 된 것은 깨끗이 씻고 닦아야 할 대상을 잘못 생각했기 때문이다. 또 그 때문에 무언가 본래 자리를 찾아가는 데 걸림돌이 되고 있다.

그러면 진흙탕은 무엇을 가리키는가? 진흙탕은 내 마음의 혼탁한 상태를 상징한다. 꿈은 깨끗이 씻고 닦아야 할 대상을 잘못 생각해서 진흙탕 속을 걷게 되었다고 말하고 있다. 또한 꿈은 나르시스트에게 공격당하며 혼란을 겪은 일(가스라이팅을 당해 괴로워한 것)은 자신을 성찰하기보다 밖에서, 남에게서 문제를 찾다가 고통에 빠진 것임을 보여 주고 있다. 불자인 꿈꾼 이의 사고가 꿈에 반영되어 있는 듯하다.

그렇다면 꿈의 메시지는 무엇일까? 꿈은 거울 이미지에 현혹되지 말라고 말한다. 형형색색 변하는 거울 이미지에 현혹되거나 그 이미지를 바꾸려 하지 말라는 것이다. 비누로 깨끗이 씻고 닦아야 할 것은 거울이 아니라 내 마음이고, 내 마음을 살피는 것과 나의 올바른 반응이 더 중요하다. 이를 깨닫지 못하면(즉 비누를 제자리에 갖다 놓지 못하면) 질퍽한 진흙탕 길에 빠져 허우적대듯이 마음의 혼탁함과 혼란에서 벗어나지 못할 것이다. 비누를 제자리에 두기까지는, 즉 닦아야 할 대상이 자신이라는 것을 자각하고 실행하기까지는 질퍽한 진흙탕 길을 걷게 될 것이다. 최근의 혼란과 괴로움은 그 때문에 발생한 것이고, 상대방의 심리적 전략에 말려든 것이다. 이 점은 그 일을 겪고 나서 K가 깨달은 것이기도 하다. 비누를 본래 자리에 두는 것처럼 자신이 중심을 잡고 흔들리지 않았다면 어느 누구도 자신의 평온을 쉽게 깨트리지 못했을 것이라고 꿈은 말하고 있다.

〈늙은 좀비가 젊은이들을 압박하는 꿈〉

버스에 타고 어딘가로 가고 있었는데, 버스 안의 나이 많은 사람들이 좀비로 변하였다. 그들이 힘으로 젊은 사람들을 누르는데 이길 수가 없었다. 혼비백산인 와중에도 버스는 멈추지 않고 계속해서 앞으로 나아갔는데, 자세히 보니 원래 가던 길이 아닌 다른 곳으로 가고 있었다.

이 꿈의 배경과 맥락을 보면, 꿈꾼 이 W가 교환학생을 마무리할 즈음 교환학교에서 마지막 시험을 보기 전이었고, 그는 공부를 거의 하지 못해서 발등에 불이 떨어진 상황이었다. W는 그동안 한국에서의 공부와 시험 압박에서 벗어나 교환학기 동안은 여유 있게 휴식을 취하고 여행하며 자유롭게 지내다 오려고 했다. 그런데 놀기만 하다 보니 대부분 과목이 출석 미달로 과락이어서, 마지막 남은 한 과목에서 패스를 해야만 교환학생을 인정받을 수 있는 상황이 되었다. 그래서 이 과목에서 반드시 패스해야 한다는 시험 압박에 시달리던 중에 이 꿈을 꾸었다.

꿈속에서 버스를 타고 어디론가 가고 있는데, 버스 안의 나이 든 사람들이 좀비로 변하여 젊은 사람들을 공격하며 압박한다. 그들이 힘으로 누르는데 이길 수 없어 혼비백산하는 와중에도 버스는 멈추지 않고 계속 가고 있다. 그런데 버스는 목적지를 이탈하여 원래 가던 길과 다른 길로 가고 있다.

여기서 이 꿈의 의미를 밝히기 위해, 숙고적 연상을 불러올 수 있는 분석질문은 무엇일까? 버스 안의 사람들은 늙은 사람과 젊은 사람으로 나뉘어 있고, 늙은 사람이 좀비가 되어 젊은 사람을 누르며 압박하는 구조이다. 그렇다면 **늙은 사람이 젊은 사람을 압박하는 상황이 있다면 무엇인가? 이런 상황이 연상되는 것은 무엇인가?** 이 질문을 받자, W는 시험 압박을 받고 있는 자신의 상황이 떠올랐다. 지금 시험을 준비하는 과목의 담당교수는 유독 나이가 많다. 꿈속에서 젊은이를 힘으로 누르는 좀비는 나를 비롯하여 젊은 학생들에게 시험 압박을 주는 늙은 교수를 상징한다. 그 압박은 시험 스트레스이다. 그 질문을 통해 꿈을 보니, 꿈의 상징들이 명료해졌다.

그러면 내가 탄 버스가 원래 길이 아닌 다른 곳으로 가는 것, 즉 버스의 이탈은 무엇을 의미하는가? 꿈꾼 이의 맥락에서 보면, 교환학기 동안에 **원래 목표한 것과 다르게 흘러가고 있는 것이 있다면 무엇인가?** 이 물음으로 이탈하는 버스의 상징적 의미가 드러난다. W가 교환학생으로 올 때의 원래 목표는 '공부 걱정에 시달리지 않는' 행복이었다. 한국에서의 공부와 시험 압박을 벗어나 실컷 놀고 자유롭게 지내다 오는 것이 원래의 목표였다. 그런데 너무 놀다 보니 대부분의 과목이 출석 부족으로 과락이 되고 말았다. 교환학생 자체가 인정되려면 한 과목이라도 패스해야 하는데, 과락을 면할 수 있는 과목이 하나밖에 남지 않았다. 늙은 교수의 과목이다. 하지만 남은 한 과목마저도 시험에 통과하기엔 공부가 부족하여 압박과 스트레스를 받고 있다. 원래의 목표와 달리 다시 시험 압박에 시달리게 된 것이 버스가 목표를 이탈하는 것으로 나타난다. 원래 목표대로 가던 길이 여유를 즐기던 생활이었다면, 가던 길에서 이탈한 것은 여유 없이 다시 시험 압박에 시달리는 현재의 상황을 나타낸다.

이 꿈에서 나이 많은 사람들만 좀비로 변해서 젊은 사람들을 공격하며 억누르는 것은 시험을 앞둔 과목의 늙은 교수가 젊은 학생들에게 시험에 대한 압박과 스트레스를 주는 것을 상징한다. 원래의 목적지를 이탈하는 버스는 교환학생의 목표가 시험에서 벗어나 자유롭게 행복을 누리는 것인데 이 목표와 달리 다시금 시험 압박을 받는 상황으로 변해버린 것, 즉 목표에서 이탈된 것을 의미한다. 물론 버스 안은 교환학생 생활을 하는 교환학교를 상징한다.

〈면도날을 삼켜 소화시키는 꿈〉

(어떤 사건과 스토리가 진행 중이었고) 면도날 같이 날카로운 것을 생체 안에 집어넣어서 소화시켜야 하는 상황이었다. 나는 면도날처럼 예리하고 날카로운 것을 삼켰는데, 그것이 내장에 들어가 순화되면서 리드미컬하게 잘 소화가 되었다.

꿈꾼 이 L은 60대 중반 여성이다. 이 꿈을 꾸고 나서 신기한 꿈으로만 여겼고, 자신의 문제를 상징하는 꿈이라고는 생각하지 못했다. 그 날카로운 면도날이 자신의 소화 기관에 들어가 그 안에서 어찌어찌 순화되고 소화되는 것이 신기할 따름이었다. 그런데 꿈꾼 이는 꿈분석 과정에서 다음의 분석질문을 통해 자신의 아픈 문제가 조금씩 해소되어 가고 있음을 깨닫게 되었다. **예리하고 날카로워 베일 수 있고 상처**

가 되는 아픈 문제가 있다면 무엇인가? 그럼에도 점차 잘 소화하고 있는 문제가 있다면 무엇인가?

이 물음을 듣자마자, 그녀는 그것이 무엇인지 바로 알 수 있었다. 그녀에게 그런 문제는 단 하나밖에 없었기 때문이다. 오랜 세월 동안 그녀에게 아픈 상처였던 딸의 문제이다. 그동안 그녀는 딸이 많은 문제를 갖고 있고, 딸이 바뀌어야 문제가 해결되고 딸이 행복해질 것이라고 생각했다. 그런 생각으로 딸을 바꾸겠다고 오랫동안 전쟁을 치르기도 했다. 하지만 그것은 관계를 더 악화시킬 뿐이었다. 그러나 요즘엔 딸에 대한 자신의 태도를 바꾸고 가능한 한 이해하고 개입하지 않으려고 절제하며 평온한 관계를 유지하려고 노력하고 있다. 그동안 딸에 대한 염려와 걱정으로 서로 많은 상처와 고통을 주고받았지만, 이제 마음을 비우고 많은 걸 내려놓았다. 딸을 바꾸려고 하기보다 자신이 어찌할 수 없는 것들을 받아들이면서 조금씩 문제가 가라앉고 있다. 삼킨 면도날을 조금씩 소화해 가고 있는 중이다.

꿈의 시작은 어떤 연유로 날카로운 것을 몸 안에 집어넣어 소화해야 하는 상황이라고 말하고 있다. 엄마로서 자녀에 대한 문제가 그런 것일 게다. 그녀에게 딸의 문제는 외면하거나 피할 수 없고, 찔리고 베일지라도 삼켜서 소화해야 하는 문제이다. 하지만 그동안 문제를 소화하지 못해 오랫동안 수많은 상처를 주고받으며 힘들어했다. 예리한 면도날이 상처를 내듯이 실제로 오랫동안 딸과의 관계에서 찔리고 베이는 상처가 계속되고 덧나곤 했다. 그 과정을 겪으면서 언젠가부터 자신이 변해야 한다는 걸 깨닫고 마음을 바꿨다. 많은 것을 내려놓고 딸을 이해하고자 했고, 딸의 관점에서 모든 걸 다시 보기 시작하면서 관계는 서서히 회복되었다. 그 날카로운 문제가 조금씩 부드러워지고 이젠 어느 정도 소화할 수 있게 되었다. 이 꿈은 누구도 크게 다치지 않고 날카로운 문제를 순화시켜 잘 해결한 것을 보여 준다. 면도날을 삼켜 소화하는 짧지만 강렬한 이미지의 이 꿈은 딸과의 관계에서 상처와 회복의 과정을 상징적으로 잘 보여 준다.

또한 리드미컬하게 소화된 것은 면도날과 소화기관이 서로 잘 조화를 이루고 융화되어 걸리지도 베이지도 않고 면도날이 매끄럽게 소화기관을 지나갔음을 의미한다. 그럴 수 있는 것은 면도날 자체도 어느 정도 순화되고 부드러워졌다는 것을 시사한다. 즉 문제 자체를 바라보는 자신의 시각이 부드럽게 변화했다는 것을 뜻한다. 꿈 텍스트의 마지막 문장은 날카로운 문제를 스스로 삼켜서 근심과 두려움을 소화하는, 그 어려운 일을 잘 해냈다고 자신을 격려하는 메시지를 담고 있다.

이상에서 살펴본 것처럼 철학적 분석에서는 꿈의 의미를 파악하기 위해 능동적으로 질문을 던지고 그 답을 분석한다. 예를 들어, 자신의 꿈 내용에 대해, 혹은 꿈의 장면들에 대해 어떤 느낌과 생각이 드는지, 그렇게 느끼거나 생각하는 이유가 무엇인지, 꿈속 장면의 인물이나 사물에서 무엇을 연상했으며 그 이유는 무엇인지, 꿈이 나의 상황과 어떤 연관을 갖는지 등등에 대해 묻고 대답의 근거를 찾는다. 꿈의 텍스트에 대한 이런 대화와 더불어, 꿈과 삶의 맥락의 관계망에서 떠오르는 의미를 발굴하기 위한 질문으로 분석을 진행한다. 이런 대화의 전 과정에서 분석질문과 숙고적 연상의 방법은 꿈에 대한 철학적 사유를 촉진하면서 자신의 무의식과 소통하도록 돕는다.

3. 가설적 설명 모델

명제 5-3 가설적 설명은 창조적 사유의 실험이다.

꿈에 대한 가설적 설명 모델은 꿈을 현재의 문제 상황이나 꿈꾼 이의 삶의 역사와 연결해 가설적으로 설명해 보는 작업이다. 단번에 이해되지 않는 꿈에 대해 꿈꾼 이와 함께 꿈의 내용과 요소들이 무엇을 의미하는지에 대해 다양한 가설을 세워 보는 것이다. 분석질문과 숙고적 사유를 통해 꿈꾼 이와 함께 꿈해석의 가설들을 세우고 무엇을 선택할지 검토하는 것은 철학적 꿈분석의 한 방법이다. 꿈 내용이나 꿈에 등장하는 두드러진 이미지들에 대해 꿈해석을 위한 아이디어를 가설적으로 제시해 보는 것이다. 이 작업은 비판적 사고와 더불어 상상력을 동반하는 사고와 통찰을 필요로 한다. 그것은 개인의 삶의 전체 역사 안에서 꿈의 의미를 설득력 있게 제시하는 가설을 찾아내는 창조적 작업이다.

창조적 사유는 현실과 다른 방식으로 이미지들을 연결해 보는 상상을 통해 새로운 사유를 실험한다. 상상은 현실에 있는 것들을 사용하되 현실과 다른 방식으로 조합하여, 현실에 없는 새로운 사유나 사태를 만들어 내는 것이다. 예컨대, 현실에 존재하는 말과 새의 날개를 조합하여 만든 새로운 존재, '날개 달린 말'은 상상의 산물이다. 이런 의미에서 새로운 방식의 연결을 통해 기존에 없는 새로운 것을 만들어 낸다는 점에서 상상은 창조적 사유이기도 하다. 마찬가지로 꿈분석에서 상상력을 동원하여 현실의 이미지와 꿈의 이미지를 연결해 꿈의 무의식을 찾아내는 것 역시 창조적 사유 작업이다. 그러한 연결을 가설로 제시한 후, 그 가설에 설득력을 부여함으로써 꿈의 의미를 생성할 수 있다. 그리고 그 가설이 적합한지, 그 가설에 따라 해석된 꿈의 의미가 무엇인지, 그 해석이 자기이해와 문제 해결에 어떤 역할을 하는지 고찰할 수 있다. 때로는 꿈을 설명하기 위한 여러 가설을 세울 수 있으며 가설의 차원에서 어느 하나만이 진리라고 미리 단정할 필요는 없다. 분석질문에 대한 답이 선명하지 않거나, 여러 가지 답변과 대안들이 가능할 경우엔 여러 가설들을 세우고 비교 검토하여 선택하는 과정을 거칠 수 있다.

앞에서 언급했던 〈집도 부모도 없는 떠돌이 남자아이〉 꿈은 가설적 설명 모델로 접근했던 대표 사례이다. 이 꿈에서 '떠돌이 남아'가 누구를 상징하는지에 대해 초견적으로는 두 가지 가설이 모두 가능했다. 가설 1은 한국 유학생이고, 가설 2는 수험생 남동생이다. 하지만 분석의 근거를 찾아보면 전자는 불충분하며, 후자의 가설이 꿈의 텍스트와 콘텍스트에 들어맞는 분석 가설이라는 것을 확인할 수 있었다(1장 4절 참고). 그 경우 가설 1을 폐기하고 가설 2를 선택하여 이 꿈의 분석을 완성할 수 있다.

꿈의 철학적 분석은 꿈꾼 이의 삶의 맥락에 따라 꿈의 의미가 달라진다고 본다. 철학적 꿈분석은 무의식에 실재하는 꿈의 원인이나 하나의 진리를 찾기 위한 것이 아니다. 나의 꿈은 나의 삶을 반영한다고 할 때, 이는 둘 사이의 인과관계를 주장하는 것이 아니다. 꿈의 세계와 현실의 삶은 물리적 인과관계에 놓인 것이 아니기 때문이다. 꿈은 삶의 통찰과 영감을 주는 그림처럼* 내 삶의 이야기를 이끌어 나가

* Wittgenstein, L., *Culture and Value*, Chicago University Press[이영철 옮김(2020), 『문화와 가치』, 책세상]

는 서사의 역할을 한다. 즉 꿈의 가설 모델은 꿈을 기술되고 해석되어야 하는 구성물로 간주한다. 마찬가지로 꿈의 의미를 해석하는 일은 실재하는 진리를 찾는 문제가 아니며, 다양한 해석 가설을 찾기 위한 숙고적 상상력과 선택의 문제로 간주된다. 그리하여 꿈의 대화는 영감을 주는 연관들을 찾아 나서고 다양한 가설적 설명을 시도함으로써 자신의 삶을 보다 창조적으로 해석하도록 자극한다.

꿈해석의 가설을 세우는 일은 개인의 삶의 역사 안에서 기억과 상상력을 동원하여 꿈과 현실의 새로운 연관을 찾아내는 창조적 작업이다. 꿈과 전체 삶의 역사를 연결시켜 새로운 의미를 부여할 수 있다면, 이러한 꿈의 사유는 자신의 삶의 이해를 확장하고 미래의 비전을 제시하는 역할을 한다. 또한 가설을 통하여 자신의 꿈을 정확하고 적합한 언어로 기술하는 것은 자기이해를 돕고 혼란된 사고를 명료하게 해준다.

가설적 설명 모델은 창조적 사유의 실험을 통해 꿈의 가설을 세우고 그 가설의 적합성을 검토한다. 꿈의 가설적 설명은 창조적 상상력을 동원하지만 동시에 객관적 근거를 제시한다. 꿈의 텍스트와 삶의 맥락에 비추어 여러 가설을 세우는 것이 가능하지만 임의로 아무 가설이나 설정할 수 있는 것은 아니다. 텍스트 안의 구조적 관계와 개인의 전체 삶의 맥락 안에서 창조적 상상력을 동원하여 가설을 설정하는 동시에 가설의 근거를 찾아 제시해야 한다.

그렇게 설정된 가설이 꿈의 텍스트와 삶의 구체적 맥락에 잘 들어맞는지 검토하고 평가한다. 다수의 가설이 제시될 수 있는 경우라면, 어떤 가설이 텍스트의 일관성을 드러내며 더 풍부하고 적합한 해석을 제공하는지 검토한다. 혹은 역으로 그 가설에 따라 해석할 경우, 꿈의 텍스트와 맥락에서 상충하는 부분은 없는지, 다른 부분과 맞지 않거나 불충분한 해석은 아닌지 검토한다. 이런 평가의 근거와 전제들을 비판적으로 검토하는 작업은 논리적 사유에 따른 정당화의 차원에 속하기 때문에 객관적 기준을 갖는다. 그러한 과정을 거쳐 선택된 가설에 따라 해석된 꿈의 의미는 강한 설득력을 갖는다.

다음 사례들을 통해 꿈해석에 가설적 모델이 적용되는 구체적인 방식을 살펴보자.

〈끝없이 돌아가는 세탁기와 건조기〉

꿈의 배경은 현재 내가 사는 학교 앞 자취방이었다. 꿈의 내용은 세탁기가 끝없이 돌아가는 꿈이었다. 나는 세탁기를 돌릴 때, 세탁이 끝날 때까지 기다렸다가 세탁이 끝나면 바로 건조기를 돌린다. 꿈에서도 평소처럼 세탁기를 돌리고 세탁이 끝나기를 기다렸다. 그런데 세 시간 이상을 기다려도 세탁이 끝나지 않았다. 나는 기다리다 지쳐 세탁기를 인위적으로 끄려 했으나 한 번 시작한 세탁기는 중간에 멈출 수도 없었다. 나는 곧 약속이 있어 외출을 해야 했기 때문에 세탁이 끝나면 얼른 건조기를 돌려 놓고 나갈 계획이었는데, 세탁기가 멈추지 않아 어쩔 수 없이 계속 돌아가는 세탁기를 놔두고 외출을 했다.

이 꿈에서 끝없이 돌아가는 세탁기는 무엇을 상징하는가? 먼저 꿈의 맥락에서 떠오르는 몇 가지 가능한 가설을 세우고 분석을 시작할 수 있다. 꿈의 배경과 꿈꾼 이 G의 현재 상황을 보면, 그는 외국에서 교환학생을 마치고 귀국하여 첫 학기를 보내고 있다. 외국에 있는 동안 많은 경험을 하였고, 새로운 친구들도 사귀며 성장하는 동시에 가치관의 변화도 있었다. 귀국해 원래 학교로 돌아온 뒤로는, 새 학기에 적응하는 것과 졸업 후 진로 준비를 병행하느라 분주하게 보내고 있었다. 이러한 꿈꾼 이의 삶의 맥락을 토대로 이 꿈에 대한 가설을 세우고 분석을 시도해 보자.

먼저 계속 돌아가는 세탁기에 대해 다음 두 가지 가설을 세울 수 있다. 첫 번째 가설은, 계속 돌아가는 세탁기를 교환학생으로 다녀온 독일에 계속 마음이 가 있어서 거기서 벗어나지 못하고 있는 G의 상태로 보는 가설이다. 즉 독일 생활에 대한 관심이 멈추지 않아(즉 '세탁기가 멈추지 않아') 한국 생활에 집중하지 못하는 것(즉 '건조기를 돌리지 못하는 것')으로 보는 것이다. 이 가설에 의하면, 세탁기가 멈추지 않아 건조기를 돌리지 못하는 것은 독일 생활의 미련과 여운에서 헤어 나오지 못하여 현재의 생활에 집중하지 못하는 것을 표상한다.

두 번째 가설은, 학교 공부, 일, 운동에 모든 시간을 쏟다 보니 정작 중요한 미래 목표인 로스쿨 공부를 못하고 있다는 것에 대한 아쉬움과 불만족을 나타내는 것으로 보는 가설이다. 당장 눈앞에 닥친 학교 공부와 일에 시간을 다 쓰느라('세탁기가 계속 돌아가') 로스쿨 준비를 하지 못하는 것('건조기를 돌리지 못하는 것')으로 보는 것이다. 이 가설에 의하면, 이 꿈은 당장 닥친 바쁜 일들 때문에 미래를 준비하지 못하는 데서 오는 불안과 조급한 마음을 나타낸다.

꿈의 가설이 여럿일 경우, 각각의 가설들을 검토하며 어느 가설이 적합한 근거를 가졌는지 평가가 필요하다. 세탁기가 멈추지 않아 건조기를 돌릴 수 없듯이, "현재 멈추지 않거나 벗어나지 못해서 다음 일을 진행하는 데 방해가 되는 것은 무엇인가?" 이 질문의 답을 찾음으로써, 어느 가설이 더 적합한지 평가할 수 있다.

먼저 첫 번째 가설을 뒷받침하는 근거를 생각해 보자. G는 지금도 독일 친구들과 카톡방에서 일상을 공유하고 있다. 밤낮없이 그 방에서 오가는 이야기들에 관심이 쏠리고 그곳에서 친구들과 함께하지 못하는 것에 아쉬움을 느낀다. 꿈꾼 이는 그런 자신을 보며 '내 마음의 일부가 독일에 가 있다'고 생각한다. 그것이 한국의 일상을 방해한다. 지금은 이것이 자신에게 도움이 안 되는 행동이라 생각되어 카톡방에서 나오려고 한다.

두 번째 가설은 어떨까? 이 가설은 중요한 목표의 우선순위를 뒤로 미루는 삶의 방식에서 벗어나야 한다는 생각이 전제된 것이다. 즉 학교공부나 운동, 일 등 현재 일에만 치중하며 미래를 준비하지 못하는 것에 대한 경계심을 나타낸다. 하지만 G는 요즘 이런 일상의 일들을 좋아하며 오히려 즐기고 있다. 그리고 로스쿨 준비를 고려하고는 있으나 지금 그것이 자신에게 가장 중요한 일이라고 생각하진 않으며 천천히 내년에 준비하려는 마음을 갖고 있다. 따라서 이 가설은 부적절해 보인다.

결론적으로 보다 적합한 가설은 첫 번째 가설이다. 즉 꿈의 텍스트에 근거하여 제시된 분석질문("현재 벗어나지 못해 다음 일을 방해하는 것은 무엇인가?")에 비추어 보면, 첫 번째 가설이 두 번째 가설보다 더 적합하다는 것을 알 수 있다. 이처럼 적절한 분석질문과 그 응답에 비추어 어느 가설이 잘 들어맞는지 검토함으로써 올바른 꿈의 의미를 찾을 수 있다.

〈물바닥에 누워 있는 사람과 그를 건너는 사람의 꿈〉

베를린에서 사귄 친구가 꿈에 나왔다. 그 친구를 따라서 어떤 곳에 갔는데, 그곳은 엄청 크고 높은 도서관 같은 느낌의 공간(건물)이었다. 무언가를 찾으러 갔던 것 같고 친구가 나를 안내했다. 1층에서 마치 수영장처럼 물이 잠긴 곳을 걸어갔다. 어떤 사람들이 바닥에 잠수하듯이 누워 있었고, 어떤 사람들은 그 사람들을 밟고 가거나 넘어서 걸어갔다. 나도 그 사람들을 넘어갔다. 그때 나는 '저렇게 오래 숨을 참고 바닥에 붙어 있을 수는 없겠다'고 생각했다.

이 꿈은 꿈꾼 이의 역사를 압축적으로 보여 주는 꿈이다. 꿈꾼 이에게 '베를린'은 자유를 상징한다. '베를린'을 떠올리면 편견이 없고 사상과 행동이 자유로운 도시가 연상된다. 꿈속의 베를린 친구 역시 편견이 없고 자유로운 친구이다.

꿈의 텍스트를 보면, 나는 베를린 친구를 따라서 무언가를 찾으러 어떤 곳에 간다. 나를 안내하는 그 친구를 따라가는데, 나에겐 무언가를 찾으려는 목표의식이 있다. 도서관 같은 건물에 갔고, 거기 1층은 수영장처럼 허리 정도 높이로 물이 차 있다. 어떤 사람들은 물바닥에 누워 있었고, 어떤 사람들은 그 사람들을 밟고 가거나 넘어서 걸어갔다.

이 꿈에서 물바닥에 누워 있는 사람과 또 그들을 넘어가는 사람들은 무엇을 상징하는가? 그 상징은 무엇을 암시하는가? 무엇에 근거하여 어떤 가설을 세워볼 수 있을까? 우선 꿈의 텍스트를 자세히 관찰하면, 물바닥에 누워 있는 사람은 물을 건너는 사람과 구조적으로 대조되는 상징이라는 것을 알 수 있다. 또 꿈속에서 지금 나는 무언가를 찾으려는 목적의식을 가지고 물을 건너고 있다. 꿈의 대조적인 상징과 삶의 맥락에 비추어, 물을 건너는 사람이 자유롭게 무언가를 찾아가는 목적 지향의 사람이라면, 누워 있는 사람은 부자유하고 그런 지향이 없거나 목표를 못 찾은 사람이라는 가설을 세울 수 있다. 그리고 그에 대응하여, 두 종류의 사람은 바로 **과거의 나와 (과거를 건너는) 현재의 나를 상징**한다는 것을 알아챌 수 있었다.

눈을 동그랗게 뜨고 정자세로 시체마냥 정적으로 물바닥에 누워 있는 사람은, 목표의식도 없고 자유를 향한 안내자도 없으니 갈 곳이 없는 사람이다. 바로 과거의 자신이 그런 사람이었다. 꿈꾼 이는 물바닥에 누워 있는 사람을 바라보며, '나는 저렇게 오래 숨을 참고 바닥에 붙어 있을 수 없겠다'고 이입하여 생각한다. 그로부터 삶을 제대로 살지 못했고 숨을 쉬기도 어려웠던 과거의 자신을 떠올렸다. 과거의 그녀는 마치 시체처럼 무기력하게 물바닥에 누워 있는 사람이었기 때문이다.

이제 그녀는 그러한 과거의 자신을 건너가려고 한다. 요즘 그녀는 비로소 물바닥에 누워 있는 시체 같은 사람으로부터 어떤 목적을 가지고 이동하는 사람이 되어 가고 있음을 의식한다. 그런 삶의 전환을 도와주는 것은 꿈속의 베를린 친구와 크고 높은 도서관에서 무언가를 찾으려는 목적의식이다. 베를린은 소수자에 대한 편견과 억압으로부터의 자유를 상징하며, 베를린 친구는 옆에서 항상 자신을 아끼고 사랑해 주는 인생의 동반자를 의미한다. 그리고 그녀는 자신의 진로와 삶의 목표를 공부와 학문에 두었다. 꿈속의 크고 높은 도서관은 그녀가 삶의 방향으로 선택한 학문을 상징한다. 그렇다면 꿈속에서 그녀를 안내하는 베를린 친구와 커다란 도서관 건물이 상징하는 것은 자유와 학문적 목표를 향해 나아가는 삶이다. 그녀가 지향하는 것은 자유와 학문이며, 그것이 자신의 삶에 의미와 가치를 준다. 물바닥에 누워 있는 과거의 자신을 건너가는 것은 삶의 무기력에서 벗어나 삶의 활기를 되찾는 것을 의미한다. 이와 같이 이 꿈은 잔혹한 운명으로 인해 숨도 제대로 쉴 수 없었던 과거의 아픔을 건너 자유로운 삶의 목표를 향해 나아가고 있는 지금의 변화된 모습을 보여 준다.

〈외숙모: 안방에서 씻어도 방이 젖지 않는 꿈〉

외갓집 배경이다. 외숙모가 화장실이 아니라 안방에서 물을 틀고 머리를 감으신다. 신기하게 방이 별로 젖진 않는 느낌이다. 그 후에 외숙모는 검은 모자도 쓰고 검은 원피스를 입고 예쁘게 꾸미고 외삼촌이랑 외출하러 나가신다. 화장실에선 외할머니가 누워서 씻고 계신다. 나도 외숙모처럼 안방에서 씻으려 하는데 엄마가 바닥에 누워서 자고 있다. 우선 조용히 샤워기 물을 틀어서 머리를 감는다. 안방엔 배수구가 없어서 이 물들이 어디로 빠지나 걱정이 되기도 하고 엄마가 젖을까 걱정이 되기도 하지만 우선 다 씻는다. 엄마는 깨지 않는다. 사촌오빠가 두꺼운 영한 번역 소설책을 읽고 있다.

꿈꾼 이는 오래전부터 엄마와의 관계 때문에 힘들어한다. 엄마의 행동이 학대에 가깝다고 생각한 적도 많다. 하지만 엄마는 그걸 인정하지 않는다. 엄마는 잘못한 것이 없으며 오히려 내가 문제라고 잘못을 전가한다. 그런데 외할머니가 외숙모에게 상처를 주는 언행을 일삼는데도, 외숙모는 불만 없이 정성을 다해 시어머니(꿈꾼 이에겐 외할머니)를 모신다. 외숙모는 꿈꾼 이가 친척 중에서 유독 잘 따르고 존경하는 분이다. 가족들보다 자신을 더 잘 이해해 주며 정이 가는 분이다. 성격이 참 단아하다. 까다로운 성격의 시어머니를 모시고 살지만 힘든 내색을 하지 않는다. 외숙모는 자신의 부담을 대물림하지 않으려고 아들(꿈꾼 이에겐 사촌오빠)에게 어디서든 자유롭게 살라고 말씀하신다. 외국에서 사는 외아들이 혼자 잘 살고 있는 것만으로 감사하게 여긴다. 그녀에게 외숙모는 상처 치유의 이상적 모델이다. 할머니한테 상처받고 힘들 텐데도, 힘든 내색 없이 진심으로 할머니를 정성껏 돌보신다. 상처를 받더라도 불행해 보이지 않는 분이다.

꿈속에서 외숙모는 안방에서 씻지만 물이 방을 적시지 않는다. 배수구로 빠져나갈 오염물을 남기지 않기 때문이다. 숙모가 씻어 낸 물이 흔적도 없어 방이 젖지 않는 것을 보며 나도 따라서 해본다. '안방에서 물로 씻어도 방이 젖지 않는 것'은 무엇을 상징하는가? 꿈의 텍스트와 꿈꾼 이의 삶의 맥락으로부터 다음을 유추해 볼 수 있다.

꿈속에는 상처를 주는 사람과 받는 사람들이 등장한다. 상처를 주고받는 관계 구도에서 보면, 할머니와 외숙모의 관계는 엄마와 나의 관계에 대응한다. 할머니는 외숙모에게 상처를 주고, 엄마는 늘 나에게 상처를 준다. 그런데 이 두 관계에는 중요한 차이가 있다. 외숙모는 나와 달리, 상처에서 자유롭다. 상처를 받았지만 상처에 시달리지 않는다. 이러한 숙모의 모습은 꿈속에서 '오염수를 남기지 않고 머리를 감는 것'으로 표상된다. 또한 외숙모를 닮고 싶어 하는 나의 모습은 외숙모를 따라 안방에서 머리를 감는 것으로 표상된다.

이러한 관계들의 구도와 조합에 근거하여 다음 가설을 세울 수 있다.

안방에서 물로 씻어도 방이 젖지 않는 것은 상처에서 자유로워지는 것, 즉 상처의 찌꺼기를 남기지 않고 상처를 치유하는 것을 상징한다. 이 관계망 안에서 보면, 물로 씻어 냄은 상처를 씻는 것(즉 상처를 치유함)이고, 씻어 낸 물이 방을 적시지 않는 것은 상처를 씻은 오염수(즉 상처의 찌꺼기)가 남지 않는 것을 말한다. 꿈속에서 외숙모는 상처를 씻은 뒤에도 상처의 찌꺼기를 남기지 않는 치유의 모델로 등장한 것이라고 볼 수 있다. 꿈꾼 이가 외숙모를 따라 하는 것은, 상처의 찌꺼기를 남기지 않고 치유해 상처로부터 자유로워지고 싶은 것이다. 하지만 외숙모를 따라 하면서도, 엄마의 눈치를 보고 물이 어디로 빠질지, 방바닥이 젖지는 않을지 걱정하며 노심초사하는 모습은 상처에서 자유롭지 못한 꿈꾼 이의 상태를 표상한다.

꿈의 마지막에 등장하는 사촌오빠에 대한 언급은 상처의 세대 간 단절에 관한 것이다. 세대 간에 상처를 이어가는 것을 끊는 것이다. 실제로 외숙모가 외아들을 물리적, 심리적으로 독립시키는 행동은 자신이 받는 상처를 대물림하지 않겠다는 의지의 표현이다. 이와 대조적으로 꿈꾼 이는 상처에 묶여 엄마로부터 독립하지 못한 상태이다. 아직도 어린 시절 상처에 아파하며 정신적으로도 분리되지 못한 모습이다.

이상의 가설은 관계의 구도와 관계망 안에서 꿈의 상징적 의미를 잘 드러내 준다. 이를 토대로, 꿈을 정리해 보자. 꿈속의 외숙모는 상처에서 자유로운 분이다. 상처를 씻어 내도 상처의 찌꺼기나 씻어 낸 물의 흔적이 남지 않으며, 예쁘게 차려입고 외출하러 나간다. 외숙모의 상처 치유는 청정하다. 상처가 남긴 찌꺼기나 트라우마도 없다. 상처를 가볍게 털고 나아간다. 외숙모에게 상처를 준 할머니는 외숙모와 다른 공간에 분리되어 있어, 외숙모에게 더 이상 힘이 미치지 않는다. 할머니는 외숙모에게 준 상처가 되돌아와 상처의 오염수를 배출할 배수구가 필요하다. 그래서인지 외숙모와 달리 배수구가 있는 화장실에서 누워 씻는다.

나도 외숙모를 따라하고 싶어 안방에서 상처를 씻지만, 엄마와 분리되어 있지 않고 한 공간에 있다. 안방에 누워서 자고 있는 엄마가 젖거나 깨지 않을까 신경이 쓰이고, 씻고 난 물이 어디로 빠질지(즉 상처의 흔적이 어떻게 없어질지) 걱정이 된다. 자유롭게 행동하는 외숙모를 따라 해보지만, 난 아직 상처로부터 자유롭지 못하고 상처의 찌꺼기를 털어 버리지 못한 채 그대로 갖고 있다. 어쩌면 상처를 씻은 물을 그대로 들고 있다. 하지만 내가 씻는 동안 옆에서 자고 있는 엄마는 깨지 않는다. 내가 상처를 받건 말건, 아무리 상처를 호소해도 공감하지 못하거나 모른 척 일관하는 실제 엄마의 모습을 반영한다.

그러면 꿈의 메시지는 무엇일까? 반복되는 오래된 상처를 치유하려면 숙모처럼 상처에 묶이지 말라는 것, 상처의 흔적과 트라우마를 남기지 말고, 상처를 준 사람과 분리하고 과감하게 떨쳐 내라는 메시지이다. 상처를 준 사람은 그걸 기억하거나 신경 쓰지도 않는다. 평소 엄마의 태도가 그렇다. 나 혼자 상처의 찌꺼기를 안고 노심초사하지만 상처를 준 상대는 그걸 기억하지도 못한다. 그러니 혼자 상처의 찌꺼기를 들고 있지 말고 자유롭게 털어 버리라는 것이 꿈의 메시지이다.

이 꿈의 분석을 통해, 꿈꾼 이는 상처에 의연하게 대처하는 숙모의 모델을 따르려는 의지를 갖게 된다. 이 꿈은 자신의 상처에 갇혀 어린 아이처럼 칭얼거리는 것을 벗어나, 남을 탓하기보다 스스로 책임지며 어른스럽게 대응하려는 태도로 전환하는 중요한 계기가 되었다.

〈아름다운 여자가 아름다운 옷을 사러 다니는 꿈〉

꿈속의 나는 굉장히 날씬하고 멋지고 젊은 여자다. 아름다운 여자다. 옷집에 들어가서 옷을 입어 봤는데, 너무 예쁘고 아름답다. 그러면서 옷을 사고 가방도 샀던 것 같다.

먼저 꿈의 배경과 맥락을 살펴보자. 꿈꾼 이 O는 오랜 기간 외국에서 살다가 귀국하고 몇 달 뒤에 이 꿈을 꾸었다. 그는 외국에서 의사와 치료사로 일을 하다가 은퇴 후 한국에 돌아와 상담소를 개업했다. 한편으로는 한국 생활에도 적응해야 하고 또 새로 시작한 일이 잘될지에 대한 걱정이 있다. 다른 한편으로는 외국의사 면허증이 한국에선 무용지물이니, 한국에서 면허를 인정받을 방법도 강구해야 하는 고민이 있다. 당시에 O는 한국에 정착하는 과정에서 공신력을 갖는 한국 면허증을 받을 수 있는 방법들을 모색하였고 그와 관련된 꿈을 꾸기도 했다.

꿈의 텍스트를 보면, 나는 이미 아름다운데도 아름답게 보이기 위해 옷을 사러 다닌다. 나는 자신이 아름답다는 걸 알고 있다. 아름다운 옷을 입지 않아도 '나는 아름다운 여자이다.' 그런데 꿈속에서 나는 아름다운 옷을 사러 다닌다. 옷가게에 들어가 아름다운 옷을 입고 거울에 비춰 본다. 역시 아름답다. 전자가 아름다운 옷을 입기 전에도 일인칭 관점에서 자신이 아름답다는 것을 아는 것이라면, 후자의 옷을 입은 후 거울에 비춰 본 나의 모습이 아름다운 것은 삼인칭 관점의 시각에서 아름답다는 평가이다. 즉 거울을 통해 남들이 바라볼 시선에서 평가받는 나의 모습이다.

이 꿈은 자신의 미적 속성, 즉 아름다운 외모에 대한 기술로 시작한다. 그런데 현실의 O에게 미모는 관심이 덜 가는 속성이다. 그래서 무의식의 메시지를 바로 알아차리기가 어렵다. 이 미적 속성은 무엇을 상징하는 것일까? 그것은 삶의 맥락과 당시의 고민에 비추어 정신과 의사나 치료사로서의 능력을 상징한다는 가설을 세울 수 있다. 즉 꿈속의 아름다운 외모를 치료사로서의 능력을 상징하는 것으로 보는 것이다. 이 가설은 자신을 평가할 수 있는 가장 대표적인 속성이 평생 종사해 온 의사로서의 능력이고, 특히 그 능력을 인증하는 면허 문제로 고심하고 있다는 것에 근거한다. 이 가설에 의하면 외모에 대한 이 꿈은 의사로서의 능력과 이를 검증받는 것에 관한 이야기가 된다. 이에 따르면, 꿈의 텍스트는 다음과 같이 분석된다.

나는 능력 있는 의사/치료사이다. 나는 스스로도 능력 있는 의사라는 것을 잘 알고 있다. 그런데 한국에 와서 보니, 외국 의사 면허는 인정되지 않고 개업을 했지만 그런 나의 능력을 증명할 수 없다. 남들에게도 능력 있는 의사로 인정받으려면, 남들이 공인해 줄 증명서(면허)가 필요하다. 그래서 아름다운 옷을 사러 다니는 것은 한국에서 공신력을 갖는 면허를 얻기 위해 노력하는 것을 의미하며, 동시에 한국 면허 문제를 해결하고 싶은 마음을 표현한다. 한국 의사 면허를 갖고 있으면(즉 '멋진 옷을 입으면') 나의 멋진 치료사 능력을 보여 주기에 손색이 없을 것이다. 여기서 나의 아름다운 외모는 의사/치료사로서 뛰어난 나의 능력을 상징하며, 나를 멋지게 보일 옷은 한국 의사 면허를 상징한다.

이렇게 분석할 경우 꿈의 메시지도 분명히 보인다. 꿈꾼 이는 자신이 아름답다는 것, 즉 오랜 경험으로 의사/치료사의 능력이나 자질이 뛰어나다는 것을 알고 있다. 그렇다면 의사로서의 능력이 이미 갖추어져 있으니 그것을 증명하려고 애쓸 필요는 없다. 즉 꿈은 면허를 얻으려고 애쓰지 않더라도 사람들이 결국 그 능력을 알아볼 것이니 염려하지 말고 자신을 믿고 실행하라는 격려의 메시지를 보내고 있다.

이상의 철학적 꿈분석 외에, 이 꿈을 해석하는 또 다른 방식이 있는지 물을 수 있다. 나는 꿈분석에 앞서 꿈꾼 이에게 1차로 자신의 꿈 해석을 물어보곤 한다. 아마도 이 꿈에 대해 세 가지 방식의 접근이 가능할 것이다. 첫 번째, 심리적 접근이다. 나이가 들어 건강약화와 질환에 시달리면서 그와 상반되는 젊고 건강한 이미지를 선망하는 심리를 반영하는 꿈으로 간주하는 것이다. 심리치료사가 취할 수 있는 해석이다. 두 번째, 정신분석적 접근이다. 나이 들고 병들고 외모도 건강도 볼품없어진 현재의 자신과 대비되는 젊고 멋진 외모의 여자로 등장함으로써 자신의 소망을 성취하는 꿈으로 해석하는 것이다. 꿈은 소망의 성취라는 프로이트의 정신분석적 해석이다. 셋째, 앞에서 분석했듯이, 최근의 관심사와 삶의 맥락을 근거로 외모라는 미적 속성을 의사의 능력이라는 가설로 접근한 철학적 분석이다.

그런데 꿈꾼 이는 철학적 꿈분석을 하기 이전에 이 꿈을 어떻게 해석했을까? 그는 1차적으로 자신의 꿈을 현재 상실해 버린 젊고 건강한 성적 매력을 되찾고 싶은 소망을 나타내는 꿈으로 간주함으로써, 심리적 접근이나 정신분석의 관점과 유사한 해석을 취하였다. 하지만 이 두 가지 접근의 해석은, 너무 일반적이거나 자신을 성찰할 만한 통찰을 제공하기에는 부족한 진부한 해석에 머무른다. 꿈꾼 이의 고민이나 삶의 맥락에서 흥미로운 메시지나 새로운 사유를 제시하지 못하기 때문이다. 반면에 철학적 꿈분석의 가설적 모델은 당시의 고민을 반영하여 자신을 성찰하는 계기가 되는 참신한 의미와 통찰을 제공해 준다. 자기 삶의 관심사에 비추어 보면 철학적 분석이 주는 꿈의 메시지가 적절하다는 것을 알 수 있다.

4. 정체성 기반 모델

명제 5-4 꿈은 꿈꾼 이의 정체성과 가치관을 반영한다.

정체성에 기초한 해석 모델은* 자신이 추구하는 가치와 정체성의 맥락에서 꿈의 의미를 분석한다. 꿈꾼 이의 가치, 신념, 욕구 등 자기정체성의 이해가 꿈을 이해하는 데 중요한 역할을 한다. 꿈 자체가 꿈을 생성한 사람의 무의식을 드러낼 뿐 아니라 동시에 정체성을 드러내기도 하기 때문이다. 꿈의 세계는 꿈의 무의식과 의식, 그리고 꿈꾼 이의 가치와 욕구 등의 정체성이 교차되어 전개된다. 비록 꿈의 무의식이 그려 내는 꿈의 세계가 의식의 세계와 매우 다른 모습일지라도, 꿈속에는 꿈꾼 이의 가치와 성격 및 사고방식이 곳곳에 내재되어 있다. 꿈을 분석하는 것으로도 자기이해와 성찰을 도울 수 있는 이유이다. 꿈속에서의 사건과 행위에 대해 어떤 느낌이나 기분이었으며 어떻게 생각했는지, 혹은 어떤 감정이 드는지(예컨대, 죄책감, 불안, 답답함, 착잡함, 담담함, 즐거움, 찔림, 공포, 절망, 경각심, 소명의식 등)에 관한 대화를 통해 꿈꾼 이 자신의 사고와 정체성이 드러난다. 그런 점에서 꿈분석의 과정에도 정체성 모델은 의미 있는 역할을 한다.

또한 꿈에 대한 꿈꾼 이의 반응과 태도는 자신의 신념이나 가치를

---

* 정체성 모델에 관한 자세한 논의는 김선희(2015)를 참고하라. 특별한 상징이 없이 일상적으로 벌어지는 일을 꿈으로 꾸는 경우들이 있다. 이런 경우 정체성 모델에 비추어 보면, 꿈의 텍스트나 꿈에 대한 반응 속에 꿈꾼 이의 성격이나 가치와 캐릭터 및 정체성이 반영되어 있어서 자기성찰의 풍부한 자료가 된다. 하지만 이 모델이 적용되는 꿈의 종류가 따로 있는 것은 아니다. 꿈은 자신과의 대화이자 자신의 무의식의 반영이라는 점에서, 대부분의 경우 정체성 기반 모델을 결합하여 사용하는 것은 도움이 된다.

표현한다. 꿈은 자신과 타인 사이의 가치관의 갈등을 드러내기도 하고, 자신이 추구하는 가치와 현실 사이의 간격을 보여 주기도 하며, 자신의 가치를 반성적으로 돌아보게 만든다. 꿈의 장면이나 꿈에 등장하는 사람과 사물에 대한 꿈속에서의 생각/느낌과 꿈을 꾼 후 갖게 된 생각/느낌을 통하여 자신의 긍정적, 부정적 감정이 연루된 가치관을 이해하게 된다. 나아가 꿈이 드러내는 가치가 미래를 지향할 경우, 꿈의 의미는 삶의 목표와 비전을 제시해 준다.

자아정체성에 기반하는 꿈분석은 꿈꾼 이의 인격 전체가 연루되어 있는 해석의 가설을 추구한다. 자아정체성은 개인의 성품 내지 인격을 구성하는 욕구-신념-가치 체계의 중심이기 때문이다. 정체성과 연루된 꿈분석의 가설을 찾는 과정은 동시에 자신을 이해하는 과정이기도 하고, 자기 삶의 전체 역사와 총체적인 인격의 상태를 반영하는 것이기도 하다. 그런 의미에서 철학적 꿈분석에 정체성 모델을 적용하는 것은, 꿈꾼 이 자신이 누구이고 어떤 사람인지를 드러내는 작업이기도 하다.

꿈이 꿈꾼 이의 정체성을 반영한다는 것은, **가치관이나 정체성이 바뀌면 꿈도 변한다**는 것을 함축한다. 동시에 꿈의 분석을 통해 자신의 가치관을 확인하거나 가치관의 변화를 자각하기도 한다. 꿈의 역사를 통해 한 개인의 일련의 꿈들을 관찰해 보면, 그러한 가치관의 변화들이 더욱 명료하게 드러난다. 때로는 시간의 경과에 따른 일련의 꿈들을 비교하는 것으로도 그러한 변화를 포착할 수 있다.

꿈꾼 이의 욕구, 신념, 가치 등도 꿈의 맥락을 형성하므로, 꿈의 의미는 자아정체성과 전체 삶의 맥락을 총체적으로 살펴볼 때 온전히 파악할 수 있다. 꿈의 해석을 위해 꿈꾼 이의 정체성과 가치관의 맥락이 고려되어야 하는 이유이다. 다음의 꿈을 살펴보자.

〈성관계 없이 임신하는 꿈〉

꿈 1) 성관계 없이 임신하는 꿈이었다. 이상하게도 당사자인 나나 주변 사람들이나 아무런 의문 없이 이를 자연스럽게, 그리고 긍정적으로 받아들이고 있었다. (나는 지금 임신을 부정적으로 생각하고 있는데 이상한 일이다.) 따뜻한 기분이 드는 긴 순백색 길을 흰 드레스를 입은 사람들과 함께 조용히 걷기도 했다. 측면의 창으로 햇빛이 약간 장엄한 느낌으로 비쳐 들어왔던 것 같다. 나는 종교가 없는데도 내내 성스럽다는 감상이 들었다.

다영은 이 특이한 꿈을 고교 시절부터 지금까지 세 번 반복해서 꾸었다. 그녀의 내면의 세계가 어떠하기에 이런 꿈을 반복하여 꾸는 것일까? 물론 기독교나 신화에는 이런 동정 잉태를 모티브로 하는 이야기들이 등장한다. 그것의 반영일 수도 있지만, 반드시 종교와 연관된 꿈으로 단정할 필요는 없다. 실제로 그녀는 기독교는 물론 어떤 종교도 갖고 있지 않다. 이 꿈의 의미를 이해하려면, 꿈꾼 이가 추구하는 삶의 가치와 자기정체성에 대한 이해가 필요하다. 특히 이 꿈은 그녀의 가치관 및 세계관과 연관되어 변화를 보이기 때문이다. 그녀는 이 꿈을 분석한 후 자신의 가치관과 세계관의 변화를 알 수 있었고, 우울한 허무주의 세계관이 지금의 우울증과 연관이 있다는 것을 깨닫게 되었다.

다영에게 중요한 가치와 삶의 목표는 죽을 때 후회하지 않는 삶을 사는 것이다. 그녀에게 의미 있는 삶은 개인이 세상에 좀 더 좋은 영향을 미치는 삶이다. 마지막 순간에 내 삶은 이러이러한 의미가 있었다고 스스로 만족할 만한 평가를 할 수 있는 좋은 삶을 살고 싶고, 그런 삶을 살기 위해 노력해 왔다.

하지만 요즘 자신에 대한 생각은 매우 부정적이다. 어릴 때는 좋아하는 것도 확실하고 총명했고 지적인 탐구심도 많았는데, 요즘은 무가치한 말초적 자극을 즐기며 사는 것 같다. 그런 자신이 초라하고 아무것도 아니라고 느껴진다. 예전엔 자신이 세상에 단 하나뿐인 고유한 존재라는 의식과 자존감을 가지고 있었는데, 지금은 그런 확신이 다 사라졌다. 지적으로도 옛날에 비해 성장하지 못하고 퇴보한 느낌이다. 자신이 보잘것없고 초라하게 느껴져 괴롭다. 그런데도 주변사람들은 자신을 여전히 옛날의 총명했던 사람으로 생각하는 것에 부끄러움과 괴리감을 느낀다. 이 괴리감 때문에, 사람들에게 자신의 초라한 모습이 들통날까 봐 두려워하는 꿈을 반복하여 꾸기도 한다. 다영은 "내가 아무것도 아니라는 게 까발려질까 봐 불안하다", "내가 자부심과 자존감 있는 사람이길 원하지만, 그리고 사람들이 나를 좋게 봐주지만, 사실은 별 볼 일 없는 사람이라는 걸 남들이 알게 될까 봐 불안한 마음이 든다"라고 말한다. 이러한 생각이 〈옷을 입지 않은 채 밖에 나온 걸 깨닫고 경악해서 사람들이 눈치 채기 전에 몸을 가리거나 숨기 위해 불안해하는 꿈〉을 반복하여 꾸는 것과 연관이 있는 듯하다.

다영은 고교 시절에 〈성관계 없이 임신하는 꿈〉을 처음 꾸었고, 대학에 와서 작년과 올해 한 번씩 세 번에 걸쳐 같은 꿈을 꾸었다. 그녀는 이 꿈을 성스러운 꿈으로 받아들였지만, 왜 그런 꿈을 꾸었는지 전혀 알 수 없었기에 오랫동안 수수께끼로 남아 있었다. 이 꿈은 동정 잉태라는 크리스찬 모티브가 분명한 꿈이라서 종교인의 입장에서는 신성모독이 될 수도 있으나, 고등학생 때 처음 그 꿈을 꾸었을 때는 정말 이상할 만큼 귀한 꿈이라는 생각이 들었다.

이 꿈은 그녀의 자아정체성과 관련된 가치관 및 세계관과 어떤 연관이 있을까? 꿈의 의미는 삶의 맥락에서 떠오른다. 그 맥락에는 정체성, 가치관, 세계관이 모두 포함된다. 그녀가 이 꿈을 처음 꾼 고교 2~3학년 시절은, 그녀의 표현에 의하면 '나는 괜찮은 사람'이라는 프라이드가 있었던 마지막 시기이다. 그 후 대학에 입학하여 2학년 무렵부터 자신이 아무것도 아닌 보잘 것 없는 사람이라는 생각이 들기 시작했고 그 시기에 두 번째로 이 꿈을 꾸었다. 그리고 올 봄에 자신에 대한 확신과 자존감이 거의 없어지던 무렵에 세 번째로 이 꿈을 꾸었다.

세 번의 동정 잉태 꿈은 4년에 걸쳐 반복되었는데, 다영은 자신이 어떤 상태인지 계속 성찰하고 있었기에 자기 상태에 대해선 잘 알고 있었다. 세 번의 꿈이 반복되는 동안, 그녀는 갈수록 자신의 가치와 신념은 물론 세계관이 모두 부정적으로 변해 가고 있었다. 이에 대응하여 꿈의 내용도 조금씩 변화했다. 같은 내용이 반복되는 꿈이지만 다음과 같이 세부 내용이 달라지고 있다는 걸 확인할 수 있다. 그녀의 세계관 및 가치관의 변화에 대응하여 그녀의 꿈도 조금씩 변화하고 있다.

꿈 1) 성관계 없이 임신하는 꿈이다. … 나는 사람들과 조용히 순백의 길을 <u>걷는다</u>.

꿈 2) 성관계 없이 임신하는 꿈이다. … 나는 안락의자에 몸을 기대어 <u>앉아 있다.</u> 다들 조용히 반기고 좋아해 주었다.

꿈 3) 성관계 없이 임신하는 꿈이다. … 나는 가만히 <u>누워 있다</u>.

나는 '내가 애를 가지고 있구나' 깨달았고, 주변 사람들도 좋아 해 주었다.

이제 꿈꾼 이의 가치관과 삶의 맥락을 배경으로 꿈의 텍스트를 분석해 보자. 먼저 맨 처음에 꾼 '꿈 1'의 텍스트를 살펴보자. 성관계 없는 임신을 했다. 그런데 동정 잉태에 대해 자신과 주변의 사람들이 모두 긍정적으로 받아들인다. 성관계 없이 그녀가 잉태한 것은 무엇을 의미하는가? 그녀의 삶의 목표인 세상에 좋은 영향을 미치고 싶다는 말은, 그녀에게는 '자신이 알게 된 진리를 통해 사회에 도움이 되는 무언가를 실현하고 싶다'는 것을 의미한다. 그녀에게 진리란 인류의 보편 가치이자, 도덕적, 종교적 지위를 갖는 것이다. 비록 종교를 갖고 있지 않지만 그런 종류의 진리가 있다고 믿는다. 그러한 진리를 실현하는 데 기여함으로써 후회 없이 만족하며 삶을 마감하고 싶은 것이 그녀의 삶의 의미이자 목표이다. 어릴 적부터 진리에 대한 그런 꿈을 막연하게나마 가지고 있었고 또 진리를 전하는 그런 사람이고 싶다는 소망이 있었다. **그녀의 이런 가치관을 토대로, 그녀가 잉태한 것은 그녀가 추구하는 진리라는 가설**을 세워 볼 수 있다. 그런 진리에 대한 소명이 동정녀 잉태의 꿈으로 나타난 것이다. 자신 안에 진리를 잉태하는 것은 스스로 할 수 없고 초자연적 임신처럼 소명으로 받는 것이다.

꿈은 이미 그것을 잉태한 것으로부터 시작된다. 그리고 그것을 긍정하며 바라보는 주변의 사람들, 따뜻한 기분이 드는 긴 순백색 길을 흰 드레스를 입은 사람들과 함께 걷는 것은 사람들이 그 진리에 동조하며 따르는 것으로 그 가치를 인정받는 것이다. 순백색의 길과 흰 옷 등은 진리의 순수함을 나타낼 것이다. 뒤이어 장엄한 햇빛과 분위기가 매우 성스럽다고 느낀다. 그 진리는 성스럽기도 하다. 종교적 분위기가 서려 있는 거룩한 진리다. 지금 분석한 꿈은 진리에 대한 열정이 강하게 살아 있었고 또 자신이 그만큼 괜찮은 사람이라는 자긍심과 자존감이 있었던 고교 시절의 꿈에 해당한다. 그 당시 이 꿈이 그토록 귀한 꿈으로 여겨졌던 이유도 잘 드러난다. 자신이 꿈꾸는 진리에 대한 확신과 감동이 있었고 그 진리의 길이 마치 자신이 나아갈 삶에 대한 소명이나 계시처럼 느껴졌던 것이다.

그런데 이런 소망에도 불구하고 그녀는 대학에 입학한 후 허무주의 세계관에 빠지면서 가치관이 바뀌기 시작한다. 그에 따라 이 동정 잉태의 꿈도 세부 내용이 바뀌어 간다. 성관계 없이 임신한다는 꿈의 중심 내용은 동일하지만 시기별로 행동 방식의 변화가 보인다.

> 성관계 없이 임신하는 꿈을 반복하여 꾸는데 … 첫 번째 꿈에선 나는 사람들과 함께 길을 걷는다. → 두 번째 꿈에선 … 나는 안락의자에 몸을 기대 앉아 있다. → 세 번째 꿈에선 … 나는 가만히 누워 있다.

자신이 아무것도 아닌 사람이라는 생각이 들면서 자신감이 없어지던 대학 2학년에 꾼 두 번째 꿈에서, 약간 흔들리는 자신을 붙잡아 주는 역할을 환기시키는 듯 꿈속의 자신은 안락의자에 기대어 앉아 있다. 순백의 길을 사람들과 걷던 첫째 꿈의 진취적인 모습이 아니라, 다만 안락의자에 기대 조용히 앉아 있는 것으로 바뀐다. 세 번째 꿈은 모든 확신이 사라지고 스스로 만족할 수 없어 불안하고 우울하던 시기에 꾼 꿈이다. 이 꿈에서 다영은 마지막 장면에 누워 있는 모습으로 등장한다. 걷지도, 앉지도 않고 누워 있는 자세다. 진리를 소망하고 잉태했지만, 지금은 그것을 낳고 실현하기에는 역부족이거나 무력해 보인다.

이 세 개의 꿈은 동일한 내용의 꿈이지만, 꿈속의 그녀의 행동 방식에는 큰 차이가 있다. 처음에는 진취적으로 걷고 있고, 다음의 꿈에는 기대어 앉아 있고, 그 다음 마지막 꿈에는 미동 없이 누워 있는 모습이다. 활기와 활동적인 것에서 비활동성과 무력으로 바뀌어가는 모습이다. 이러한 변화는 다영의 가치관의 변화에 따른 행동 방식의 변화와 거의 정확히 일치한다. 예전의 열정적이고 진취적인 삶에서 현재의 허무하고 우울하고 무기력한 삶으로 변화해 가는 것에 대응한다. 반복적인 꿈이어도 가치관의 변화에 대응하여 꿈의 세부 내용이 변화해 가는 것을 관찰할 수 있다. 꿈꾼 이의 사고방식이나 가치관의 변화에 대한 이해가 없다면, 이러한 꿈의 변화가 나타내는 의미를 제대로 파악하기는 어려울 것이다.

이 꿈의 전모를 이해하기 위해 세계관 및 가치관의 변화에 대해 좀 더 살펴보자. 꿈꾼 이의 세계관은 시기적으로 두 부분으로 나누어 설명할 수 있다. 중고교 시절~대학 1년 사이의 한 시기[예전]와 그 이후의 시기[지금 현재]이다. 예전에는 진리에 대한 추구와 앎에 대한 집착이 컸고 진리에 대한 환상도 컸다. 하나라도 제대로 알 수 있기를 바랐고, 뭔가 진리를 알아내서 그것으로 세상을 좋은 방향으로 바꾸고 싶다는 욕구가 매우 강했다. 이게 자신의 소명이라 생각했고, 중학교 2~3학년 때부터 이런 소명의식이 생겼다. 아마도 이것이 동정잉태의 꿈으로 상징화되었을 것이다. 이상의 분석대로 꿈속의 그녀가 동정녀가 되어 초자연적으로 잉태한 것은 성스러운 진리이다.

지금 그녀는 세계관이 완전히 허무적으로 바뀌었다. 물론 “지금도 진리나 앎에 대한 환상은 있다. 아는 것이 내 삶에서 매우 중요한 부분이다. 하지만 예전과 달리, 지금은 진리를 알고 싶지만 그게 환상이라고 생각한다. 또 진리로 세계를 바꿀 수 있다고 생각하지도 않는다. 진리란 있지도 않고, 찾을 수도 없고, 안다고 해도 세상을 바꿀 수 있는 것이 아니라고 생각한다." 허무주의 사고이다.

그동안 다영은 변화하는 자신의 상태는 의식하고 있었지만, 자신이 허무주의에 빠진 것을 인지하진 못하고 있었다. 이 꿈의 분석을 통해 그녀는 자신의 가치관이나 세계관이 허무적으로 바뀌었음을 비로소 깨닫게 되었다. 또한 이 꿈의 분석으로, 자신의 우울증의 원인이 세계관의 변화에서 오는 것임을 알게 되었다. 진리를 통한 구원의 세계관에서 허무주의 세계관으로 전환되고, 적극적으로 진리를 갈망하던 태도에서 비관적인 태도로 바뀐 데서 오는 우울이다. 즉 그녀의 우울증은 허무주의 세계관에서 오는 우울이다. 그녀는 진리를 갈망하지만 진리는 환상이고 그런 것은 없다는 것에서 오는 허무함, 또 실현할 수 없는 것을 바라는 공허한 마음에서 오는 우울함에 빠져 있다.

이런 허무적 세계관으로의 변화에도 불구하고, 꿈은 다영에게 변하지 않는 가치도 있음을 보여 준다. 즉 꿈속에서 행동 방식이 달라지고 있지만, 자신 안에 진리를 간직하고 싶은 소망은 일관적으로 지속되고 있다는 것을 확인할 수 있다. 이것이 동정 잉태의 꿈을 반복하여 꾸는 이유일 것이다. 꿈의 무의식은 이 꿈의 시리즈를 통해 꿈꾼 이에게 진리에 대한 확신이 옅어지고 있지만 그럼에도 진리의 소망을 여전히 간직하고 있음을 보여 준다. 그래서 그녀는 고민이 많고 우울한 것이다. 자신은 진리를 소망하지만 그것을 구현할 수 없는 세계에 대한 허무감과 진리를 구현하지 못하는 자신에 대한 부정과 죄책감을 동반하고 있다. 세계와 자신 사이의 괴리감에서 우울함이 온다.

한편 다영은 자신의 고유성을 지키려는 욕구가 매우 강한 편이다. 자책하고 자신에 대해 부정적으로 평가하면서도 자기 고유의 정체성을 소중히 여기며, 혹여 정체성이 상실될까 두려워한다. 다음 꿈을 보자.

〈믹서기 꿈〉

내가 지하철을 타고 가다가 앉아 졸고 있다. 그 꿈속에서 나는 믹서기에 들어갈까 봐, 믹서기에 갈릴까 봐 엄청나게 두려워하고 있었다. 아마 꿈속의 내가 오른편에서 거대한 믹서기를 본 것 같다.

다영은 진로 문제로 고민하다가 고시를 치르기로 결정한 후, 고시학원을 다니기 시작할 즈음에 이 꿈을 꾸었다. 이 꿈은 지하철을 타고 가며 졸고 있는 꿈속에서 꾼 것이다. 꿈속의 꿈이다. 꿈속의 꿈에서 옆에 거대한 믹서기의 존재를 의식하였다. 그 믹서기를 보았거나 갈리는 소리를 들었던 것 같다. 그런데 그녀는 그 믹서기 안에 들어갈까 봐, 또는 갈릴까 봐 엄청 두려워한다. 다영에게 꿈속의 지하철은 고시학원 가는 길을 나타내며, 나아가 고시 준비하는 과정을 상징한다. (그 꿈을 꿀 당시 다영은 집에서 먼 학원을 다니느라 긴 시간 지하철을 타고 이동하는 생활을 하고 있었다.)

그런데 믹서기를 의식하며 두려워하는 것은 무엇일까? 믹서기에 갈리듯이, 내 안에서 형체 없이 사라질 것에 대한 두려움이 있다면 무엇에 대한 것인가? 이 질문 앞에서 다영은 고시 준비를 하면서 자신에게 맞지 않는 일을 하고 있다는 생각을 줄곧 해왔던 것을 떠올렸다.

고시생이 되는 것과 그것이 자신에게 미칠 영향이 두려웠다. 자신을 잃어버릴까 봐 두려워했다. 고시학원에 다니는 수험생이 된다는 것은 '수천 명의 수험생들과 1년간 똑같은 생활을 하며 똑같아지는 것'을 의미한다. 수많은 수험생들과 똑같이 규격화된 삶을 사는 것은 자신의 고유한 삶의 방식을 훼손하는 것이다. 그런 의미에서 고시생이 되는 것은 믹서기에 들어가서 자신의 고유한 개성이 갈리는 것에 비유할 수 있다. 즉 **믹서기에 갈리는 두려움은 자신의 고유한 개성이 갈리는 것에 대한 두려움을 상징한다.** 그리하여 〈믹서기 꿈〉은 자신의 개성과 정체성이 사라질까 봐 두려워하는 꿈이다. 이 꿈은 규격화된 수험 생활이 내 존재감과 나의 고유한 개성을 몰살시킬 수 있음에 대한 두려움을 나타낸다. 이 두려움은 역설적으로 자신만의 가치가 담긴 고유한 정체성을 소중하게 간직하고 싶은 마음을 나타낸다. 남들과 똑같이 획일적으로 규격화되고 싶지 않은 것, 즉 자신의 고유한 가치와 정체성을 간직하고 싶은 욕구를 반영한다. 그런 점에서, 이 꿈도 다영의 가치관을 잘 보여 준다.

이상의 사례들을 보면, 꿈은 꿈꾼 이가 추구하는 가치와 신념 등 정체성을 반영한다는 것을 알 수 있다. 꿈을 분석함으로써 꿈꾼 이의 정체성을 이해하기도 하지만, 정체성과 그 변화를 통해 꿈의 의미를 이해하기도 한다. 이처럼 꿈은 자신을 형성하는 정체성의 일면을 드러내 준다.

5. 철학적 사고실험 모델

명제 5-5 사고실험은 철학적 상상에 의한 자기성찰 모델이다.

철학적 사고실험 모델은 꿈의 텍스트가 제시하는 특정 상황에 이입하는 사고실험을 통해 꿈의 의미를 탐색한다. 철학적 꿈분석이 의식이 무의식에 이르는 길을 찾는 것이라면, 그 길에는 다양한 방법이 동원될 수 있다. 그중 하나가 필자가 '실천적 사고실험'이라고 부르는 것이다. 사고실험은 숙고적 상상력과 연상을 포함하여 상상적 상황에 이입해서 생각해 보는 실험을 말한다.

철학자들은 자신의 이론이나 개념의 적합성을 테스트하고 지지하기 위해 사고실험을 사용해 왔다. 그것은 이성적 사고와 상상력이 결합된 실험이다. 즉 어떤 사상이나 개념을 검토하기 위해 그와 관련된 상상 가능한 상황을 가정한 후, 그 경우 우리가 어떤 판단을 하는 것이 올바른지 이성적으로 검토하는 것이다.* 즉 사고실험에 참여하는 사람들은 각자 상상력을 발휘하지만 모두 이성이 지시하는 올바른 결론에 도달한다고 간주한다. 이때 사고실험은 어떤 견해나 판단이 옳은지 실험하는 이론적 방법이 된다. 이처럼 철학적 사고실험은 어떤 철학이론이나 개념이 적합한지 평가하는 전략으로 사용되어 왔다.

필자는 철학상담 과정에서 이와 다른 방식으로 사고실험을 수행하는 방법을 개발하였다. 기존의 철학적 사고실험의 이론적 목표와 방법을 수정하고 실천적 사고실험 모델로 바꾸어 철학상담 방법론으

* 김선희(2016), 1장.

로 사용해 왔다. 필자가 고안한 실천적 사고실험은 제시된 상상적 상황에서 자신이 어떻게 반응하는지를 살피고 그 이유를 검토함으로써 새로운 통찰을 얻도록 고안되었다. 실천적 사고실험은 무엇이 진리인지 찾는 이론적 사고실험과 달리, 자신의 반응을 검토함으로써 자기이해와 성찰을 돕기 위한 것이다. 여기서 사고실험의 역할은 하나의 진리에 수렴하는 것이 아니라, 새로운 자기인식을 발견하기를 촉구하는 것이다. 실천적 사고실험의 방법은 다음 단계로 이루어진다. 첫째, (철학사상이 제시하는) 특정 상황을 상상하도록 제시한다. 둘째, 그 상상적 상황에 있다고 했을 때 어떤 생각이나 느낌이 드는지, 왜 그런지, 반응과 이유를 기술한다. 셋째, 자신의 반응과 그 이유를 검토한다. 이러한 사고실험은 새로운 자기이해를 돕는다.*

철학적 꿈분석을 위한 사고실험 모델은 실천적 사고실험 모델의 방법을 따른다. 다만 첫 단계에서 철학사상이 제시한 상상적 상황 대신에, 꿈의 텍스트 안에서 무의식이 만드는 상황에 이입한다는 것이 다를 뿐이다. 그러한 상상적 상황에 이입을 했을 때 자신이 어떻게 반응하는지 그 반응과 이유를 숙고한다는 점은 대동소이하다. 이러한 사고실험 모델은 꿈에 대한 철학적 분석의 대화 과정에 이미 포함되어 있다. 꿈분석 과정에서 꿈속의 낯선 인물을 어떻게 느꼈는지, 만약 내가 그 사람이라면 어떤 감정을 느끼고 어떻게 행동할지, 또 그 이유나 근거는 무엇인지 등을 묻는 것 역시 일종의 사고실험이라고 할 수 있다. 즉 분석질문에는 사고실험을 하며 제기하는 질문들도 포함되어

---

* 실천적 사고실험의 방법에 대한 자세한 논의와 이 방법을 사용한 상담사례들은 김선희(2016)을 참고하라.

있다.

정리하자면, **철학적 꿈분석에서 사고실험이란 꿈의 텍스트의 상황이나 꿈의 무의식이 만들어 낸 특정 상황에 이입하는 실험**이다. 그리고 상상적 상황에 이입했을 때 자신의 반응을 살피고 그런 반응의 이유와 근거를 탐구하는 것이다. 예컨대, 꿈속의 특정 상황에 있다고 상상하거나, 이 꿈속의 다른 인물이 되어보는 것을 상상한다. 그런 상상적 실험 상황에서 자신이 어떻게 느끼고 행동하고 생각하는지 반응을 제시하고 그러한 반응의 이유를 검토함으로써 꿈의 의미를 이해한다.

꿈의 무의식이 만들어 낸 특정 상황에 이입하는 사고실험은 자신이 알지 못하거나 생경해 보이는 **무의식적 자아를 대면**하는 방법이 될 수 있다. 예를 들어, 앞에서 분석했던 〈분노하는 흑인 여자 꿈〉에서, 꿈속의 상황에 이입하는 사고실험을 통해 흑인 여성이 꿈꾼 이 자신의 숨겨진 분노를 상징한다는 것을 알 수 있었다. 현실의 자신과 매우 이질적인 인물로 등장해 자신의 무의식적 자아를 알아차릴 수 없을 때에도 사고실험을 통해 숨겨진 자신의 일면을 대면하게 해준다. 사고실험을 통하여 꿈에 등장하는 다른 인물이 되어 보거나 가정된 상황에서 그들의 감정을 느끼고 생각을 공유할 수도 있다. 꿈속의 등장인물이나 사물에 자신을 대입해 보는 사고실험은 자신의 무의식을 대면하는 계기를 제공한다. 또한 가설적 설명모델의 보완으로서, 검토 중인 가설의 적합성을 확인하거나 가설의 근거를 찾기 위한 보조 가설로 사고실험을 사용할 수 있다.

다음 꿈의 사례처럼 무의식적 자아가 현실의 자신과 정 반대의 낯선 인물로 등장할 경우, 도대체 누구인지 알아차릴 수 없다. 이때 사고실험을 이용하여 무의식적 자아를 대면하도록 시도할 수 있다.

〈외국인 남자의 자화상〉

어떤 방에 외국인으로 보이는 성인 남자가 방 한가운데 의자를 둔 채로 앉아 있었다. 그리고 방에는 초등학생이 그린 것 같은 그 남자의 자화상이 엄청나게 다양하고 많았다. 기괴하게 느껴질 수도 있었는데 다행히 그렇지는 않았다. 그러다 남자가 뭔가를 완성했다는 듯 매우 의기양양한 표정을 지었다. 그러면서 초등학교 수학 문제집을 보여 주면서 자랑하는 듯했다. 그러더니 그 방 밖으로 자랑스럽게 걸어 나가 문 밖에 팔짱을 끼고 기대어 섰다.

이 꿈은 우리가 이미 알고 있는 검은 어둠의 꿈을 꾸는 해인의 꿈이다. 우리는 그녀의 삶의 맥락을 알고 있다. 당시 그녀는 대부분 검고 어두운 배경과 추락의 불안을 드러내는 꿈들을 꾸었는데, 가끔 알 수 없는 외국인 남성이 등장하는 꿈을 꾸기도 했다. 꿈에 알 수 없는 외국인 남자가 나오는데 보통 능력 있는 사람으로 그려진다.

이 꿈에 등장하는 외국인 남자는 의기양양하고 자신을 자랑스러워한다. 그는 자신감이 넘치고 자부심이 묻어나는 태도를 보이며 행동한다. 그 사람은 누구일까? 자신과는 너무나 이질적인 성격과 다른 모습을 하고 있어서 생경하고 낯선 인물이다. 그녀는 외국인이 등장하는 꿈을 꾸면, 도무지 이해할 수 없는 꿈이라고 말했다. 특히 꿈속의 외국인 남자가 자신이라는 생각은 전혀 들지 않았다. 꿈기록지에도 "그 외국인 남성이 나 자신이 아니라는 것은 분명하다"라고 기록하고 있다. 꿈꾼 이는 매사에 자신감이 없으며 살아오면서 단 한 번도 자신을 자랑스럽게 느껴 본 적이 없기 때문에 그 남자의 행동이 이해하기 어려울 만큼 낯설기만 하다.

그런데 그녀의 삶의 맥락과 그동안 분석된 꿈들의 상호 콘텍스트에 근거하여, **외국인 남자는 무의식 속에 있는 자신의 자랑스러운 면이라는 가설을 세울 수** 있었다. 즉 이 가설의 근거는 두 가지이다. 하나는 그녀의 엄혹한 어린 시절에도 잘하는 것이 있었다는, 초등학교 고학년이 되자 친구들이 선망하고 질시할 정도로 학교공부와 예체능 모두 잘하게 되었다는 삶의 맥락에 대한 정보이다. 그리고 초등생이 그린 자화상이라는 꿈 텍스트의 단서도 이 정보와 연결되어 그 근거를 강화시켜 준다. 다른 하나는 외국인이 등장하는 꿈들을 보면, 그들은 항상 무언가를 잘하는 능력 있는 사람으로 나온다는 꿈의 상호 콘텍스트에 근거한 것이다. (즉 꿈속에서 외국인들은 나를 돕거나 조언하기도 하는데, 전문가이거나 남들보다 사물을 잘 직관하는 사람 등으로 등장한다.) 이 두 가지 근거에 의해 이 꿈 속의 외국인 남성은 자신의 자랑스러운 점을 표상하는 무의식적 자아라는 가설을 세울 수 있다.

그리고 이 가설이 맞는지 확인하기 위해 사고실험을 사용할 수 있다. 스스로 자랑스러워하는 외국인 남자의 상황에 나를 이입한다면, 혹은 내가 그 남자라면 나에게서 무엇이 연상되는가? 즉 스스로 자랑스러워하는 외국인 남자는 나의 어떤 부분을 상기시키는가? 초등시절 나에게 그런 자랑스러운 면이 있는가? 이 물음들은 사고실험의 첫 단계인 상상적 실험에 해당한다. 그런 상상적 상황에서 질문에 대해 답변(혹은 반응)하는 것은 사고실험의 다음 단계에 해당한다. 해인은 자신을 자랑스럽게 여긴 적이 없었지만, 남의 눈으로 보면 대단해 보였을 것 같다고 생각한다. 그 당시 모든 면에서 월등히 우수해서 학교에서 수여하는 모든 상을 휩쓸었고, 선생님들의 인정과 관심을 받았기 때문이다. 이외에도 자랑스럽다고 여길 만한 근거들을 더 찾을 수 있다. 사고실험 과정에서, '초등학교 수학 문제집을 보여 주면서 자랑하는 꿈속의 남자'를 보며, 초등학교 당시 수학 문제집을 매우 잘 풀었던 것도 생각났다.

이처럼 꿈속의 무의식적 자아(외국인 남성)에 자신을 대입해 보는 사고실험을 한 결과, 그 외국인 남성은 자신의 무의식의 일부인 자랑스러운 자아라는 것과 또 왜 자랑스러운 자아가 외국인으로, 그것도 남성으로 표상되었는지도 드러난다. 그녀는 어린 시절 감당하기 어려운 상처와 불안한 상황에서도 죽도록 열심히 공부를 해서 (어쩌면 그 길밖에 살길이 없었기에) 좋은 성적을 유지했고, 그림도 운동도 모든 상을 휩쓸 정도로 잘했다. 하지만 그것이 그녀에게 자부심을 느끼게 해주진 못했다. 그것은 다만 살아남기 위한 방편이었을 뿐이기에 자긍심을 심어 주진 못했다. 이처럼 그녀는 자신의 자랑스러운 면을 적극 부정해 왔기에, 꿈의 무의식은 자랑스러운 자아를 표상하기 위해 자신과 극단적으로 다르고 이질적인 외국인이면서 남성인 존재를 등장시켰던 것이다. 꿈속의 외국인 남성은 의기양양한 태도로 자신을 자랑스러워한다. 여기서 꿈은 스스로 자랑스러워하는 외국인 남성으로 그녀를 표상하면서, 그녀에게도 자랑스러운 점이 있으며 그걸 자랑스러워해도 된다고 말한다.

꿈분석을 통해, 꿈꾼 이는 존재와 생명의 기반 자체가 불안하고 자존감이 바닥이었지만, 죽을힘을 다해 자신의 노력으로 성취했던 것에는 자랑스러운 부분도 있다는 것을 인지할 수 있었다. 이를 자각하는 것은 앞으로 자신감을 회복하는 데 중요한 역할을 할 것이다. 꿈의 무의식은 꿈꾼 이의 자랑스러운 면을 이미지화하며 격려의 메시지를 보내고 있다.

이 분석 사례에서는 꿈속의 무의식적 자아에 대한 가설로 시작해, 사고실험을 통해 그 가설을 지지하는 단서들을 찾을 수 있었다. 가설적 모델과 사고실험 모델이 결합하여 꿈의 의미와 무의식의 메시지를 찾을 수 있었던 사례이다.

〈물바닥에 누워 있는 사람과 그를 건너는 사람의 꿈〉

베를린에서 사귄 친구를 따라서 무언가를 찾으러, 크고 높은 도서관 같은 곳에 갔다…. 친구의 안내를 따라 건물의 1층을 걸어가는데, 물이 수영장처럼 잠긴 곳이었다. 어떤 사람들이 바닥에 잠수하듯이 누워 있었고, 어떤 사람들은 그 사람들을 밟고 가거나 건너서 걸어갔다. 나도 그렇게 바닥에 누워 있는 사람들을 건너갔다. 그때 나는 저렇게 오래 숨을 참고 바닥에 붙어 수는 없겠다고 생각했다.

이 꿈은 5장 3절에서 가설적 설명 모델로 분석했던 꿈이다. 즉 꿈의 텍스트에 나타난 물바닥에 누워 있는 사람과 그 사람들을 건너가는 사람들 사이의 대조적인 구조를 파악하였고, 두 사람 사이의 가치와 목적의식의 대비를 통해 두 종류의 사람에 대한 가설을 세울 수 있었다. 과거의 나와 현재의 나를 상징하는 것으로 보는 것이다.

그런데 이러한 가설적 설명 모델은 사고실험 모델과 결합하면 더욱 설득력 있는 분석을 얻을 수 있다. 아무런 목표도 없이 **물바닥에 누워 있는 사람에게 이입하는 사고실험은 무엇을 알려 주는가?** 꿈의 텍스트의 묘사처럼, 자신이 물바닥에 누워 있는 사람이라면 어떨지 상상해 보는 사고실험의 결과, 꿈꾼 이는 과거의 자신을 떠올렸다. 사고실험은 숨조차 제대로 쉴 수 없었던 과거의 자신을 연상하게 해주었다. 물바닥의 사람은 삶의 의미도 목표도 없이 무기력하게 있던 과거의 자신과 너무나 닮아 있었기 때문이다. 과거의 그녀는 마치 시체처럼 무력하게 물바닥에 누워 있는 사람이었다. 과거 그녀의 삶이 그러했다. 인생의 발목이 잡힌 것처럼 아무것도 할 수 없었고 삶을 제대로 살지 못했다.

이 꿈에 대한 사고실험은 가설적 설명 모델과 더불어 분석을 돕는 역할을 한다. 과거의 나와 현재의 나를 대비적으로 보여 주는 가설적 분석에 덧붙여, 사고실험은 과거의 내가 어떤 사람이었는지 얼마나 무기력한 존재였는지 드러내 준다. 꿈속의 시체처럼 물바닥에 누워 있는 사람은 삶의 활기를 잃은 무력한 사람들이다. 미래도 없고 삶의 의지도 없으며 숨조차 제대로 쉴 수 없었던 과거 자신의 모습과 겹쳐진다. 물바닥에 누워 있는 사람들은 언제까지나 그대로 있을 수 없다. 결국 숨을 쉬지 못해 죽거나, 물 위로 떠올라 살아가거나 해야 할 것이다. 꿈꾼 이는 결국 물 위로 떠올랐고 이제 삶의 목표를 찾아 물바닥에 누워 있던 과거의 자신을 건너가려고 한다는 것을 꿈은 보여 준다. 이 꿈의 분석에서 사고실험은 꿈의 가설을 지지하는 데 기여하고 있다. 이처럼 사고실험은 꿈의 가설을 세우는데 중요한 근거를 제공하거나 가설을 더욱 명료하게 지지해 주는 역할을 한다.

〈한 남아가 미션을 방해하는 꿈〉

팀 미션을 하는 꿈을 꿨다. 나는 지하실에서 임무를 수행해야 했다. 지하실 속 철장 안에 어떤 관이 안치되어 있었는데, 그 안에 들어가서 뭔가를 하는 것이 내 할 일이었다. 그런데 철장 안에 들어갔더니 관 위에 미성년자로 보이는 남자아이(A)가 손발이 꽁꽁 묶인 채로 누워 있었다. 아는 사람은 아니었지만 익숙한 얼굴이었다.

내 임무의 수행을 위해서는 A의 도움이 필요했는데 A가 크게 몸부림치며 거부하자 다 함께 설득을 이어 나갔다. 그러자 A가 자신의 논문을 같이 써주면 도와주겠다고 조건을 내걸었다. 2만 자 분량의 논문이라고 하여 이걸 어떻게 다 하냐고 한탄했는데, A가 "저번에 3천 자 써보니까 금방이더라. 다 함께 하면 된다"라며 외려 우리를 설득했다.

이 꿈은 꿈꾼 이가 해야 할 일을 미성년 남아 A가 방해하는 꿈이다. 꿈의 텍스트를 보면, 꿈속의 주어진 미션은 지하실에서 뭔가를 해결하는 일이다. 지하실에 들어갔더니 철창 안에 있는 관 위에 미성년 남아 A가 손발이 꽁꽁 묶인 채로 누워 있다. 내 임무를 수행하려면 A가 그곳을 비켜 주어야 한다. A의 협조와 도움이 필요한데 A는 몸부림치며 거부하였다. A를 설득하려는데, A는 함께 논문을 써주면 협조하겠다고 조건을 내걸었고 너무 많은 분량에 한탄을 하자 '다 함께 하면 금방 된다'며 오히려 우리를 설득하는 꿈이다.

이 꿈의 배경을 보면, 당시는 기말시험이 끝나서 맞은 첫 주말이었고, 꿈꾼 이는 시험기간 동안 공부를 하느라 거의 쉬지 못하다가 이제 겨우 휴식을 취하려던 때였다. 그는 논문 과제가 남아 있지만 그것은 천천히 해도 되기에 오랜만에 푹 쉬고 싶은 마음이 간절했다.

꿈의 배경이나 꿈꿀 당시의 상황을 고려하면, 꿈속의 '내가 해야 할 일(미션)'은 '휴식을 취하는 것'이라는 가설을 세울 수 있다. 그렇게 보면 이 꿈은 휴식을 방해받는 꿈이며, A는 내가 휴식을 취하는 것을 방해하고 있는 존재다. 그러면 이 꿈에서 **나의 휴식을 방해하는 A는 누구인가?** 꿈에서 휴식을 취하기 전에 논문 쓰는 것을 먼저 도와줘야 한다는 조건을 거는 A의 행동을 보면, 혹은 그 행동에 이입해 보면, 자신에게 있는 또 다른 일면을 보는 듯하다. **남아 A의 행동에 이입하는 사고실험**을 진행해 보자. 당신이 그 남아처럼 논문을 쓰기 전에는 휴식(미션)을 취하지 못하게 하는 상황에 있다면 무엇이 생각나는가? 혹은 어떻게 느끼는가? 사고실험으로 이끄는 이 물음에 대한 꿈꾼 이의 반응은, 꿈속의 남아의 행동이 '어딘지 익숙하고' 내 모습을 닮은 듯하다고 생각한다. 평소에도 꿈꾼 이는 과제를 마치기 전에는 휴식을 잘 취하지 못하고 스트레스를 많이 받는 편인데, 논문 쓰기 전에 휴식을 취하지 못하게 가로막는 그 남자아이는 논문 과제를 끝내고 나서 쉬어야 한다고, 그 전에는 쉬어선 안 된다고 생각하는 자신의 모습과 유사하기 때문이다. 꿈속에서 나의 휴식을 방해하는 그 남아는 나의 무의식적 자아를 표상하며, 시험이나 과제가 있으면 휴식을 취하지 못하고 스트레스 받는 나의 모습을 반영한다.

꿈속에서 논문부터 써야 휴식을 취하게 해주겠다는 조건을 내거는 A는 먼저 논문을 쓰는 것이 휴식의 조건이라고 말하는 자신의 목소리이기도 하다. 즉 A는 휴식이 필요함에도 스스로 휴식을 막고 있는 자신의 무의식적 자아이다. A의 행동은 논문 과제가 남아 있는데 먼저 휴식을 취하면 안 되고 그전에 논문부터 써야 한다고 주장하고 있는 자신의 모습과 오버랩된다. 그런데 A가 손발이 꽁꽁 묶여 있는 것은 스스로 휴식을 금하는 자기억압적 자아를 표상한다. 또한 막무가내로 몸부림치며 휴식을 막고 있는 A의 행동은 미숙하고 경직된 자신의 모습을 나타낸다. 시험이나 과제를 준비하면서도 적절히 균형 있게 휴식을 취하는 것에 미숙하다는 것을 보여 준다. 그는 이제 막 시험기간이 끝났으니 우선 휴식을 취한 후에 논문을 쓰기로 마음먹었지만, 무의식적으로 논문을 끝내지 못한 것이 압박과 부담으로 남아 있다. 논문 과제를 마친 다음에 쉬어야 하지 않을까 하는 불안과 심리적 갈등이 꿈속에서 논문을 쓰기 전에는 휴식을 못하게 가로막는 남아의 행동으로 나타난 것이다. 즉 꿈속의 남아 A는 시험과 과제에서 압박받으며 스스로 억압하는 자유롭지 못한 무의식의 일면이다.

이와 같이 꿈의 텍스트가 보여 주는 상황에 이입하거나 꿈속 인물이 되어 보는 사고실험 모델은 꿈의 무의식으로 인도하여 자신을 대면하게 해주는 역할을 한다. 때로는 꿈속에서 아무리 생경하고 낯선 존재라고 할지라도 그 상황에서 꿈속 자아들의 위치에 서보는 사고실험은 자기 무의식의 일면을 이해하는 계기를 제공한다.

6장

철학적 꿈분석의 역할

명제 6 철학적 꿈분석의 역할은 자기이해와 자기성찰이다.

철학적 꿈분석은 자신의 무의식과의 대화를 통해 자기이해와 자기성찰을 돕는다. 꿈의 철학적 대화는 꿈을 통해 편견 없이 자신을 성찰하도록 해준다. 기록된 꿈은 자기성찰의 풍부한 자료이자, 자신을 객관적으로 성찰하는 매체가 된다. 간혹 자신의 인생 자체를 상징하는 '인생의 꿈'이라 할 만한 꿈을 꾸기도 하는데, 그런 꿈은 삶 전체에 대한 이해는 물론 삶의 비전을 제시하기도 한다. 철학적으로 분석된 꿈은 삶의 서사를 구성하는 힘을 갖는다. 꿈은 개인의 삶의 내러티브를 재구성함으로써 자기성찰과 더불어 자기치유의 역할을 한다. 또한 꿈은 꿈꾼 이의 정체성과 가치관을 보여 준다. 꿈의 세계에는 자신의 삶의 역사와 정체성이 담겨 있기에, 일련의 꿈의 시리즈는 인생의 단면을 드러내거나 전체 삶의 모습을 조명해 준다. 철학적 꿈분석을 통해 우리는 자신과 자신의 변화를 대면하며, 나아가 자신의 진실을 대면한다. 그리하여 꿈이 전하는 메시지는 자기설득의 힘을 갖는다. 구체적이고 고유한 이미지를 가지고 자신과 소통한다는 점에서, 분석된 꿈은 특별한 방식으로 자신의 서사를 형성하며 스스로를 설득하는 힘을 갖는다.

1. 삶의 서사와 자기성찰

명제 6-1 꿈은 자기성찰의 풍부한 자료이다.

꿈은 자신과의 대화이다. 사고를 통해 자신을 성찰하듯이, 꿈을 기록하고 분석하면서 자기를 성찰할 수 있다. 현상학적 방법으로 기술된 꿈의 기록은 여기-지금 자신의 느낌과 생각과 행동 방식을 검토할 수 있는 자료가 된다. 그것은 있는 그대로 나의 사고, 태도, 느낌 등의 반응을 드러내고 또 그 자체로 나의 일면을 보여준다는 점에서 자기성찰의 역할을 시작한다. 꿈속에서 보고 느낀 것, 그리고 꿈에서 깨어나서 느끼고 생각한 것을 '있는 그대로 말하는 것'은 여기-지금의 나에게 초점을 맞추도록 하고, 꿈을 통해 문제의 근원으로 접근하도록 돕는다. 그럼에도 꿈의 기록만으로는 아직 불충분하다. 꿈을 통해 자기성찰의 역할을 다하려면 분석을 통해 자신의 꿈을 이해하는 것이 필요하다.

철학적 꿈분석의 대화는 현상학적 판단중지에 따라 꿈꾼 이의 반응에 대해 옳고 그름을 평가하지 않으므로, 선입견과 편견을 배제하고 꿈의 텍스트와 꿈에 대한 자신의 반응에 집중하여 자기성찰을 시작할 수 있다. 과거를 파내려 가는 고고학적 방식이 아니어도, 꿈의 대화를 매개로 과거의 문제를 조명할 수 있다. 꿈을 매개로 자신의 현재 상태와 지금 여기서 보고 느낀 것을 중심으로 대화하며 자신의 문제를 부담 없이 말하고 성찰해 나갈 수 있다.

철학적 꿈분석이 지향하는 꿈의 역할은 자기이해와 자기성찰이다. 앞서 3장(특히 3절과 4절)과 4장 5절에서 살펴본 꿈의 논리는, **꿈을 이해할 때 꿈의 세계가 달라진다**는 것을 보여 준다. 이해하지 못한 꿈은 기록되지 않은 꿈과 마찬가지로 의미가 없으며 아무런 역할을 하지 못한다. 반면에 꿈의 무의식을 이해하면 현실의 의식세계가 변화하고, 그 변화가 다시 꿈의 세계를 변화시킨다. 마치 응답하듯 꿈이 달라지는 것이다. 이렇듯 꿈은 기록되고, 분석되고, 이해될 때 비로소 자기성찰의 역할을 할 수 있다. 이것이 철학적 꿈분석이 필요한 이유다. 꿈을 이해하는 과정에서 자기인식과 성찰이 가능해지고, 또한 변화와 치유로 나아갈 수 있기 때문이다.

'이해하면 달라진다'는 꿈의 논리에 따라, 꿈이 분석되고 나면 꿈의 무의식의 세계가 변화한다. 무의식을 이해하는 것이 무의식 자체에 영향을 미치는 것이다. 이는 우리의 경험과도 일치한다. 자신의 꿈에 대한 철학적 분석이 이루어지면 해석된 꿈은 자신의 사유 세계로 편입된다. 즉 분석된 꿈은 의식의 사유 세계 속에 의미 있게 자리 잡는다. 사유 세계가 그만큼 확장되고 풍부한 소통의 장을 형성한다. 꿈꾼이는 꿈과 소통하며 문제를 해결하거나 자신을 변화시키는 데 통찰을 얻는다. 그리하여 꿈들은 자신과의 대화를 더욱 활성시키며, 자기성찰을 돕는다. 그중에는 특히 우리 자신을 지속적으로 성찰하게 만드는 특별한 꿈들이 있다. 자신의 인생 전체를 상징하는 꿈이나 삶의 역사와 서사를 보여 주는 꿈이 대표적이다. 그런 꿈을 만날 경우, 자신의 삶 전반을 돌아보며 지속적으로 사유하게 된다. 또한 꿈분석 과정에서 삶의 고유한 서사를 형성하면서 자기 삶을 의미 있는 방식으로 성찰할 기회를 갖게 된다. 이와 관련하여 몇 가지 유형의 사례를 살펴보자.

첫 번째, '**내 인생의 꿈**'으로 불릴 만한 꿈이다. 꿈을 기록하다 보면, **자신의 인생을 상징하는 꿈**, 즉 자신의 인생 전체를 드러내거나 삶의 역사와 소명을 암시하는 듯한 인상적인 꿈을 만난다. 필자는 이런 꿈을 '인생의 꿈'이라고 부른다. 그런 꿈에는 상징적으로 자기 인생이 드러나고, 전체 삶의 역사를 상징하는 특별한 이미지가 나타나기도 한다. 자신의 인생 자체가 연상되는 꿈의 경우, 삶의 역사를 조명하는 동시에 삶의 비전을 제시해 준다. 그런 꿈은 사소한 것으로 잊히기보다 지속적으로 상기되면서 강렬한 의미로 간직된다. '인생의 꿈'은 한 번의 분석으로 끝나기보다 삶의 전개와 비전에 맞추어 그 해석이 발전되고 진전된다. 평생에 걸쳐 기억되는 꿈으로 인생의 나침판 내지 방향키 같은 역할을 한다.

다음은 10년 전에 꾼 필자의 꿈이다. 인생의 역사와 경로, 그리고 앞으로 삶의 과제를 암시하는 꿈으로, 내 인생의 꿈이라고 할 수 있는 사례이다.

〈은빛 물결 따라 우주를 걷는 꿈〉

은빛 물결의 은은하고 오색찬란한 커다란 바다가 보인다. 그 물결 안에 지구가 들어 있으니, 온 세상에 거대한 바다가 은빛으로 펼쳐진 우주의 바다다. 난 오색찬란한 은빛 바다를 건넜다. 너무나 아름다웠고 온 세상, 온 우주를 뒤덮을 만큼 큰 스케일의 광활한 바다다. 바다를 바라보며, 바다를 건너 지구의 한편에서 다른 편으로 횡단하는 중이다. 나는 계속 걷고 있다. 처음에는 아는 선배 동료와 함께 갔으나 중간에 그는 차로 돌아갔다. 나는 홀로 걷고 또 걸었다. 지구 저편까지 가야 하는 여정이다. 이 우주 공간에 나 혼자이다. 외롭진 않았으나 적막한 고독을 느낀다. 혼자 끝없이 이어지는 바다를 건너며 때론 약간의 망막함이 스친다. 걷던 중에 문득 해가 지고 어두워지면 어떡하나 하는 생각이 들었다. 얼마나 남은 것일까, 반 이상 온 것일까? 여기가 어디쯤인지 궁금해진다. 해도 저물어 가고, 나는 해안가 어느 마을로 들어섰다. 이국적인 작은 마을이다. 한 가게에 들어가 주인인 듯한 여인에게 여기가 어딘지 영어로 묻는다. 알 수 없는 지명을 말해서, 세계지도를 놓고 어디쯤인지 가리켜 달라고 했다. 반은 지났고 2/3 가까이 온 것 같다. (지구의를 보니 여기는 출발한 곳에서 2/3 정도 되는 지점이다.) 도착지까지 1/3이 남았다. 서둘러야 한다고 생각한 것 같다.

노트북을 잃어버린 것 같았고(작은 가방 안에 노트북이 보이질 않아 잃어버렸나 보다 생각한다), 가게에서 20달러를 주고 뭔가를 샀다. 그게 무엇인지는 구체적으로 보이지 않는다.

장면이 바뀌고 어느새 나는 도착 지점에 와 있다. 어딘지 낯익은 곳이다. 세부적으로는 다르지만 내가 대학에서 자주 식사하던 석조 건물과 비슷하다. 해가 지기 직전의 저녁인 것 같다. 사람들이 건물 두어 곳에서 식사를 하고 있다. (사람들이 제법 많고 약간 시끌벅적한 분위기다.) 익숙한 건물 식당으로 들어가 식사를 하려는데, 거기서 해안가 가게의 여주인을 만났다. 나는 반가워서 인사를 한다. 그런데 그녀는 내게 물건 값을 치르지 않았다고 말한다. 나는 20달러를 낸 것이 생각났다.

우주에 펼쳐진 은은한 오색 은빛 물결 따라 인생의 길을 걷다가, 해질 무렵 해변가 마을에서 한 여인을 만나 내 인생을 점검하는 꿈이다. 종착지에 도달했지만 내가 갚아야 할 것이 남아 있다는 것과 20여 년의 가불된 시간으로 기여해야 할 것을 암시하는 메시지를 받는다. 이 꿈은 나의 삶의 과제를 확인하는 꿈이기도 하다. 꿈의 텍스트를 자세히 살펴보며 분석해 보자. 꿈은 크게 네 개의 부분으로 구성되어 있다.

- 나는 오색찬란한 은빛 바다를 건너고 있다. 꿈의 도입은 인생에 대한 나의 관점을 보여 준다. 내가 추구하는 삶의 가치 지향과 태도를 반영한다. 나의 삶의 공간은 거대한 은빛 물결의 우주이다. 나의 인생은 이 우주의 바다를 건너는 것이다. 인생은 홀로 고독하지만, 한결같이 구도자의 길을 걷는 것이라는 생각을 꿈은 거대한 은빛 우주의 바다를 홀로 걷는 이미지로 나타낸다.
- 한없이 길을 걷고 또 걷다가 해질 무렵, 해안가 마을로 들어서 가게의 한 여인에게 어디쯤인지 묻는다. 해질 무렵 더 어두워지기 전에 길을 묻는 것은, 인생의 후반기에 들어서서 학문과 구도의 길을 따라 살아온 인생을 회고하고 성찰하며 앞으로 남은 삶에 대해 점검하는 것이다. 지도를 보여 주며 여기가 어디쯤인지 묻자, 가게 여인이 손가락으로 출발지에서 2/3 정도 되는 지점을 가리킨다. 도착지까지는 1/3이 남아 있다. 꿈속에 등장하는 숫자들은 나의 인생의 시간들을 상징한다. 꿈꿀 당시의 나이가 54~55세였고 인생의 2/3 지점이니, 앞으로 도착 지점까지 남은 인생의 1/3은 27~28년이다. 이 상징에 따라 나는 인생 후반기 계획을 세운다.
- 노트북을 잃어버리고 대신에 가게에서(인생의 시간을 파는 가게가 아닐까!) 눈에 보이지 않는 무언가를 산다. 이는 내 삶에서 어떤 전환이 이루어짐을 의미한다. 내가 평생 수행해 온 철학의 여정

에서 인생 후반기에 철학하는 나의 태도가 변화했다. 나의 학문 여정은 인생 후반에 이르러, 지혜 사랑이라는 철학하기의 의미를 되새기며 철학실천으로 초점을 옮겨 가고 있었다. 그 변화는 한마디로 이론에서 실천으로의 전환이다. 꿈은 그런 전환을 노트북(노트북은 내가 학문을 연구하고 논문과 책을 쓰는 필수 도구로서 철학의 이론적 측면을 상징한다)을 잃고 대신에 무언가를 사는 것으로 상징화한다. 노트북 대신에 갖게 된 것은 그동안 연구해 온 학문을 토대로 한 철학실천(봉사)의 잠재력일 것이다. 잠재력은 발휘되고 실현되어야 하며, 가게에서 얻은 잠재력은 실현해서 되갚아야 한다는 의미에서 '가불받은' 것이다. 가게에서 지불한 20달러는 20년에 해당하므로, 철학실천의 잠재력은 20년의 시간으로 실현되어야 한다.

- 장면이 바뀌고, 나는 나머지 1/3을 건너뛰어 어느새 도착 지점에 와 있다. 어느덧 도달한 곳은 삶을 마감하는 마지막 성찬의 시간을 연상하게 한다. 하지만 해안가 여인이 나에게 아직 지불해야 할 것이 남아 있다고 말한다. 그 말은 만찬 장소로 가는 내 발걸음을 멈춰 세운다. 갚아야 할 것이 남아 있다면 아직 떠날 시간은 아니다. 그 여인은 내가 가불받은 20달러를 청구한 것이다. 나는 20달러를 낸 것을 기억하지만, 그것은 현금이 아니라 미래의 약속으로 지불한 것이다('잠재력'을 샀으니 그걸 실현하는 것이 대가를 치르는 것이다). 즉 내가 치러야 할 20달러는 실물 화폐가 아니라 나의 잠재력을 실현하여 치러야 하는 20년의 시간이다. 그 여인의 말은 나에게 20년의 철학실천으로 그 값을 갚으라는 메시지를 상기시킨다. 만찬의 장소에 도착했지만,

나는 아직 삶의 여정을 끝내고 만찬을 즐길 때가 아니다. 인생의 길에서 마지막 1/3을 건너뛰고 이 자리에 도착한 것이기에 되돌아가야 한다. 돌아가서 나머지 인생에서 20년의 시간을 더 봉사하고 와야 한다는 메시지이다. 아직 갚아야 할 시간이 남아 있다면, 당장 죽어선 안 되고 그렇다고 노후를 여가로만 보내서도 안 되며, 내가 빚진 시간을 봉사로 되돌려주어야 한다는 것을 의미한다.

이 꿈을 꾼 지 10년이 지난 지금 되돌아보면, 인생의 2/3 지점에서 해안가의 여인에게서 20달러를 지불하고 얻은 그 '무엇'은 아마도 나의 철학실천의 자질, 어쩌면 '철학적 꿈분석'이라는 새로운 분야에 기여할 능력일지도 모른다는 생각이 든다. (꿈꿀 당시 이 새로운 주제의 연구가 어느 정도 가능성과 윤곽을 드러내고 있을 즈음이었기 때문이다.) 그리고 나머지 1/3을 생략한 채로 돌아왔다면, 그 능력을 실현하고 봉사해야 할 20년의 시간을 건너뛴 것이다. 그러니 인생의 1/3이 남은 후반기에 가불받은 20달러(20년의 봉사)를 지불하는 삶을 살아야 한다. 이 꿈을 꾼 후 10년 동안 꿈의 메시지대로 살아왔으니, 이제 10년이 남았다. 앞으로 남은 삶은 내가 공부할 수 있었던 모든 배려와 선물에 대해 되돌려주어야 하는 실천의 시간이라는 것을 꿈은 말해 주는 듯하다. 바로 이것이 꿈의 서사가 전하는 메시지이다. 동시에 이것은 나에게는 진정 기쁜 청구서이다. 내가 받은 인생의 선물에 기꺼이 보답하는 것은 내가 소망하는 일이기도 하기 때문이다.

두 번째, **삶의 서사를 재구성하는 꿈**이다. 철학적 꿈분석을 통해 꿈은 삶의 서사를 구성하는 힘을 갖는다. 삶의 서사를 구성하는 일은 그 자체로 자신의 전체 삶을 성찰하는 과정이기도 하다. 이렇게 자기 삶의 역사를 되돌아보며 자신이 살아온 이야기, 삶의 이야기를 할 수 있다면 자기성찰만이 아니라 그 자체로도 치유의 역할을 한다. 무언가 충족되지 못한 삶이거나, 이루지 못한 삶이라 해도, 때로는 고통스러운 삶이라 해도 그 삶의 서사가 이해되고 나름의 의미를 부여할 수 있다면 상처가 치유될 수 있다. 이렇게 철학적 꿈분석은 개인의 삶의 내러티브를 구성하여 의미를 부여함으로써 자기성찰과 자기치유의 역할을 한다.

다음의 사례를 보자.

〈편육 화폐로 인생의 값을 계산하는 꿈〉

식당에서 식사를 하고 있는데 주방 쪽이 조금 시끄러웠다. 70대 할머니들이 주방 일과 서빙 일을 하는 식당인데, 그중 주인인 듯한 할머니 한 분이 카운터 계산대에서 일하는 할머니에게 무언가 계속 교육하고 있다. 내가 식사를 마치고 계산을 하려는데, 그 할머니가 내 식탁을 보더니 반찬을 다 먹지 않고 남겼으니, 6천 원에서 4천 원으로 식사비를 깎아 주겠다고 제안한다. 내가 계산을 하려고 돈을 내는데, 돈이 아니라 편육 모양의 고기 여섯 장이었다! 계산 담당 할머니가 계산이 서툴러 세 장을 받으려 했다. 내가 다시 한 장을 더 주려 하자, 할머니는 그걸 받고 나면 내가 다시 자기를 교대해 주러 오느냐고 이치에 맞지 않는 질문을 했다. 어이가 없어 다시 자세히 보니 치매를 앓는 할머니인 듯 보였다. 주인 할머니 같은 분이 다시 그 할머니에게 음식 값

계산만 잘하면 된다고 재차 알아듣게 설명을 했다. 나도 친절히 설명해 주었다. 마음이 조금 짠했다.

꿈의 배경을 간략히 살펴보자. 꿈꾼 이는 정년을 앞둔 교수이며 오랫동안 노쇠한 어머니를 돌보며 살았다. 요양시설에 보내자는 가족들의 반대를 무릅쓰고 집과 간병인을 구해 혼자서 어머니를 돌봐 왔다. 10년 가까이 그렇게 모시다가 얼마 전에 어머니가 돌아가셨다. 이 꿈은 어머니가 돌아가시고 며칠 후에 꾼 꿈이다.

꿈에 등장하는 편육 모양의 고기로 된 돈, 즉 '편육 화폐'는 분명 특이한 상징이다. 이 꿈은 자신이 먹은 식사 값을 편육 화폐로 계산하는 꿈인데, 계산법이 이상하다. 그렇다고 아주 엉터리는 아니고, 덜 받고 더 받는 데에는 뭔가 나름의 이유가 있어 보인다. 꿈의 텍스트는 그럴 만한 이유들을 제시하지만, 쉽게 이해되지는 않는다. 텍스트를 자세히 살펴보자.

꿈의 시작은 치매 걸린 듯한 할머니(말로에 약간 치매기가 있었던 어머니가 연상되는 분이고, 그래서 꿈꾼 이는 마음이 짠해진다)가 반찬을 다 먹지 않고 남긴 것을 보며 밥값이 원래는 6천 원인데 4천 원으로 깎아 주겠다고 한다. 꿈꾼 이가 가지고 있는 돈은 편육 화폐 여섯 장이다. 그는 여섯 장 중에서 네 장을 지불하면 된다고 생각한다. 여기서 편육 화폐는 무엇을 상징하는가?

여기서 편육은 살과 고기로서 인간 실존의 삶을 상징한다. 또한 살과 몸은 죽을 존재로서 인간의 유한성을 상징한다. (실존적 삶은 시간적 삶이고, 이는 삶이 유한하다는 의미이다. 그래서 이 꿈은 삶의 시간을 계산하는 것에 대한 꿈이다.) 이에 근거하여 **편육 화폐는 바로 실존적 삶의 시간**

을 계산하는 화폐라는 가설을 세워 볼 수 있다. 이 가설에 따르면, 꿈속에서 식사 반찬을 다 먹지 않고 남긴 것은 아직 다 살지 못했거나 남은 삶을 의미한다. 그것은 6 중 4만큼 산 것이다. 그래서 온전히 다 먹은 식사 값은 6천 원인데(편육 여섯 장), 다 먹지 않고 남겼으니 네 장으로 깎아 주겠다고 말한 것이다. (꿈꾼 이가 원래 가지고 있는 것은 편육 여섯 장이니, 이것을 모두 지불해야 주어진 삶을 다 산 것이 된다.)

그런데 계산 담당 할머니는 네 장으로 깎아 준다고 했으면서 세 장만 받으려고 한다. 꿈꾼 이가 한 장을 더 주려고 하자, 할머니는 "그걸 받고 나면 당신이 다시 나를 교대해 주러 오느냐?"고 반문한다. 수수께끼 같은 이 말은 무슨 의미일까? 꿈속의 할머니는 어머니가 연상되는 분으로, 교대해 준다는 말은 꿈꾼 이가 어머니를 돌본 삶을 의미한다. 그렇다면 그 한 장의 값은 '자기를 교대해 주는 것, 즉 자기를 돌보며 사는 것'을 의미한다고 볼 수 있다. 또한 '다시'라는 말은 꿈꾼 이가 이미 그런 삶을 살았음을 시사한다. 그리하여 한 장을 돌려주는 것은 자기를 대신하여 돌보느라 못다 산 삶을 새롭게 다시 살라는 의미가 된다.

이런 가설적 분석을 통해 우리는 두 가지 의미를 읽을 수 있다. 하나는, 식사를 마치는 것은 삶을 마치는 것이고, 편육 화폐는 삶을 어떻게 살았는지 계산하는 돈이다. **편육 화폐는 자신이 살아온 삶의 시간에 가치를 매기는 척도 내지 기준**이다. 이 가설의 근거는, 꿈에서 식사 값을 계산하면서 내 몫의 삶을 대신 살 것인지 하는(자기를 교대해 주러 와야 하는) 삶을 돌보는 문제로 이야기가 전개된다는 데서 찾을 수 있다. 그 돌려주고 받는 한 장으로 인해 편육 화폐의 질이 달라지고 가치의 척도가 재형성된다. 그 한 장은 대신 살거나 다시 사는 기회로 특별한 가치가 되기 때문이다.

다른 하나는 치매인 듯한 할머니의 말씀을 돌아가신 **어머니의 마음**을 표현하는 것으로 보는 것이다. 치매가 있는 듯한 할머니는 식사값 네 장을 '3+1장'으로 만들어 한 장을 꿈꾼 이에게 돌려준다. 돌려주는 '1'은 다시 교대하러 오는(자신을 돌보는) 삶이라는 것에 근거하여, **'1'을 돌려주는 것의 의미**는 다음과 같이 해석할 수 있다. "너는 네 장 중에 이미 한 장을 나를 돌보는 데 사용했다. 10년 가까이 나를 돌보느라 많은 시간을 희생했으니, 이 한 장으로 네 삶을 다시 살고 남은 삶을 완성해라." 이것이 돌아가신 어머니의 마음인 동시에 꿈의 메시지일 것이다. 오랫동안 돌보던 어머니가 돌아가시고, 은퇴를 앞둔 시점에서 자기 삶을 돌아보며 이루어 놓은 것이 없다는 허전한 생각이 들 즈음 이 꿈을 꾸었다. 꿈은 "아직 삶의 계산이 다 끝나지 않았다. 인생은 정확하게 기계적인 숫자만으로 계산되지 않는다. 한 장을 새롭게 주거나 받으면 그 한 장이 삶을 더 온전하게 바꿀 수도 있다"고 말한다.

이 꿈은 살아온 삶을 성찰하듯, 인생의 값을 셈하는데 여섯 장 중 네 장 값이 계산된다. 네 장의 값은 객관적이고 합리적인 척도에 따른 계산이다. 합리적이고 기계적으로 계산하는 주인 할머니는 여기서 계산을 끝내라고 말한다. 하지만 치매 있는 듯한 할머니의 인생 계산법은 다르다. 6 중 4에서 '3+1'로, 자기 삶과 연결해 '1'을 돌려줌으로써 '1'을 다시 살 기회를 주는 것이다. 즉 어머니가 연상되는 치매 걸린 듯한 할머니에게 돌려받은 편육 화폐 한 장을 통해, 어머니를 돌보며 사용한 시간을 포함하여 다시 새로운 삶을 살라는, 그리하여 온전하고 충분한 삶을 살라는 용기와 위로, 그리고 격려를 보내는 꿈의 내러티브를 구성할 수 있었다.

이 꿈이 펼쳐 내는 서사는 감동적이다. 꿈은 꿈꾼 이가 어머니를 돌보면서 보냈던 시간을 특별한 '1'로 만들어 낸다. 그리고 그 특별한 '1'로 인해 어머니와 보낸 시간은 특별한 가치를 갖게 된다. 그것은 단지 양적으로 늘어난 시간이 아니라 질적으로 도약된 시간이 된다. 실존적 삶의 시간은 양적으로만 계산되지 않는다. 그 시간은 고유한 가치를 가지며 삶의 의미를 새롭게 구성한다. 그리하여 그것은 인생의 나머지 시간에 고유한 가치와 의미를 부여해 준다. 또한 그것은 자기 삶의 역사에 대한 해석과 재구성의 기회를 제공함으로써 다시 새롭게 살아 갈 용기를 준다. 이처럼 철학적 꿈분석은 삶의 내러티브를 구성하여 의미를 부여함으로써 자기성찰과 치유의 역할을 한다.

2. 꿈의 세계관 이해

명제 6-2 **꿈의 세계관 이해는 개인의 삶의 역사를 조명해 준다.**

한 개인이 어릴 적부터 기록한 꿈들이나, 몇 년에 걸쳐 혹은 일정 기간 동안 기록한 꿈들의 역사를 들여다보면, 그 안에는 꿈꾼 이의 세계와 삶의 모습이 보인다. 그러한 일련의 꿈들에는 어떤 특징을 가진 세계의 모습이 드러난다. 각자 세계를 바라보고 경험하는 관점이 있듯이, 꿈들에도 세계를 바라보는 관점이 들어 있다. 즉 꿈에도 일종의 세계관이 있다. 한 사람의 세계관과 유사하게, 한 개인의 꿈들이 형성하는 세계의 특징을 통해서도 세계관이 드러난다. 현실 세계를 바라보는 방식이나 관점처럼, 꿈의 세계에도 그런 종류의 특징이나 개성 있는 관점이 드러난다. 필자는 이를 **꿈의 세계**, 혹은 **꿈의 세계관**이라고 부른다.

꿈의 세계에는 꿈꾼 이의 삶의 맥락이 반영되어 있으며 개인의 삶(자신의 관심사, 고통이나 상처, 고민하는 문제 등)의 역사가 담겨 있다. 꿈은 개인의 정체성이나 가치관 및 캐릭터를 반영한다. 그렇기에 자신의 꿈의 세계를 이해하는 것으로도 자신의 세계관 및 가치관을 이해할 수 있으며 이와 관련된 문제들을 검토하거나 성찰할 수 있다. 또한 일정 기간에 집중하여 꾼 꿈들의 시리즈는 인생의 한 단면에 초점을 맞추어 자신의 삶의 모습을 조망해 준다.

꿈의 세계관을 드러내는 사례들을 살펴보며 논의를 진행해 보자. 먼저 우리가 알고 있는 사례에서 출발해 보자. 그것은 3장 1절에서 다루었던 채운의 사례이다. 우리는 1년 반에 걸쳐 기록된 그녀의 꿈들을 통해, 그녀의 꿈의 세계의 특징, 즉 꿈의 세계관을 관찰할 수 있었다.

그 사례에서, 대표적으로 기술된 10여 개의 꿈(a~l)만으로도 그녀의 꿈의 세계를 충분히 이해할 수 있었다.

그 꿈들을 상기해 보면, 세상은 언제든 자신을 공격하고 배신할 수 있으며 결코 자신에게 호의적이지 않다는 세계관을 나타낸다. 꿈속의 세상은 항상 전투 중이거나 추격당하거나 죽고 베이고 죽임당하고 잡아먹히는 곳이다. 보호자라고 생각한 사람이 느닷없이 작살을 꽂고, 배신자를 처단하고, 죽을힘을 다해 도망치고, 적들에게 쫓기고 잡히는 등 살벌한 곳으로 그려진다. 이러한 꿈의 세계관은 그녀의 삶에서 사랑하는 사람을 앗아간 폭력적인 운명의 충격과 정서를 반영한다. 이 경우 현실 세계에 대한 그녀의 생각이 꿈의 세계에 극적으로 반영된 것처럼 보인다. 물론 현실의 세계관과 꿈의 세계관이 항상 일치하는 것은 아니다. 그럼에도 꿈분석을 하다 보면, 둘 사이의 모종의 연관성을 발견할 수 있다.

동시에 꿈의 세계는 그녀의 남다른 성격과 정체성도 조명해 준다. 꿈은 우호적이지 않은 전쟁 같은 이 세상에서 살아남아야 한다고 생각하고 또 살아남기 위해 발버둥 치는 그녀의 모습도 보여 준다. 폭력적이고 열악한 상황에도 불구하고 그녀는 연약하지만은 않다. 쫓기고 공격받고 때론 잡히기도 하지만 위기를 넘기며 포기하지 않고 헤쳐나가는 강인한 정신력을 보여 준다. 이는 현실의 그녀의 실제 성격을 반영하는 것이기도 하다. 꿈의 무의식도 꿈꾼 이의 캐릭터와 성격을 잘 알고 있는 듯 보인다.

채운은 꿈분석 상담 후, 자신의 꿈의 세계와 꿈의 의미를 이해하게 되자, 자기인식이 활발하게 일어났고 그것이 그녀의 삶의 변화를 가져다주었다. 즉 자신이 자주 꾸던 폭력적인 꿈들이 세상과 관계하는 자신의 경험을 나타낸다는 것을 알게 되었고, 동시에 세상과 운명으로부터 자신을 지키기 위해 끈기 있게 노력해 온 것에 대해선 자긍심을 갖게 되었다. 꿈분석 상담 후기에서 그녀는 다음과 같이 기술하였다.

> "… 꿈속에서 나는 쫓길지언정 무력하지만은 않았다. 싸운다면 끝까지 싸웠고, 쫓기면 온 힘을 다해서 도망쳤고, 무언가를 잡아야 한다면 설령 놓치더라도 이를 악물고 끝까지 찾아냈다. 다시 말해, 끝까지 살아남으려 했고 결국 살아남았다. 이는 내가 그동안 주어진 상황에 어떻게 대처해 왔는지 그 태도를 알게 해주었다. 세상이 나에게 호의적이진 않지만, 난 그것을 극복할 수 있는 자신감과 힘을 가지고 있는 사람인 것이다."

이는 바로 꿈의 텍스트 분석에 드러난 그녀의 모습이기도 하다. 꿈분석을 통해 깨닫게 된 이러한 자각이 그녀에게 많은 변화를 가져다주었다. 처음으로 자신의 고통스러운 문제를 한번 정리하는 계기가 되었고, 동시에 자신에 대해 긍정하고 자신감을 가질 수 있었다. 그러자 오랜 세월 반복되었던 쫓기던 꿈은 반복을 멈추었고, 꿈의 세계도 변하였다. 이 사례는 철학적 꿈분석이, 꿈의 세계관 이해를 통해서도 어떻게 자기인식과 자기성찰을 일으키는지 잘 보여 준다.

이외에도 개인의 꿈의 역사를 보여 주는 사례들을 상기해 보면 꿈의 세계관은 다양하다는 걸 알 수 있다. 해인의 경우 검은 어둠이 변주하는 불안한 꿈의 세계, 인영의 경우엔 부모에게 받은 상처로 고통 받는 꿈의 세계를 살펴볼 수 있었다. 또한 항상 남의 시선으로 자신을 검열하는 꿈의 세계도 있다.

다음 지현의 사례는 또 다른 꿈의 세계관을 보여 준다. 어린 시절부터 대학에 입학하기 전까지 거의 20년에 걸쳐 기록한 꿈으로서 한 개인의 꿈의 역사와 세계관을 보여 주는 사례이기도 하다. 어릴 적부터 반복되던 꿈들을 살펴보자.

> 꿈 a) 보통 꿈속에서 나는 비밀 요원이다. 어떤 단체에 소속되어 있기도 하고 혼자서 돌아다니는 킬러나 재야의 고수 같은 느낌의 무인이다. 상황도 아주 다양해서 비밀 작전을 수행하는 중이기도 하고, 전쟁 중이기도 하고, 독립운동 중이기도 하다. 그런데 꿈에서 이야기의 전개도 없이 갑자기 전투가 벌어진다. 처음에는 주로 어떻게든 피하다가 갑자기 총에 맞아 쓰러진다. 최근에는 칼에 찔려서 죽기도 한다. … 공통점은 내가 피를 흘리며 쓰러진 다음에도 상대가 꼭 확인 사살을 한다는 것이다. 시체더미에 파묻힌 나에게 다시 총을 쏘기도 한다. 보통 나는 전지적 시점에서 다시 총에 맞아 흔들리는 나의 시체를 보곤 한다.

이 꿈은 아주 어릴 적부터 반복하여 꾸던 꿈의 유형이다. 이런 꿈을 처음 꿨던 때는 일곱 살 무렵이다. 위 꿈은 유사한 내용이 반복되던 꿈들을 종합하여 서술한 것이다. 자신은 작전을 수행하거나 독립운동을 하는 비밀 요원으로 등장하여 전투를 벌이다가 죽는다. 그런데 꿈속에서 자신이 반드시 죽는 것으로 결론이 난다. 확인 사살까지 당하고 전지적 시점에서 자신의 시신을 확인하기도 한다. 그런데 그녀는 뭔가 주요 임무를 맡은 사람으로 등장한다. 결국 죽음을 맞이하지만 중요한 역할을 하는 영웅적 존재다. 그녀는 죽을 수밖에 없는 인간의 유한성을 알기에 영웅적인 일을 하다가 가치 있게 죽고 싶다는 욕구가 있는데, 이런 가치관이 반영된 꿈이기도 하다.

> 꿈 b) 가장 인상 깊은 꿈은 아홉 살 정도에 꿨던 꿈이다. 내가 여섯 살 때 돌아가신 외할머니 댁과 비슷한 집에 있었는데, 갑자기 누군가 문을 쾅쾅쾅 두드리더니 깡패 같은 남자들이 여럿 들어왔다. 그들은 주무시는 아빠를 깨워 어디론가 데려갔고 뭔가 싸우는 소리가 들렸던 것 같은데 어느 순간 사라졌다. 나와 엄마는 방안에 갇혀 있었는데 곧 그들이 들어와 엄마도 어디론가 데려갔다. 나는 막 소리치며 저항했지만 아이였기 때문에 잡혀 있을 수밖에 없었다. 얼마 후 깡패들이 사라진 듯하여, 엄마 아빠를 찾으러 집안 곳곳을 뒤지는데 뜬금없이 우물이 하나 있었다. 그리고 그 우물에 잔혹하게 맞아 죽은 엄마 아빠의 시신이 있었다.

이 꿈은 집에 누가 쳐들어와서 엄마와 아빠를 죽이는 꿈으로, 초등학교 1, 2학년쯤부터 시작하여 지금까지도 간헐적으로 반복하여 꾸는 꿈이다. 그녀는 평소에 가족에 대해서 깊게 생각하지 않는 편이라고 느꼈는데, 이렇게 가족들이 다치는 꿈을 여러 번 꾸는 이유가 무엇인지 의아해한다.

'꿈 a'과 '꿈 b'는 어릴 적에 반복하여 꾸었던 두 종류의 꿈이다. 하나는 자신이 기필코 죽는 꿈들이고, 다른 하나는 엄마와 아빠가 잔인하게 죽는 꿈이다. 그녀의 꿈들은 자신이나 자신에게 가장 가까운 사람들이 날마다 죽는 것이 반복되는 꿈의 세계관을 보여 준다.

꿈 c) 꿈은 아주 단순했다. 친한 친구가 탄 비행기가 폭발하여, 추락했고 친구가 죽었다는 소식을 들었다. 꿈에서 전지적 시점으로 친구가 탄 비행기가 폭발하는 장면을 보았다.

꿈 d) 엄마, 여동생과 백화점에 갔는데, 살인 사건이 일어났다는 것을 알게 됐고, 용의자가 나의 절친한 친구라는 것도 알게 됐다. '아니, 얘가 그럴 리가 없지' 하는 생각으로 아직 잡히진 않았지만 경찰이 쫓고 있다는 친구를 만나려고 미친 듯이 뛰어다녔다. 결국 친구를 찾았는데, 이게 무슨 일이냐는 나의 물음에 친구는 아주 구체적으로 살인 수법을 들려주었다. 아주 날카로운 S자 쇠고리 같은 것으로 사람의 손목을 꿰뚫고 어딘가에 매달았다는 이야기였다. 어떡하면 좋을지 발을 동동 구르다가 깼다.

그녀의 꿈에서는 자신과 가족만이 아니라, 친한 친구나 주변인들도 죽음에서 안전하지 않다. 누구도 예외가 아니다. 죽음을 당할 수도 있고 죽일 수도 있는 존재로 등장한다. 그녀의 꿈의 세계에서 죽음은 어디에나 있다. 사고로 죽을 수도 있고, 절친한 친구가 살인자이기도 하다. 아무 이유 없이도 살해하고 또 자신이 죽을 수도 있다. 이유 없이 벌어지는 죽음은 부조리를 보여 준다.

꿈 e) 수학여행 중인지 낡은 기차를 타고 여행하는 데, 어두컴컴한 긴 터널을 끝없이 달려야 했다. 겨우 터널을 빠져나왔는데, 갑자기 조총을 든 일본 순사들이 들이닥쳐 우리를 기차 밖으로 끌어냈다. 우리는 일본군에게 사살당할 위기에 처했다. 그런데 갑자기 일본 순사가 대형 벌레(병정개미의 모습이다!)를 데리고 나타나서 기차 안에 몰래 숨어 있던 사람들을 모조리 찾아내 잔인하게 물어뜯게 한 뒤 밖으로 끌어냈다.

이 꿈은 재수 삼수하던 시절에 꾸었던 꿈이다. 기나긴 수험 생활에 매우 지쳐 있었고, 학창 시절에 대한 그리움이 아주 컸다. 친구들에 대한 그리움도 있었지만 소속감을 상실했기 때문이기도 했던 것 같다. 꿈속의 병정개미는 부조리의 상징이다. 이 꿈은 오랜 고난을 감내하며 겨우 터널을 통과했는데 그 순간 이유 없이 잡혀 죽어야 하는 부조리를 보여 준다. 열악한 기차 칸의 생활처럼 오랜 세월 수험 생활을 하고 있는데, 이 어두컴컴한 긴 터널이 끝나도 아무것도 기약할 수 없다고 말하는 꿈이다. 수험 생활의 긴 터널 끝에는 고난의 시간에 대한 보상이 아니라 죽음을 상징하는 병정개미가 있다. 부조리한 죽음이다. 이 꿈은 재수를 반복하면서 미래를 기약할 수 없었던 심정을 나타낸다. 꿈꾼 이는 대학에 입학한 후에도 죽음과 종말에 대한 꿈을 많이 꾸는 편이다. 다음 사례처럼, 죽음의 사건이나 이미지 없이 언어적으로 죽음을 암시하는 꿈을 꾸기도 한다.

꿈 f) 특별한 내용은 없고 그냥 일상을 살아가던 중에, 문득 아는 지인이 "지현이 엄마가 돌아가신 뒤에~", "지난번에 지현이 아버님 장례식에서~"와 같은 말을 하는 걸 듣는다. 난 그제서야 부모님이 돌아가셨다는 상황을 인지한다. 그러나 울지도 않고 슬프지도 않다…. 나는 매우 침착하게 그 말에 대응하지 않고 하던 일을 계속한다.

한 달에 두어 번씩은 꾸는 종류의 꿈이다. 최근에는 자신의 죽음을 포함하여 부모님의 건강과 죽음을 늘 염두에 두고 있기 때문에 그런 꿈을 꾸는 것 같다. 차이가 있다면, 어릴 땐 부모님이 죽는 꿈이 악몽으로 나타났다면 요즘의 꿈에서는 마치 객관적 정보처럼 담담하게 그려진다는 것이다. 실제로도 어릴 때는 이런 꿈을 꾸거나 부모님이 죽는다는 생각만으로도 공포스러웠는데, 지금은 그렇지는 않다. 이제 자신도 성장하여 부모님이 없는 삶을 감당할 수 있을 정도가 되었고, 결국엔 혼자 살아가야 할 것이라는 생각이 반영된 듯하다.

> 꿈 g) 꿈의 배경은 모르는 도시다. 아마도 천재지변 때문인지 도시는 거의 폐허가 된 모습이었다. 그 사이에 나와 대여섯 명의 친구들 무리는 무언가 세상을 구할 방법을 찾아 길을 떠났다…. 그런 후 꿈의 마지막 장면으로 바뀌어, 우리는 할 수 있는 모든 것을 다 시도해 보았지만 세상의 멸망을 막을 수는 없음을 깨달았고, 나와 친구들은 마지막 작별인사를 하고 헤어졌다. 아마도 남아 있는 가족과 마지막을 함께하거나 각자 원하는 장소에서 죽음을 맞이하기 위해서 헤어졌던 것 같다. 나 또한 나만의 죽음을 위해 어딘가로 향하던 중 꿈에서 깨어났다. 꿈의 전반적인 분위기는 밝았으며, 심지어 마지막에 헤어질 때에는 "우린 이제 죽는 거야." "그래. 죽어야지 뭐. 어쩔 수 없잖아?"라고 대화하며 웃기까지 했다. 친구들과 헤어지고 나 혼자 달려갈 때에도 두려운 느낌은 전혀 없었다.

이 꿈에서 꿈꾼 이는 세계가 멸망해서 죽으러 간다. 이 꿈을 꿀 당시

지현은 특별히 큰 사건은 없었지만, 자잘하게 바쁜 일들로 몸과 마음이 모두 지쳐 홀로 인생의 의미와 인간 존재 등에 대해 고민하고 있었다. 이 꿈은 죽음의 부조리에 대응하는 태도를 나타낸다. 세상을 구하거나 목숨을 구하기 위해 할 수 있는 모든 것을 다 시도해 보았지만 막을 수 없다면, 그 다음엔 기쁘게 받아들이겠다는 꿈꾼 이의 삶의 태도가 드러나 있는 꿈이다. 죽음의 부조리에 대한 자신의 태도와 가치관을 나타낸다. 이 꿈은 '죽음의 부조리'라는 꿈의 세계관을 드러내는 동시에, 부조리한 죽음에 대한 꿈꾼 이의 사고와 행동 방식을 보여 준다. 여기서 꿈의 세계관만이 아니라 그것에 대응하는 방식을 통해 꿈꾼 이의 가치관과 삶의 태도를 알 수 있다.

꿈의 역사를 보면 꿈의 세계관이 보인다. 꿈들에는 꿈꾼 이가 세상을 바라보는 특정 관점이 드러난다. 혹은 꿈속의 자아가 바라보는 세계의 모습이 있다. 지현의 꿈의 세계에는 죽음이 늘 공존한다. 특히 자신이 죽는 꿈들이 중심을 이룬다. 꿈에서 죽음이 있는 곳이면 자신의 죽음을 피할 수 없다. 그녀의 꿈속에는 죽음이 상존하며 죽음에 대한 생각이 면면히 흐르고 있다. 또한 자신과 부모와 가까운 지인들이 잔혹하게 죽지만 그 이유는 없거나 알지 못한다. 물론 그녀는 특별히 스스로의 죽음을 의도해 본 적은 없기에, 이 꿈은 죽음의 충동이나 그런 성향과는 무관하다. 오히려 삶이 있는 곳에 죽음이 있다는 생각, 죽음을 피할 수 없고, 죽음의 이유도 알 수 없다는 죽음과 부조리의 세계관을 나타낸다.

꿈의 세계는 꿈꾼 이마다 폭력적 세계관, 상처와 고통의 세계, 불안의 세계관, 죽음과 부조리의 세계, 허무주의 세계관, 검열과 표상의 세계, 깜깜한 어둠 속에서도 영롱한 빛을 찾아내는 세계, 때로는 평온하고 목가적인 세계 등 다양하다. 개인마다 꿈의 세계는 다양하고 또한 거기서 행동하는 방식도 각기 다르다. 가치관이나 정체성은 세계에 대응하는 태도와 행동 방식을 나타내기에 가치관의 차이에 따라 같은 세계 안에서도 달리 대응할 수 있다. 즉 부정적인 꿈의 세계관을 가졌다고 해서 성격도 비관적이거나 부정적이기만 한 것은 아니다. 예컨대, 채운의 꿈의 세계는 잔혹하고 부정적인 세계이지만 그녀의 성격은 포기하지 않는 끈기와 자신감을 보여 준다. 또한 잔인한 부조리의 세계에서도 우울하기보다 어쩔 수 없는 결과를 기쁘게 받아들이는 위 사례를 보라! 꿈의 텍스트에서 꿈의 세계관과 더불어 꿈꾼 이의 성격이나 가치관을 읽어 내는 것은 꿈을 이해하는 데 중요한 역할을 한다.

꿈의 세계관은 꿈꾼 이의 사고방식이나 세계와의 관계 방식을 드러낸다. 또 꿈의 세계에서 생각하고 행동하는 방식은 꿈꾼 이의 자아 정체성 및 가치관의 일부를 반영하기도 한다. 그런 점에서 자신의 **꿈의 세계를 이해하는 것은 자신을 이해하는 하나의 길**이 될 수 있다. 꿈속의 폭력적인 세계관(채운의 사례), 죽음과 부조리의 세계관(지현의 사례), 상처받는 관계들로 형성된 세계(인영), 불안한 어둠의 세계관(해인) 등은 대부분 현실에서 겪은 자신의 경험이나 세계와 맺는 관계 방식을 반영하고 있다. 철학적 꿈분석을 통해 꿈의 세계관이나 그 변화를 파악하고, 그 세계에 반응하고 대응하는 자신의 사고와 행동 방식을 인지함으로써 자신의 가치관을 반성적으로 검토할 수 있다. 이처럼 자신의 경험과 삶을 반영하는 꿈의 세계관 분석을 통해서도 자신을 이해하고 성찰할 수 있다.

3. 자기변화의 대면

명제 6-3 꿈분석을 통해 자신과 자신의 변화를 대면할 수 있다.

철학적 꿈분석은 꿈을 통해 자신을 대면하고 자신의 변화를 대면하도록 한다. 특히 일련의 꿈들을 분석할 때, 변화하는 꿈을 통해 자신의 변화를 대면하게 된다. 꿈속의 행동 방식과 꿈의 세계관이 꿈꾼 이의 가치관과 정체성을 반영한다면, 꿈의 세계의 변화를 통해서도 자신의 변화를 확인할 수 있다. 또한 자신의 변화에 따라 꿈도 변하고 그 변화가 꿈에 반영되어 나타난다. 꿈을 통해 구체적인 이미지로 그 변화를 확인하는 것은 자신을 대면하고 자신의 문제를 성찰할 수 있는 중요한 계기가 된다.

꿈분석 과정에서 자신의 변화를 대면하는 일은 특별하다. 꿈의 텍스트 속 이미지를 통해 자기변화를 구체적으로 자각할 수 있는 기회가 되기 때문이다. 동시에 자신의 변화, 즉 삶의 태도와 욕구 및 가치의 변화에 따라 꿈도 변화하는 경험을 한다. 그럴 경우 꿈은 자신과 자기변화를 성찰하는 거울이 된다. 철학적 꿈분석의 효과 중 하나로, 많은 내담자들은 자신의 변화를 대면하는 경험이 자신과 자신의 문제를 이해하는 데 도움이 되었다는 점을 든다. 이런 효과는 꿈분석 상담의 진전에 도움을 준다.

다음 가영의 사례를 보자. 가영은 상담 초반에 철학적 꿈분석을 통해 자기인식에 큰 변화가 일어났다. 그리고 그러한 변화를 대면하자, 꿈의 분위기가 바뀌었다. 자기인식의 변화가 꿈의 변화를 일으켰던 대표적인 경우다.

〈실수로 사람을 죽였는데 붉은 피에 놀라는 꿈〉

내가 누군가를 아마 실수로 죽여 버렸는데 바닥에 피가 새빨갛게 줄줄 흘렀다. 내가 그걸 보고 소스라치게 놀라서 어쩔 줄 몰라 했다. 내가 소스라치게 놀란 이유는 내가 사람을 죽여서가 아니고 시체에서 붉은 피가 막 흘러나왔기 때문이다. 왠지 꿈속에서는 명백한 살의를 갖고 사람을 죽여야만 이렇게 피가 나온다고 알고 있었다. 또한 실수로 사람을 죽이면 전혀 벌을 받지 않는다. 그런데 (내가 죽일 마음이 없는 사람을 사고로 죽게 했는데) 붉은 피는 사실 속으로는 그 사람을 죽이고 싶다고 생각하고 있었다는 뜻이기 때문에 크게 놀랐다.

이 꿈을 분석하기 위해 가영의 삶의 역사와 맥락을 이해할 필요가 있다. 가영은 자신이 항상 잘못하고 있다는 억압된 의식과 죄책감을 갖고 있다. 어릴 적부터 언제나 자신의 생각과 의견을 부정하는 엄마의 태도에서 기인하는 정서적 분위기이다. 가영이 말하기를, "매사에 엄마는 내가 틀렸다는 것을 지적하곤 했다. 엄마한테 한 번도 잘했다는 칭찬이나 인정을 받아 본 적이 없어서 나의 근본 정서는 자신감이 없고 항상 자기생각에 대해 불신이 흐르는 듯하다. 또 항상 잘못하고 있다는 죄책감이 만연하고, 모든 사안에서 내가 틀렸을 가능성과 잘못했을 가능성을 점검하는 습관이 있다." 이런 삶의 배경은 자기회의와 죄책감이 만연한 꿈의 세계로 나타난다.

이 꿈은 실수로 사람을 죽였는데, '붉은 피'의 출현으로(붉은 피는 살의의 표식이다) 자신의 의도를 확신할 수 없어서 불안해하는 꿈이다. 보통 내 의도는 내가 안다. 그런데 가영은 자신의 의도를 확신할 수 없고 '붉은 피'와 같은 외부의 증거에 흔들린다. 나의 의도를 증명하지 못할까 봐 불안해한다. 죽일 마음이나 의도가 없고 실수로 사람을 죽게 했는데도, 자신의 의도를 의심하며 속으로는 '그를 죽이고 싶다고 생각했을 수 있다'는 식으로 자신의 생각을 의심한다.

이 꿈은 평소에 자기 확신이 없어서 자신을 회의하고 의심하는 것에 이르는 과정의 패턴을 그대로 보여 준다. 처음에는 '아마도' 내가 죽일 의도가 없었다는 말로 시작하지만, 나의 의도와 상반되는 '붉은 피'의 출현에 놀라고 나의 의도를 스스로 증명하는 데 자신이 없어진다. 그러다가 내가 틀렸을 수 있고, 잘못 생각했을 수도 있다고 생각한다. 실제로 현실에서 자기의심으로 귀결되는 그녀의 사고방식과도 유사하다. 가영은 "뭔가 지적을 받으면 처음엔 오해라고 억울해하지만, 나중에는 자포자기해서 내가 잘못했을 수 있다고 받아들이는 편이다"라고 말한다. 어떤 의미에서 그녀의 전형적인 사고방식을 꿈은 강렬한 이미지로 드러낸 것이다. 다음의 사례도 유사하게 자기회의적인 사고를 보여 주는 꿈이다.

〈마약 집단과 경찰의 꿈〉

난 깡패들에게 잡혀 와 있다. 그들은 마약을 하는 것 같다. 경찰이 들이닥치자 혼란을 틈타 마약을 피우던 깡패 집단에서 탈출하였다. 난 아무도 없는 밤길이나 깡패들보다 경찰이 더 무서웠다. 경찰한테 잡히면 무조건 나도 같이 마약을 한 걸로 처리될 거라고 생각했다. … 택시가 잡혀서 탔고, 문을 닫자마자 어느 쪽에든 잡히지 않은 것에 엄청나게 안심했다. 택시 기사님이 구원자처럼 느껴졌다. 기사님이 어디로 가느냐고 물었는데, 경찰서요,

하고 대답했다. 이 밤에 어쩌다 경찰서에 가느냐길래, 자수하러 가요, 하고 넋을 반쯤 놓고 창문 밖을 보다가 꿈에서 깼다.

이 꿈에서도 가영은 죄를 짓지 않았음에도 죄책감을 느껴 경찰에 자수하러 간다. 자신은 피해자인데 가해자로 오해받지 않을까, 범죄자로 낙인찍히지 않을까 두려워한다. 꿈속에서 깡패보다 경찰이 더 무서운 것은, 자신이 잘못을 하지 않았는데도 도덕적, 법적으로 판단받는 것이 더 무섭기 때문이다. 그들은 자신의 무고함을 믿어 주지 않을 것이라고 생각한다. 택시를 타고 범죄 현장을 떠나게 되어 처음엔 안도하지만, 결국엔 경찰서로 자수하러 간다. 뭔가 잘못한 것이 있을 것 같기 때문이다. 혹은 잘잘못을 증명받지 못하면 불안하기 때문이다. 이 꿈 역시 죄책감과 자기회의적인 모습을 보여 준다.

또한 〈엄마 몰래 유럽 여행을 떠났는데, 계속 엄마에게 들킬 것이라고 생각하는 꿈〉을 꾸기도 했는데, 이 역시 자신의 행동에 죄책감을 느끼는 꿈이다. 엄마 몰래 여행하며 해방감을 느끼려고 하지만, 그 순간 엄마한테 말하지 않아도 엄마는 항상 자신이 잘못한 점을 끝까지 밝혀낼 것이라 생각한다.

이처럼 상담 초반의 가영의 꿈들은 죄책과 자기회의적인 분위기로 가득했다. 그런데 자신의 꿈들을 분석한 후, 가영은 자신이 남달리 자책과 회의적인 성향이 강하다는 것을 깨닫게 되었다. 꿈분석을 통해 자신에 대해 부정적이고 회의적인 성향이 강하다는 것을 인식하자(그리고 모두가 그런 것이 아니라, 자신만 특별히 더 그렇다는 것을 인식하자), 가영은 단번에 그런 태도를 버렸다. 놀랍게도 자기인식은 단기간에 자신을 바꾸기도 한다는 것을 보여 준 사례이다. 그러자 물론 꿈도 바뀌었다.

〈떼를 쓰며 우는 나를 구해 주는 꿈〉

> 어떤 섬에서 사람들에 둘러싸여 있다. 난 그들과 말다툼을 한 것 같고, 무엇을 원하는지 그들 사이에서 아이처럼 떼를 쓰며 울고 있다. … 그때 갑자기 누군가 나타나 말없이 나를 구해 준다.

이 꿈에서 가영은 사람들에 둘러싸여 원하는 것을 얻기 위해 떼를 쓰다가 누군가의 도움을 받는다. 이전의 꿈과 달리 사람들의 말에 휘둘리거나 흔들리지 않고 원하는 것을 얻으려고 애쓰는 꿈이다. 또한 〈무서운 사람에게 쫓기더라도 도망쳐서 빠져나오는 꿈〉, 〈머리카락에 거미줄이 닿아도 머리를 숙이지 않는 꿈〉 등 이후의 꿈들에서는 더 이상 자신을 의심하지 않는다. 대신 자신을 주장하거나 자신을 지키려는 꿈으로 바뀌었다. 자책과 자기회의가 사라지고 꿈의 분위기가 달라졌다. 자기인식이 일으킨 변화였다. 고민거리가 있더라도 그것을 자기 탓으로 돌리는 자기부정적인 태도는 거의 사라졌다. 사고방식과 인식의 전환이 꿈의 세계를 바꾸었다. 또한 꿈의 변화를 관찰하고 분석하는 것은 자기변화를 대면하게 해주었다. 동시에 자기인식의 변화에 따른 꿈의 변화를 대면할 수 있었다.

다음은 앞 절에서 다루었던 죽음과 부조리로 가득한 꿈의 세계관을 가진 지현의 사례이다. 그녀는 근래의 꿈들을 통해 이타적인 사고에서 이기적인, 혹은 **자기중심적 사고로 전환하는 자신의 변화를 대면**한다. 요즘 가족을 포함하여 주변에서 남을 배려하지 않고 자신만 생각하는 사람들을 보면서, 굳이 남을 위해 나를 희생할 필요가 있는지 회의가 들기 시작했다. 그러자 이를 반영하는 듯 변화된 꿈들을 꾸기 시작했다. 구체적으로 '가족은 내가 반드시 지킨다'는 각오를 나타내는 꿈으로부터 '내가 가족을 꼭 지켜야 하나?'라는 의문과 회의를 갖는 꿈으로 바뀌는 변화를 통해 가족에 대한 책임의식의 변화를 깨닫게 되었다.

예전의 꿈들을 보면, 지현은 전사가 되어 싸우거나 적을 무찌를 때 언제나 일관적으로 가족을 지킨다는 생각을 갖고 있었다. 내 가족은 내가 지킨다는 사고방식이다. 그녀가 꾼 초반의 꿈들을 보면 (앞 절에서 기술한 꿈의 세계관에서 드러나듯이) 가족이나 친구의 죽음에 대해 자신이 지키지 못한 것을 자책하거나 자신이 지켜야 한다는 책임의식이 매우 강했었다. 그런데 근래에 와서 그 생각이 바뀌고 있으며, 이를 반영하듯 꿈들도 바뀌고 있다. 이처럼 가치관의 변화가 꿈에 반영됨으로써, 꿈분석을 통해 자신의 변화를 대면하고 가치관의 변화를 깨닫게 해준다. 다음은 그러한 자기변화를 대면하게 해주었던 꿈이다.

〈전쟁 정보를 입수한 비밀 요원이 된 꿈〉

꿈의 배경은 60~70년대 미국 중산층 가정의 풍경이다. 나는 어떤 기관의 정보요원으로 '곧 전쟁이 일어난다'는 정보를 입수하게 되었다. 본래 일급 기밀이었기에 누구에게도 발설해서는 안 된다. 그러나 나의 관심은 가족들(특히 엄마와 동생)을 안전하게 피신시키는 것에 온통 쏠려 있었다. 가족에게 이 사실을 알리고 피신해야 하는 상황인데도, 엄마와 동생은 주변의 지인들과 어울리느라 정신이 없고 난 은밀하게 이야기할 수 있는 기회를 잡기 어려웠다. 나는 속이 타들어 갈 정도로 천진하게 수다를 떨

> 고 있는 엄마를 구석의 커튼 뒤로 끌고 와서 곧 전쟁이 날 것이니 사람들 몰래 어디어디로 피신하라고 말했지만, 엄마는 상황을 전혀 이해하지 못하고 아무 일도 아닌 듯 태평한 반응을 보였다. 나는 분노를 참으며 다시 설명하려고 하는데, 갑자기 엄마와 수다를 떨던 한 아주머니가 우리에게 다가왔다. 내 말을 엿들었는지 뭐라고 참견하기에 내가 위협적으로 다가가 엿듣지 말라고 경고했다. 그러자 그 사람이 도망갔는데 그를 끝까지 주시했다.

나는 전쟁과 죽음 같은 중대한 정보(나아가 인생의 진리)를 알고 있는데, 나의 커다란 고민을 이해하지 못하고 협소한 생각에 갇혀 천진하고 태평하게 구는 엄마와 동생에 대해 분노와 불만을 표출하는 꿈이다. 요즘 느끼는 감정과 유사하다. 가족에게 도움을 주고 배려해도 알아주지 않으니, 이젠 가족보다 자신을 위해 살고 싶은 마음이 들기 시작했다.

이 꿈은 요즈음 꿈꾼 이의 고민과 생각의 변화를 잘 드러낸다. 꿈꾼 이는 나이 차가 많이 나는 동생을 아기 때부터 많이 돌봐 왔다. 이제 엄마는 입시생이 된 동생의 공부까지 맡아서 도와주기를 바란다. 동생의 이모저모를 돌보느라 시간이 부족하고 힘들 때도 있지만 엄마는 그런 나의 고충에는 관심이 없다. 요즘엔 학업과 일을 병행하느라 바쁜 일과에 허덕이고 있는데 그런 자신은 뒷전이고 동생 돌보기를 강요하는 엄마에 대해 분노와 서운함을 느낀다. 이제 꿈꾼 이는 "가족을 위해 자신을 희생할 필요가 있을까? 나에게 중대한 목표가 있고 그걸 이루기 위해서라면 좀 이기적이면 안 되나? 나의 큰 목표에 걸림돌이 된다면, 가족이라고 해도 내가 꼭 지켜야 하나? 라는 생각이 든다"

고 말한다. 이런 생각을 반영하듯, 그녀의 꿈은 가족에 대한 답답함으로 마음을 닫아 가고 있는 자신의 변화된 모습을 보여 준다.

생각이 바뀜에 따라 꿈도 변화했다. 꿈속에서는 가족을 구하려고 애쓰지만, 상황을 이해하지 못하고 협조하지 않는 것에 답답함과 분노를 느낀다. 꿈에 대해 느끼는 꿈꾼 이의 반응은 '내가 이들을 꼭 구해야 하나?' 하는 회의적 감정이다. 특히 그녀는 나이 차가 많은 어린 동생을 자신이 돌봐야 한다는 엄마의 요구에 부담감을 갖고 있다. 그즈음 그녀는 동생을 고문하는 꿈을 꾸기도 했다.

〈동생을 고문하는 꿈〉

여러 사람과 힘을 모아 악당 한 명을 추포한 후 고문을 하였다. 동료들과 의논하여 못을 박기로 했다. 그런데 손발과 이마에 큰 못이 박혀 묶여 있던 그 악당이 어느 순간 친동생으로 바뀌어 있었다. 그리고 그동안 없었던 엄마도 옆에 앉아 있었다. 누군가가 이대로는 부족하니 흠씬 패줘야 한다고 말했고, 난 동생의 뺨이 부어오를 때까지 힘껏 내리쳤다. … 동생은 울음을 터뜨렸고, 옆에 있던 엄마가 "이만 하면 됐어, 이제 그만해라"라고 말했다. 곧 꿈에서 깨어났는데, 사람을 포박하고 고문하는 동안 내게 한 치의 망설임이나 죄책감이 없었다는 것과 심지어 동생을 때릴 때에는 신이 나기까지 했던 것 같아 끔찍함에 몸부림쳤다.

꿈꾼 이는 동생을 잔인하게 고문하는 꿈을 보며, **자신의 분노의 감정을 대면**한다. 또 자신이 그 정도로 동생과 엄마에게 분노를 가지고 있었는지 되돌아본다. 동시에 자신이 얼마나 바쁘고 힘든지를 뻔히 알면서도, 엄마가 동생을 더 챙기느라 자신을 배려하지 않는 모습을 보면 서운하기도 하고, 가족을 위해 희생하는 것에 회의가 들기 시작했다.

예전에는 비상상황에서 무슨 일이 있어도 가족을 지켜야 하고, 가족을 지키기 위해선 무슨 일이든 다 해야 한다고 생각했다면, 지금 이 꿈들에서는 자신을 이해하지 못하거나 배려하지 않는 것에 답답함과 분노를 느끼며 언제까지 이들을 지켜야 하는지 회의하는 자신을 대면한다. 이처럼 꿈분석을 통해 자신의 변화를 대면했다면, 이 꿈의 메시지는 무엇일까? 이 꿈은 적어도 동생과 엄마와의 관계에서 풀어야 할 감정이나 해결해야 할 문제가 있음을 말해 준다. 이 꿈에서 자신의 분노를 대면한 꿈꾼 이는 그러한 문제의식을 갖게 되었으며, 엄마와 진솔한 대화에 나설 수 있었다. 동시에 가족에 대해 지나치게 강한 책임감을 느끼는 문제도 짚어 볼 수 있었다.

이와 같이 꿈을 통해 자신과 자신의 변화를 대면하는 것은 철학적 꿈분석에서 일반적으로 나타나는 현상으로 보인다. 철학적 꿈분석의 경우, 꿈의 대화는 무의식을 포함한 자신과의 대화라는 점에서, 대부분 꿈분석은 자신의 일부를 대면하게 해준다. 그러한 자기대면은 자신의 문제 상황을 의식하거나 자각하는 계기가 된다.

4. 무의식의 진실 대면

명제 6-4 **꿈의 무의식은 자신의 진실을 대면하게 해준다.**

철학적 꿈분석은 자신을 대면하고 자신의 변화와 성장을 대면하게 해주는 한편, 더 나아가 자신이 드러내고 싶지 않은 진실을 대면하게 해준다. 이미 논의했듯이, 무의식은 의식에 가려져 있지만, 꿈분석을 통해 다양한 방식으로 의식에 드러난다. 우리는 꿈분석의 대화 과정에서 무의식을 파악하기 위한 질문과 숙고와 성찰을 통해 무의식의 진실을 대면하게 된다. 때로는 적절한 분석질문에 응답하는 것만으로도 바로 무의식의 진실을 대면할 수 있다. 꿈의 무의식이 가리키는 진실을 통해 자신에 대한 진실을 알게 되는 것이다.

다음은 자기검열 때문에 무의식의 진실을 외면하는 내담자의 사례이다. 꿈꾼 이 미연은 매사에 자신의 선택과 행동에 대해 남의 시선으로 검열하는 성향이 강하다. 바로 그러한 자기검열의 성향이 자신의 욕구를 외면하게 만들었다. 하지만 철학적 꿈분석을 통해 자신이 외면하고자 한 무의식의 진실을 대면하게 된다.

〈목이 말라 물을 사러 나서는 꿈〉

게스트하우스에서 가족 모임을 하는 상황이었던 것 같다. 아빠 친구 가족 등 지인들과 함께 있었다. 나는 목이 너무 마른데 참다가 결국 물을 사러 가려고 마음먹고 일어섰다. 그런데 주위에서 너 바지도 안 입고 나가느냐고 빨리 입으라면서 웃었다. 확인해 보니 진짜 바지를 안 입고 있었다. 바지를 계속 찾다가 어디 끼어 있는 바지를 겨우 찾아서 입고 나갔다.

장면 1) 갑자기 배경이 컨벤션 센터 같은 직장인들과 회의실이 많은 장소로 바뀌었다. 남들과 달리, 나는 네 발로 느릿하게 기어 다니고 있었고 눈도 흐릿하게 보여 어지럽다. 그렇게 겨우 기어 다니다가 편의점을 발견하고 거기로 들어갔다. 목이 너무 말랐는데도 난 이상하게 계속 다른 군것질거리들만 구경하고 있었다. 잠깐 살 것을 고르고 있는데 갑자기 편의점이 마감한다고 해서 급하게 사고 나갔는데, 물을 샀는지 안 샀는지는 기억이 안 난다.

장면 2) 편의점에서 나왔는데 갑자기 친구 어머니께서 아프시다는 소식을 듣고 급하게 날아서 어떤 집으로 갔다. 거기에 아픈 친구 어머니께서 누워 계셨고 나는 친구를 위로해 주다가 꿈에서 깼다.

꿈꾼 이는 어떤 사람일까? 미연은 한마디로 어릴 때부터 '말이 없는 아이'였다. 가족은 물론 누구에게도 감정 표현이나 불편함을 표현해 본 적이 없다. 그런 말을 하기보다 참는 것이 오히려 편하다고 생각한다. 그럼에도 그녀는 인간관계가 불편하다. 관계에 대한 불신이 있고 자주 실망감을 느낀다. 사람들이 자신을 만만하게 대하는 것 같다. 또한 남에게 자신이 좋은 사람이고 훌륭한 사람이라는 걸 보여 주기 위해, '나를 계속 증명해야 한다'는 강박이 있다. 이는 남의 시선으로 자신을 검열하는 태도와 습관으로 이어진다. 심지어는 가장 가까운 부모님에게도 나의 좋은 부분(내가 착한 딸이라는 것은 물론, 나의 좋은 점과 나의 능력)을 계속 증명해 내야 한다는 강박이 있다는 것을 최근에 깨닫게 되었다. 요즘엔 예전보다 나의 능력이나 성과를 보여 주지 못해 많이 위축되어 있다.

꿈의 텍스트를 자세히 보자. 꿈은 그녀가 목이 너무나 마르다는 것에서 시작된다. 목마름을 참다가 더 이상 참을 수 없어 물을 사러 나가려고 마음을 먹는다. 목을 축이는 일은 밖에 나가면서 바지 입는 것도 잊어버릴 정도로 다급하다. 바지를 안 입어 웃음거리가 되지만 그것은 그리 중요하지 않다. 그 정도로 갈증 해소가 시급하다. '목마름'은 다급하게 해소되어야 할 갈증이다. 꿈의 텍스트는 목마름을 해소하는 것이 우선적으로 중요하다는 걸 보여 주고 있다. 그런 의미에서 이 꿈은 무엇이 중요하며 우선이어야 하는지 묻고 있다. 목이 말라 더 이상 참을 수 없는 상황이라면, 당연히 목을 축이고 목마름을 해소하는 게 급선무이다. 그러나 꿈속의 미연은 우선순위를 미루고 또 미룬다. 물을 사러 나갔지만, 컨벤션 센터에서 헤매고 있다. 겨우 편의점을 찾아 들어갔고 너무 목이 말랐지만 물은 사지 않고 딴 짓만 하고 있다. 마지막까지 물을 손에 넣지 못한 듯하다. 다급하고 우선적인 것을 끝없이 미루며 하지 못하는 모습이다.

이어서 이 꿈은 목말라 죽지 않으려면, **목마름을 해소하려면 어떻게 해야 할지** 묻고 있다. (꿈속의 물은 목말라 죽는 것에서 구해 줄 생명수라고 할 수 있다. 꿈은 나아가 이러한 생명수와 같은 삶의 활기를 얻으려면 어떻게 해야 할지 묻고 있다.) 꿈꾼 이가 목마름을 해결하기 위해 물을 사러 다니는 꿈이 전개되기 때문이다. 또 앞 장면에서는 물을 구하는 것에 실패하고 다음 장면에서는 그 문제가 해소되는 전개를 보이고 있기 때문이다. 또한 이 물음은 실제로 그녀가 당시 묻고 있던 물음이기도 하다. 그녀는 **삶의 이유를 찾는 사고실험**에서,* 자신은 살아갈 이유가 없으며, 힘들기만 한 세상에서 고통 없이 죽는 것을 가장 바란다고 답했던 사람이다. 실제로 그녀는 생명수가 필요한 상황이고, 삶에 활기를 불어넣어 줄 수 있는 무언가를 하는 것이 필요한 때이다. 그 즈음 꿈의 무의식은 이 꿈을 통해 그 문제를 정면에 꺼내 놓는다. 즉 꿈속에서 목마름을 해소하려고 밖으로 나왔는데 **대조적인 두 장면**이 이어진다. 대비되는 꿈의 두 장면을 다시 살펴보자.

'장면 1'은 사회적 업무들이 유능하게 이루어지는 공간이다. 이 공간에서는 직장인처럼 보이는 사람들이 효율적으로 빠르게 움직이는 반면에, 미연은 눈도 흐릿하고 어지러워 네 발로 겨우 기어 다니듯 움직이고 있다. 여기서 남들과 달리 자신만 느릿하고 심신이 적응하지 못하는 모습이다. 겨우 편의점을 발견하여 들어갔으나, 너무 목이 말랐음에도 다른 것에 정신이 팔려 물은 사지 못한다.

다음의 '장면 2'에서는 내가 좋아하는 친구에게 간다. 친구의 어머니가 편찮으시다는 소식을 듣고 급하게 날아서 그 친구네로 간다. 몸은 날아갈 정도로 가벼워져 있고 갈증도 잊어버린다. 어머니가 편찮으셔서 속상해하는 친구를 위로해 준다. 꿈속의 그 친구는 꿈꾼 이에게 아무런 의미와 가치도 없는 삶에서 유일하게 살아갈 이유가 되어주는 소중한 사람이다.

이제 꿈의 텍스트를 삶의 맥락에 겹쳐 분석해 보자. 미연은 요즘 졸업을 앞두고 좋은 직장에 취업해야 한다는 부모님의 기대와 주변의 시선에 대한 압박이 심해지면서 이를 대면하는 것이 너무나 힘들다. '장면 1'에서 벌어지는 일들은 이를 상징한다. 그곳에서 꿈꾼 이는 눈

* 삶의 이유 찾기 사고실험에 대해서는 김선희(2016), 4장을 참고하라.

도 흐릿하고 움직임도 둔하고 느릿하다. 사회에서 제 역할을 하며 빠르게 효율적으로 움직이는 사람들과 달리 자신은 제대로 적응하지 못한다. 남들은 빠르고 분주하게 움직이지만 나(꿈꾼 이)는 잘 보이지도 않고 심지어 겨우 기어 다닐 정도로 느리고 무력하다. 정신도 어지러워 제대로 판단하거나 대응하지 못한다. 최근에 졸업을 앞두고 좋은 직장에 들어가야 하는 것과 사회가 요구하는 역할에 대해 짓눌린 상황이 '장면 1'로 드러난다. 이 상황은 갈증을 더 부추기며 목마름을 가중시킨다. 하지만 물을 사러 편의점에 들어가서도 물을 사기보다 다른 것들에 관심이 팔려(사회적 요구들에 집중된 상태다) 정작 필요한 물을 사지 못한다. 다급한 갈증을 해소하기 위해 필요한 물을 끝까지 외면하고 있다. 아직 제대로 자신의 상태를 인지하지 못하거나 자신의 갈증을 돌보지 않는 그녀의 모습을 나타낸다.

이와 대조적으로 '장면 2'에서 친구에게로 가는 것 자체가 그녀의 움직임을 빠르게 바꾸고 갈증을 해소시켜 준다. '장면 2'를 삶의 맥락과 겹쳐 보면, 의미가 분명해진다. 그 친구는 의미를 찾기 어려운 삶에서 유일하게 기쁨을 주는 탈출구가 되어 주는 사람이다. 그 친구를 닮고 싶고 그와 함께 있으면 삶의 위로를 받는다. 사회가 요구하는 의무나 남의 시선에서 해방될 수 있다. 꿈속에서 그 친구에게로 갈 때, 그녀는 완전히 다른 사람으로 변한다. 활기가 넘치고 동작이 빨라지고 심지어 날아갈 정도로 날쌔고 민첩하다. 갈증은 사라지고, 친구를 위로하는 것에서 행복을 느낀다. 이처럼 다급한 갈증을 해소할 생명수, 살아갈 힘이 되어 주는 것은 여기에 있다는 것을 꿈의 무의식은 말해준다. '장면 1'과 '장면 2'를 대조해서 보면 갈증을 해결할 생명수가 무엇인지 명료하게 떠오른다. (어쩌면 꿈꾼 이에게 필요한 생명수는 편의점에서 살 수 있는 게 아닐지 모른다.)

그렇다면 갈증을 해결하기 위해 무엇을 해야 할지 꿈의 메시지는 분명하다. 미연은 꿈분석 과정에서 "목마름을 해결하는 생명수란 무엇인지, 또 우선적으로 해결해야 할 다급한 갈증은 무엇인가" 하는 질문에 대해, 처음에는 부모님의 말씀대로 취업하기 위한 스펙을 쌓거나 사회적 요구를 달성하는 것이 우선이고 다급한 일이라고 답했다. 하지만 꿈의 텍스트는 앞서 살펴본 두 장면의 대조를 통해 정반대의 진실을 말하고 있다. 그 친구야말로 그녀에게 살아갈 이유가 되어 주는 사람이라는 걸 보여 준다. 갈증을 해소하는 길은 '장면 1'이 아니라 '장면 2'에 있다는 것이다.

두 장면의 대조만으로도 꿈은 그녀가 숨기려는 욕구, 혹은 드러내지 못하는 자신의 욕구를 드러내 준다. 즉 꿈의 무의식은 꿈 이미지의 극명한 대조를 사용하여 그녀의 진실을 드러내 보이고 있다. '장면 1'의 그녀는 삶에 무력한 모습을 보이지만, '장면 2'의 그녀는 삶의 활기가 넘치는 모습이다. 스스로 무의미하다고 생각하는 삶의 방식을 끝낼 수 있는 활기 있는 삶이 무엇인지 꿈꾼 이 자신은 이미 알고 있으나 외면하고 있을 뿐이다. 부모의 눈치와 사회의 시선 때문에 그것을 억압하거나 외면하며 모르는 척하고 있는 것이다. 꿈은 그 진실을 대면하게 해준다.

그러면 꿈의 메시지는 무엇일까? 꿈은 자신이 왜 이렇게 무력하고 자신감이 없는지, 왜 사는 게 의미가 없는지를 강렬하고 대조적인 이미지로 보여 준다. 동시에 삶의 활기를 위해 무엇이 필요한지도 보여 준다. 이를 통해 꿈은 "사회가 요구하는 바대로, 꿈속의 컨벤션 센터에 속하기 위해서만 사는 것은 네 삶을 고갈시키고 너 자신을 무력하게 만들 것이다"라는 메시지를 보내고 있다.

꿈꾼 이는 이 꿈을 어떻게 받아들였을까? 그리고 어떤 변화의 과정을 거쳤을까? 처음에 미연은 꿈의 메시지를 반대로 해석하면서 꿈이 보여 주는 진실을 외면하려고 했다. 다급하고 우선적으로 필요한 생명수는 사회가 요구하는 사람이 되기 위해 열심히 공부해서 스펙을 쌓는 것이라고 말했다. '장면 1'은 사회가 우선시하는 것이라면, '장면 2'는 자신이 원하는 것을 나타낸다. 미연이 '장면 1'에서 성취하는 것(취업)을 우선이라고 답한 것은 그것이 사회와 부모가 우선시하는 것이기 때문이다. 실제로 졸업을 앞두고 미연의 부모는 좋아하는 것을 보류하고 자격증을 따는 등 취업 준비를 먼저 하라고 종용한다. 남들의 시선에서 보면 '장면 1'에 있는 것이 바람직하다고 생각한다. 남들의 시선으로 자신을 검열하며, 꿈이 말하는 것과 반대로 '장면 1'이 우선이라고 답변한 것이다. 하지만 우리가 분석한 대로 꿈의 텍스트가 가리키는 진실이 분명했기에, 그녀는 해석을 정정할 수밖에 없었다. 그렇게 그녀는 철학적 꿈분석을 통해 꿈의 무의식이 가리키는 진실을 대면할 수 있었다.

하지만 그녀의 자기검열 경향은 오래된 것으로 한 번 진실을 대면했다고 바로 바뀌지는 않았다. 현실의 사고방식까지 바뀌는 데는 오랜 시간이 걸렸다. 그럼에도 그녀는 매우 서서히 변화해 갔고, 마지막에는 자신의 문제를 스스로 해결하기에 이르렀다. 아마도 꿈분석을 통한 상담이 아니었다면, 자신의 문제를 해결하는 데 훨씬 어려운 과정을 거쳤을 것이다. 그녀의 꿈들은 자신의 동일한 문제를 여러 각도에서 다양한 이미지로 반복하여 드러냈으며, 각각의 꿈들의 분석을 통해 자신의 문제를 이해하고 자신을 깊이 성찰하는 계기가 되었다.

다음의 사례도 여전히 자신의 욕구와 자기검열 사이에서 갈등하지만, 자신의 욕구를 알아차리는 것으로 진전한 꿈이다.

〈분홍-검정 티셔츠 꿈〉

수련회에 갔다. 옆에 있던 사람들은 대학교 다니면서 만난 사람들이었는데 분위기는 중고등학교 때 갔던 수련회 느낌이었다. 수련회 이튿날 옷을 갈아입으려 하는데 수련회에서 뭘 차려 입느냐는 소리를 들을까 봐 걱정했다. 캐리어를 여니 챙겨 온 옷이 두 가지였는데 분홍색 티셔츠와 검은색 티셔츠였다. (평소 나는 검은색 옷을 입으면 얼굴이 칙칙해 보여서 검은색 옷을 잘 입지 않는다.) 둘 중에서 고민하다가 분홍색 티셔츠를 입으면 주위 사람들이 이상하게 볼 것 같아서, 결국 무난하게 검은색 티셔츠를 입자고 생각했다. 그리고 검은색 티셔츠를 집어 들어 입으려고 하는데 알고 보니 그 티셔츠는 뒷면만 검은색이었고 앞면은 분홍색이었다. 당황했지만 다들 챙기고 나가는 분위기여서 그 옷이라도 급하게 입고 나갔다.

미연은 상담 초반에 〈목이 말라 물을 사러 나서는 꿈〉을 꾸고 나서, 줄곧 유사한 꿈들이 이어지다가 꿈분석 상담 후반에 이르러 이 꿈을 꾸었다. 이 꿈에서도 그녀는 여전히 남의 눈을 의식하며 자신이 원하는 것을 주장하면 안 될 것 같은 태도를 보이고 있다. 그럼에도 앞에서 살펴 본 다급하게 생명수를 찾는 꿈이나 이전의 꿈들과 비교해 보면 이 꿈은 훨씬 진전된 것으로 분석된다.

이 꿈의 텍스트를 살펴보자. 수련회는 미연에게 다른 사람들의 시선이 많이 느껴지는 공간이다. 그녀가 남의 눈에 튀지 않는 옷을 입어야 한다고 생각하는 것은 평소 다른 사람의 시선에 많이 신경 쓰는 모습을 보여 준다. 꿈은 처음에 두 가지 선택지를 보여 주는데 분홍색 티셔츠와 검은색 티셔츠이다. 미연은 분홍색과 검은색 사이에서 망설이다 남의 시선을 의식해서 검은색을 선택하려고 한다. 그녀는 분홍 티셔츠가 마음에 들지만 튀어 보이지 않는 검은 티셔츠를 입기로 한다. 그런데 검은색 티셔츠인 줄 알고 집어 든 옷이 알고 보니 뒷면만 검은색이고 앞면은 분홍색이다.

꿈속에서 분홍색과 검은색이 앞뒤로 섞인 티셔츠를 입는 상황은 두 가지 의미로 해석이 가능하다. 첫 번째는 현실에 타협하는 선택을 하려 하면서도 결국 내가 원하는 것을 할 것이다. 두 번째는 현실에 맞는 검은색과 내가 원하는 분홍색 두 가지를 절충하는 방법을 찾을 것이다.

그렇다면 어느 쪽이 꿈의 텍스트에 들어맞는 적합한 해석일까? 꿈의 무의식이 가리키는 진실은 첫 번째 해석이라고 보는 것이 타당하다. 특히 분홍색이 앞면이라는 것은, 즉 꿈의 무의식이 앞면에 분홍색을 배치했다는 것은 첫 번째 해석이 맞는 해석이라는 것을 지지한다. 분홍과 검정의 혼합이라는 점에서 절충안처럼 보이지만, 자신이 좋아하는 분홍색이 앞면에 배치되어 분홍 티셔츠를 입은 것과 마찬가지의 효과를 냈기 때문이다. 또 검은색은 얼굴이 칙칙해 보여서 안 좋아한 것이니, 검은색이 앞면이 아니라 뒷면이라면 아무 상관이 없다.

꿈의 텍스트는 꿈꾼 이가 남의 시선을 의식해서 검은색을 선택하려고 하지만, 결국엔 자신이 좋아하는 분홍색 옷을 입게 된다는 것을 보여 준다. 그녀는 남의 시선을 의식하면서도 자신이 좋아하는 것을 분명히 알고 있고, 결국 원하는 걸 하게 되리라는 것을 숨기지 않는 꿈이다. 이 꿈은 오히려 숨기고 싶은 자신의 욕구를 드러내 준다. 비록 그녀가 남의 눈을 의식하며 검열하는 성향을 가지고 있지만, 꿈은 '앞면이 분홍이고 뒷면이 검정인 티셔츠'라는 특이하고 흥미로운 이미지를 통해 자신의 욕구를 그대로 대면하게 해주었다.

이 꿈을 꾼 미연은 처음엔 절충적 해석을 선택하려는 유혹을 받는다. 남들이 인정하는 현실과 타협하고 절충하는 해석이 더 바람직하다고 생각했기 때문이다. 그러나 꿈의 텍스트는 첫 번째 해석을 가리키고 있다. 그녀 역시 꿈분석이 끝날 즈음에는 첫 번째 해석을 받아들였다. 그리고 현실과 타협하는 선택을 하려 했지만, 결국 자신이 원하는 것을 하게 되는 그 해석을 더 마음에 들어 했다. 자신의 욕구를 무시하던 예전과 비교하면 남의 시선과 자신의 욕구를 절충한 것만으로도 긍정적 기분을 느낄 수 있었으나, 더 나아가 결국에는 남의 눈치를 보기보다 자신의 욕구를 주장해도 괜찮을 것 같다는 생각에까지 이르렀다.

이 꿈은 남의 시선을 의식하여 내가 원하지 않는 검정색 티셔츠를 선택했지만, 그 티셔츠는 뒷면만 검은색이고 앞면이 분홍색이어서 결국 분홍 티셔츠를 입은 것과 같은 효과를 내는 꿈이다. **처음으로 자신의 욕구가 승리하는 꿈**이기도 하다. 이것은 상담 목표이기도 했다. 어쩌면 미연의 꿈들은 이 방향을 향해 움직이고 있었던 것처럼 보인다.

자기 꿈의 무의식이 가리키는 진실을 알게 되는 것은 결국 자신에 대한 진실을 이해하는 것과 같다. 미연의 꿈의 무의식은 (남들의 시선을 의식하여 분홍색 옷을 입지 않으려 하지만) '나는 분홍색 옷을 입고 싶다'는 것을 가리킨다. 그녀의 꿈은 분홍 티셔츠를 입는 것으로 끝난다.

미연은 매사에 남의 눈을 의식하며 자신의 욕구와 생각을 검열해 오다가 철학적 꿈분석을 통해 꿈의 무의식이 가리키는 진실을 대면하게 되었다. 이 꿈의 분석은 사회적 요구와 타협하는 절충적 해석과 자신의 욕구를 표현하는 해석 사이에서 진실을 대면하고 자신의 욕구를 깨닫게 해주었다. 그녀가 꿈분석 상담을 해 온 과정을 돌아보면, 처음에는 자신의 욕구 자체를 부정하다가, 점차 욕구를 인정하게 되고, 결국엔 '나의 욕구를 더 주장해도 되지 않을까' 하는 생각으로 진전하게 되었다. 남의 시선과 사회적 요구에 대응하여 자신을 주장할 용기를 갖게 된 것이다. 자기주장이나 표현을 전혀 하지 못하던 예전의 그녀를 생각해 보면, 대단한 변화라고 할 수 있다. 이처럼 **자신의 진실을 대면하고 자기성장을 이루는 것** 또한 철학적 꿈분석의 효과이다.

5. 자기설득의 힘

명제 6-5 꿈의 메시지는 자기설득의 힘을 갖는다.

꿈의 메시지가 다른 종류의 메시지보다 자신을 설득하는 특별한 힘이 있다면 그 이유는 무엇일까? 외부에서 타인에 의해 주어지는 충고나 메시지는 고유한 개인에게 초점을 두기보다 불특정 다수를 향한 것이 대부분이다. 반면에 꿈의 메시지는 바로 꿈꾼이를 향한 고유한 언어로 전달된다. 꿈꾼 이는 자신의 꿈을 생성한 자이며, 각자 자기 꿈의 저자이다. 즉 내 꿈은 나에게서 나온 것이며, 나의 무의식의 언어와 고유한 이미지로 쓰인 텍스트이다. 그것은 내가 의식하든 못하든 '나에게 속한 것'을 가지고 특별한 방식으로 구성된 것이다. 그러하기에 꿈이 제대로 분석될 경우 그것은 오직 **자신을 향해 유일하고 고유한 목소리로 전달되는 최적화된 메시지**가 된다. 꿈의 **자기설득의 힘**이 여기서 나온다. 사람들은 꿈을 통해 자신만의 화두를 받은 것처럼 자신의 삶과 문제를 오랫동안 성찰하곤 한다. 그렇게 꿈의 메시지는 자신을 설득하여 결단을 내리거나 문제해결을 위해 행동하도록 촉구한다.

때때로 꿈은 우회하지 않고 문제의 본질에 바로 다가갈 수 있는 계기를 제공한다. 꿈이 문제의 근원을 보여 주는 경우, 꿈분석을 통해 자기문제의 근원으로 직접 더 빠르게 다가설 수 있다. 예를 들어, 상담 시작 전에 내담자가 미리 보내 준 두세 줄짜리 짧은 꿈만으로도 그가 오랫동안 고통받아 온 문제가 무엇인지 드러났던 사례가 있다. 꿈꾼이가 공황장애 비슷한 증상을 보이는 꿈이었는데, 꿈은 그런 증상이 일어나는 상황의 패턴들을 통해 그가 고민하는 문제의 근원을 보여 주었다. 그는 별로 중요하지 않은 사소한 꿈이라고 말했으나, 꿈의 텍스트는 바로 문제의 근원에 닿아 있는 지점을 정확히 보여 주고 있었다. 또한 해인(1장 3절, 3장 3절)의 경우, 20여 년 간직해 온 꿈은 그녀의 삶의 역사에서 겪은 충격적 사건을 상징적으로 보여 주고 있었고, 꿈분석을 통해 지금 겪고 있는 불안의 근원과 성격을 알 수 있었다. 또한 짧은 기간에 집중적으로 꾸었던 인영(3장 3절)의 상처받은 집의 꿈들은 어릴 적 그녀가 부모에게 받은 상처의 단면을 드러내 주었다. 꿈분석은 이해하기 어려운 자신의 고통스러운 삶을 전체적으로 해석할 수 있도록 돕는다. 때로는 의미 있는 방식으로 삶의 서사를 구성하는 것이 자기이해와 더불어 치유의 힘을 제공한다. 이처럼 내담자들은 자기 꿈의 분석을 통해 자신을 바라보거나 자신의 문제를 정확하게 이해할 수 있었다. 이런 사례들은 무수히 많다. 꿈은 분석되고 자신과의 소통이 이루어지기 시작하면, 엄청난 집중력을 가지고 자기성찰을 가능하게 해준다.

철학적 꿈분석을 통해 자신의 문제를 이해하게 되면 스스로 해결하고자 하는 의지가 생긴다. 문제의 본질을 이해하고 나면 해결의 의지와 방향을 갖기 마련이다. 그럴 경우 변화가 필요한 시점에서 꿈이 제공하는 메시지는 누구의 말보다 더 강력한 설득의 힘을 갖게 된다. 타인에 의해 제시되는 해결책은 실천적으로 한계를 갖지만, 자신이 생성한 꿈의 메시지 안에서 스스로 주도하여 해결 방안을 찾을 때 강한 동기를 얻기 때문이다. 실제로 상담 과정에서 철학적 꿈분석이 그런 결정적인 역할을 한다는 것을 확인할 수 있다.

인영의 경우, 상처를 붙들고 살지 말라는 꿈의 메시지가 과거의 사고방식으로 돌아가는 것을 계속하여 제어해 주었다. 해인의 경우에도,

상담 중후반에 어린 시절을 회피하지 말고 직면해야 한다는 메시지에 따라 자신의 과거를 대면하는 용기를 낼 수 있었다. 더 이상 과거에 묶이지 않고 조금씩 앞으로 나아갈 수 있었다. 채운(3장 1절)의 경우에도, 자신의 문제를 한번 성찰할 수 있는 계기를 마련해 줌으로써, 삶이 정리되었을 뿐 아니라 폭력이 난무하는 꿈의 세계와 혼란스러운 꿈들도 어느 정도 '정돈'되거나 잠재울 수 있었다. 때로는 미연의 사례처럼 남의 눈을 의식하는 자기검열이나 표상에서 벗어나라는 일관적인 메시지가 자신의 문제를 해결하는 데로 이끌었다.

꿈의 메시지가 특별히 더 설득의 힘을 갖는 또 다른 이유는 무엇일까? 그것은 꿈이 자기 내면의 목소리라는 점에 있다. 사람들은 꿈분석을 통해 자신의 무의식을 이해하게 되면, 무의식이 전달하는 꿈의 의미나 메시지를 자신의 목소리로 받아들인다. 꿈의 메시지를 자신의 목소리로 받아들인다는 것은 **자발적이고 자율적으로 스스로를 설득**한다는 것을 뜻한다. 그리고 꿈꾼 이의 삶의 맥락에서 분석된 꿈의 메시지는 다른 누구도 아닌 오직 꿈꾼 이 자신을 위한 것으로 받아들여진다. 그것은 오직 자신을 향한 메시지이다. 이는 타자에 의한 설득이 아니라, 자신과 대화하며 자율적이고 주도적으로 자기문제에 접근하도록 해준다. 그렇게 꿈은 자기설득의 강한 힘을 갖는다.

또한 꿈은 자기만의 특별한 언어와 구체적인 이미지를 생성한다. 꿈의 메시지는 추상적이거나 복합적인 문제도 독특하고 구체적인 이미지로 전달한다. 꿈의 언어와 이미지는 상징적이지만 동시에 구체적이다. 꿈은 자신의 문제를 구체적인 이미지로 마주보게 함으로써 문제를 객관화해 다룰 수 있게 해준다. 그럼에도 철학적 꿈분석이 꿈의 이미지에 의존한다고 오해해선 안 된다. 오히려 철학적 분석은 꿈의 이미지를 보편적 개념과 연결하여, 문제를 보다 근원적으로 바라볼 수 있도록 돕는다. 즉 철학적 꿈분석은 개별적이고 특수한 꿈의 이미지를 개별적 차원에 머무르지 않고, 개념적 연결을 통해 보편적 사유의 지평에서 자신의 문제를 바라보도록 돕는다. 예를 들어, 표상 개념은 개별적인 꿈의 이미지를 통해 문제의 근원을 찾을 수 있게 해준다. 즉 표상 개념을 상징하는 꿈의 이미지들은— 예를 들어, 〈음악에 맞추어 나름 신나게 춤을 추다가 누군가 보고 있다는 걸 느끼자 리듬을 놓쳐 버리는 꿈〉, 〈시험문제를 풀지 못해 등골이 오싹해지는 꿈〉, 〈나를 이상하게 볼까 봐 더 친절하게 구는 꿈〉, 〈교수가 과제를 안 낸 다른 학생을 비난하는데 내가 찔리는 꿈〉, 〈땅에 떨어진 동전을 몰래 줍는 꿈〉, 〈표상의 천사와 씨름하는 꿈〉 … 등— 다양하게 등장하지만 그 개념을 통해 자신의 문제를 보다 근원적으로 이해할 수 있게 해준다. 또한 개념은 보편적이지만 그 개념을 나타내는 개인들의 고유하고 생생한 꿈 이미지는 스스로를 설득하는 힘을 갖는다. 자신만의 유일하고 구체적 이미지로 문제에 접근할 수 있게 해주기 때문이다.

이상에서 우리는 철학적 꿈분석의 역할, 즉 자기이해와 성찰의 역할을 비롯하여 꿈의 세계관 이해, 자신의 변화와 진실의 대면, 자기설득의 역할 등에 대해 살펴보았다. 마지막으로 철학적 꿈분석 상담을 받은 이들이 경험했던 꿈분석의 효과를 몇 가지 소개하려고 한다. 직접 그들의 목소리를 들어 보자.

> "만일 꿈분석 없이 상담을 했다면 추상적인 느낌이었을 것 같은데, 꿈분석과 병행하여 철학상담을 받은 것은 나의 문제와 직접 연결

되는 구체성을 느끼게 해주었다. … 특히 꿈의 이미지를 통해 나의 문제의 근원을 구체적으로 체감하고 이해할 수 있게 된 것은, 일상적으로 그것이 일으키는 문제를 바로 알아차리도록 해주었다. 이는 이후에 문제가 재발되는 것을 방지하는 데에도 큰 도움이 되었다." (철학적 꿈분석이 문제해결의 열쇠가 되었던 사례의 내담자이다.)

"우선, 꿈분석 상담은 나 자신의 감정과 문제점을 내가 전부 스스로 설명하고 전달할 수 있어야 한다는 부담감을 해소할 수 있었다. 꿈에서 보고 느낀 것은 있는 그대로 말할 수 있기 때문에, 나에 대해서 간접적이면서도 직관적으로 이야기하기에 좋았던 것 같다. 자신의 이야기와 문제를 직접 제대로 설명하기 힘들었던 나로서는 철학적 꿈분석이 상담을 진행할 수 있는 좋은 가이드가 되어 주었다. 그리고 철학적 꿈분석 상담을 통해 나아갈 방향성을 스스로 알아차릴 수 있었다. 해결책이 타인의 조언을 통해 일방적으로 주어지는 것이 아니라, 꿈분석의 과정을 함께 거치며 나의 문제에 대한 이해를 통해 해결의 방향을 찾는 방식이었기에 스스로 납득하거나 공감하기가 쉬웠다."

"꿈의 이미지 안에서 내 문제를 바라보니, 문제가 구체적인 모습으로 드러나 더 설득이 되었다. 꿈분석을 통해 문제의 근원과 불안감의 정체에 대해서도 구체적으로 이해할 수 있었다. … 꿈분석으로 철학상담을 하면서, 내가 지금 어떤 상태이고 어떤 문제에 사로잡혀 있는지를 꿈의 이미지가 보여 주었기에 나의 변화 과정이 구체적으로 이해되었고, 또 변화의 과정을 확신할 수 있었다."

"나의 변화를 대면할 수 있는 게 정말 좋았다. 꿈들은 나의 욕구와 사고의 변화를 조명해 주는 거울과 같았다. … 나의 모습을 대면하고 대화하며 나의 문제를 성찰할 수 있었다. 철학적 꿈분석을 할 때마다 느끼는 것은, '꿈이 일기장보다 더 정직해 보인다는 것'이다. 분석된 꿈속에 나에 대한 진실이 더 잘 담겨 있어 놀라웠다."

"꿈분석을 하고 나니, 나의 문제가 구체적으로 너무나 분명하게 보였고, 그로 인해 명료하게 더 깊이 문제를 성찰할 수 있었다. … 꿈의 이미지 안에서 나의 문제가 구체적인 모습으로 드러나는 것을 통해, 오랫동안 피해 왔던 문제를 직면하는 데 도움이 되었다."

"다른 상담에서는 진행 과정에서 나의 생각과 괴리감을 느낄 때가 종종 있었는데, 철학적 꿈분석 상담은 다른 일반상담에 비해 훨씬 더 나에게 솔직하게 접근할 수 있는 것 같다. 이면에 숨겨진 나의 모습이나 생각이 꿈분석에 너무 생생하게 드러나 있기 때문에 내 생각을 솔직하게 표현할 수 있었다. 그리고 꿈의 메시지를 빠르게 인정하게 된다. 내가 꾼 꿈이고, 내 꿈이 하는 말이기에 스스로 설득이 되고 인정할 수밖에 없다. 다른 사람이 나를 설득하는 게 아니라, 내가 스스로를 설득한다는 점에서 쉽게 수용이 된다."

"꿈분석을 통한 철학상담은 그림이 있는 글이나 혹은 글의 내용을 이미지로 시각화해 주는 그림책 같다. … 나의 문제나 나의 변화가 이미지로 그려지는 느낌이어서 더 구체적으로 접근하고 이해하기가 쉬웠던 것 같다." (꿈분석을 병행하는 철학상담을 삽화가 포함된 텍스트로 비유한 것이 인상적이다.)

이처럼 철학적 꿈분석 상담에 참여했던 많은 이들은 꿈을 통해 자신의 삶을 성찰하고 자기인식을 확장했던 경험을 보고한다. 이런 언급들을 통해서도, 철학적 꿈분석은 자기이해와 더불어 자기변화와 자신의 진실을 대면하는 등 자기성찰을 돕는다는 것을 알 수 있다. 그런 점에서 철학적 꿈분석의 역할은 **자기성찰**이라고 할 수 있다. 하지만 꿈을 꾸고 난 후, 꿈이 자동적으로 자기성찰을 심화하거나 자신의 삶에 영향을 미치는 것은 아니다. 철학적 꿈분석을 통해 자기이해가 이루어지고 꿈이 자신에게 보내는 메시지를 파악한 후에야, 즉 꿈과 소통이 이루어지고 난 후에야 꿈은 의미 있는 방식으로 자기성찰의 역할을 한다.

철학적 꿈분석 상담의 사례들을 떠올려 보면, 내담자들은 상담이 시작된 초반에는 여러 개의 꿈을 꾸고 나서도 그 꿈을 통해 자신의 문제를 성찰하지 못했고, 그리하여 문제해결을 위한 변화를 추구하지도 못했다. 철학적 꿈분석을 통해 자신의 꿈을 이해하고 나서야, 그들은 자신의 꿈이 자기문제의 근원을 보여 주고 자신의 문제 상황을 반영할 뿐 아니라 심지어 문제해결의 방식과 삶의 방향에 대한 메시지를 전달하고 있다는 것을 깨닫게 된다. 그때 비로소 그들의 삶의 태도와 행동 방식이 바뀌고 삶이 변화하기 시작한다. 또 고통스러운 삶의 방식을 바꾸려고 결단한다. 스스로 삶의 가치와 방향을 선택하고 새롭게 시작하려는 용기와 결단을 내리는 데 철학적 꿈분석이 중요한 역할을 한다.

물론 자기성찰이 이루어지는 방식은 꿈꾼 이마다 고유하고, 또 꿈마다 다양하다. 꿈의 텍스트는 꿈꾼 이의 삶의 맥락 안에서 고유한 메시지를 통해 자신을 성찰하도록 이끌기 때문이다. 그렇다면 꿈의 역할을 '성적 소망의 충족'이나 '소망 충족'으로 본질 규정하는 것은 매우 편협한 관점이다. 대부분의 꿈의 상징을 성적인 의미로 분석하는 것은 꿈의 의미와 역할을 지나치게 축소시키는 것이다. 철학적 꿈분석에 의하면, 꿈은 훨씬 풍부하고 다양한 의미를 가지며 각자에게 맞는 고유한 방식으로 자신을 성찰하도록 인도한다.

맺음말

우리는 꿈을 꾸며 산다. 꿈은 그 자체로 의미를 갖는다기보다, 기록되고 이야기될 때 의미를 띠기 시작한다. 자신의 삶의 맥락 안에 꿈의 텍스트를 놓고 질문하고 사유함으로써 꿈은 의미를 생성하는 장이 된다. 이렇게 우리는 꿈의 무의식과 소통하며 자기이해를 증진해 나간다. 철학적 꿈분석은 의식이 직접 알려 주지 않는 자신에 대한 이해와 자기인식을 심화하고 확장한다. 그것은 자신의 풍부한 삶의 서사를 드러내며 자신이 누구인지 알려 준다.

어떤 꿈은 한 번의 해석으로 끝나지 않고 마치 유기체와 같이 성장한다. 꿈꾼 이의 역사가 변함에 따라 삶의 맥락이 바뀌고, 그에 따라 꿈의 텍스트는 새로운 의미를 생성한다. 꿈의 해석도 꿈꾼 이의 삶의 역사와 더불어 성장하고 발전한다. 자기해석의 성장은 곧 자신의 성장을 반영한다. 철학적 꿈분석 상담을 통해 자신의 삶을 성장시키듯이, 그에 따라 꿈의 해석이 성장하는 것은 매우 자연스러운 동조 현상이라고 할 수 있다. 우리의 성장에 따라 꿈이 성장하고 꿈의 해석도 성장한다. 즉 **꿈은 꿈꾼 이와 함께 성장한다**.

성장한다는 것은 이미 결정되었거나 다 끝난 것이 아니라 미래에 열려 있다는 것을 뜻한다. 자아의 성장만이 아니라 꿈의 성장도 마찬가지다. 꿈과의 대화, 자신의 무의식과의 대화를 통해 꿈꾼 이가 스스로 성찰하고 성장한다는 것은 꿈에 대한 특별한 사유를 보여 준다. 해석의 성장 가능성은 꿈해석의 열린 가능성과 선택의 여지, 혹은 결정되지 않은 자유의 여지를 전제로 한다. 즉 꿈은 어딘가에 있는 이미 확정된 의미를 갖는 것이 아니며, 꿈분석은 그런 결정된 의미를 찾는 것도 아니다. 꿈의 의미는 대화와 성찰을 통해 지속적으로 생성되고 발전되어 간다.

꿈꾼 이가 꿈과 함께 성장한다면, 꿈의 의미에 대한 폐쇄적 결정론을 받아들이긴 어렵다. 그런 점에서 철학적 꿈분석은 꿈에 대해 닫힌 해석이 아니라 꿈꾼 이의 선택에 열린 해석을 취한다. 미래를 예견하는 해석이나 과거에 대한 결정론적 해석을 지양하고, 꿈꾼 이에게 자유로운 선택을 열어 주는 해석을 지향한다. 또 꿈에 관해 예언의 기능을 강조하거나 과거와 미래의 결정론적인 관점을 취하지도 않는다. 그보다 꿈꾼 이의 선택과 의지에 따른 해석적 통찰을 더 중요하게 본다. 즉 과거 지향적인 인과론이나 운명론 혹은 예정론과 같은 결정론을 지양하고, 꿈꾼 이의 자유와 선택에 열린 해석 방법을 중시한다. 철학적 꿈분석은 과거나 미래에 대한 정보나 지식을 얻는 것에 초점을 두지 않으며, 자신의 삶을 이해하기 위해 스스로 성찰하고 선택하며 실천하는 데 통찰을 주는 것을 지향한다.

꿈을 자기성장과 성찰의 계기로 보는 것은, **꿈의 텍스트를 선택에 닫힌 체계가 아니라 열린 체계로 보는 것**이다. 꿈의 텍스트를 결정론적 해독이 아니라 선택이 주어진 상황으로 읽는 것이다. 철학적 꿈분석은 꿈과의 소통을 자기이해와 성찰을 위한 과정으로 보며, 꿈이 삶의 고민을 해결하는 데 영감과 통찰을 제시한다고 보기 때문이다.

따라서 철학적 꿈분석에서는 꿈의 텍스트로부터 선택의 여지를 만들어 주는 '자유로운' 물음을 구성하는 것이 중요하다. 즉 철학적 꿈분석의 핵심 작업인 분석질문을 제기하는 것은 단지 꿈의 의미를 파악하기 위한 것에 머물지 않는다. 그것은 꿈과 소통하면서 진정 자기성찰을 할 수 있도록 인도한다. 진정한 자기이해와 성찰은 스스로에게 던지는 자유로운 물음을 통해서만 가능하다. 자유로운 물음은 자유 공간을 만들어 내고 우리의 사유를 활성화한다. 또한 그러한 자유 공간에서 비로소 해석을 선택하는 문제 상황이 만들어진다. 선택은 자유 공간에서만 이루어지는 것이기 때문이다.

꿈분석의 과정에서 해석의 선택을 열어 주는 물음은 저절로 주어지는 것이 아니며 의지를 가지고 파악되는 것이다. 선택의 상황을 파악해 내는 것은 자유 공간을 열기 위한 질문을 통해서이다. 대안을 제시하는 질문을 구성하는 것이다. 대안을 만들어 주는 질문이야말로 자유 공간을 열어 준다. 그런 질문은 텍스트의 구조 안에서 최대한 해석의 자율성을 확보하고, 나아가 사고와 행위의 자율성을 열어 준다.

그런데 꿈의 텍스트 자체가 의미를 생성하는 질문을 담고 있는 장소이기도 하다. 철학적 꿈분석에 의하면, 꿈의 텍스트는 꿈을 생성한 꿈꾼 이의 삶의 맥락에서 질문을 던지고 답변을 요청하고 선택을 요구한다. 특히 대안을 제시하는 질문을 찾는 것, 대안을 찾고 선택을 요청하는 질문은 자유로운 선택의 장을 열어 주고(이는 자유 공간을 여는 것이다!) 문제 상황에 스스로 대처할 수 있는 자율성과 통찰력을 제공한다. 동시에 스스로 선택하고 자율적으로 상황을 통제한다는 자각을 갖게 해준다. 이처럼 철학적 꿈분석은 결정론적인 해석을 지양하고, 미래지향적인 꿈해석의 선택을 통해 삶의 비전을 제시하거나, 올바로 선택하고 대처할 수 있는 통찰을 제공한다.

철학적 꿈분석의 주요 역할이 자기성찰과 자기인식의 확장이라면, 혹은 무의식을 포함하는 자기이해의 확장이라면, **철학의 지형 안에서 철학적 꿈분석은 어떤 위치를 갖는가?** 나아가 철학적 꿈분석은 철학의 학문 영역에 어떤 기여를 할 수 있는가?

꿈의 텍스트 분석은 자기이해로 가는 길이다. 꿈은, 기존의 정신분석이 주장하는 것처럼 욕망의 충족이 아니라, 자기성찰과 자기이해를 지향한다. 철학적 꿈분석은 무의식과 관계하고 소통하는 방식을 통해 자기인식을 확장한다. 그러면 꿈을 통해 자신을 성찰할 때, 그러한 성찰의 주체는 누구이며 주체의 자기인식은 어떻게 형성되는가? 자신의 무의식과 소통하는 주체는 누구인가? 이 물음 앞에서 **철학적 꿈분석은 주체철학에 대한 새로운 관점을 개시**한다. 그것은 데카르트와 프로이트의 극복이며, 새로운 차원에서 양자의 종합이다. 철학적 꿈분석은 양극단의 두 입장 사이에서 다음과 같이 대안적 답변을 마련한다.

필자가 분석한 **무의식 개념**에 의하면, **프로이트의 생각과 달리 무의식은** 독립적 실재가 아니기에, 그것은 **독자적으로 주체가 될 수 없다**. 무의식은 의식의 집에 거주하며 의식을 거쳐 드러난다. 프로이트는 자신이 누구인지를 아는 주인이 따로 있다고 보았다. 그 주인은 바로 무의식이며, 무의식이 의식을 지배하는 주체라고 보았다. 의식이 아니라 무의식이 우리의 주인이라는 것이다. 이 점이야말로 근대적 자아의 확실성을 전복한 프로이트의 혁명이라고 평가되어 왔다. 하지만 무의식은 멋대로 자신을 주장할 수 없으며 스스로 주체의 지위에 오를 수도 없다. 무의식은 의식 주체의 분석질문에 응답함으로써만 자신을 드러낼 수 있다. 즉 무의식의 세계가 존재를 드러내려면 의식의 질문을 받아 그 질문에 맞는 자신의 답변을 증언으로 제시해야 한다.

그때 비로소 무의식이 혼돈을 뚫고 의미 있는 방식으로 모습을 드러낼 수 있다.

또한 **데카르트의 주장과 달리, 의식은 직접적인 주체가 아니다.** 무의식이 주체로서 받는 제약만큼이나 의식도 제약을 받는다. 즉 의식 주체가 직접적으로 자신을, 나아가 자신의 무의식을 알 수는 없다. 꿈이 자신의 무의식과의 대화라는 것은, 의식과 무의식의 소통을 통해 자신이 누구인지 드러난다고 말하는 것이다. 꿈의 텍스트 분석을 통해, 즉 무의식과의 대화를 통해 자기이해가 확장되고 자기인식이 이루어진다. 그때 비로소 자신이 누구인지, 어떤 존재인지 알 수 있다. 여기서 꿈꾼 이는 주체이지만 무의식에 앞선 주체는 아니며, 꿈의 텍스트와 삶의 맥락을 경유하여 자신이 누구인지 (그리고 자기 무의식의 세계가 어떤지) 드러난다. 즉 꿈이 텍스트로 기록되고 삶의 맥락 안에서 분석되기 이전에는, 직접적으로 자신이 어떤 존재인지 확실하게 알지 못한다.

그렇다면 주체가 자신을 인식하는 일은 직접적인 자기 확신으로는 가능하지도 충분하지도 않다. 그렇다고 무의식의 충동이 알려 주는 것을 수동적으로 기다려야만 하는 것도 아니다. 주체가 자신을 알기 위해서는(즉 무의식을 포함하여 자신을 인식하기 위해서는) 꿈의 무의식을 텍스트로 기록하고 삶의 맥락 속에서 분석하는 과정—철학적 꿈분석의 복잡한 과정—을 거쳐야 한다. 의식은 무의식을 직접 의식하거나 직접 알 수는 없으며, 무의식과의 소통을 가능하게 해주는 꿈의 텍스트 분석을 거쳐서만 간접적으로 알 수 있다. 마찬가지로 무의식도 의식의 질문에 응답하는 소통의 과정 없이는 제멋대로 자신의 존재와 모습을 증언하거나 드러낼 수 없다. **주체의 자기인식으로 가는**

길은 전적으로 의식이 지배하는 것도 아니지만 전적으로 무의식적 충동의 지배를 받는 것도 아니라는 것이다.

이와 같이 철학적 꿈분석은 주체의 지위와 관련하여 두 가지 입장의 양극단에 치우치지 않고, 새로운 의미에서 양자를 종합할 가능성을 제시한다. 구체적으로, 자기인식에 대한 확신과 불신 사이에서, 데카르트(자아에 대한 의식의 확실성)와 프로이트(자아에 대한 불확실성 및 무의식의 지배) 사이의 대립을 넘어서, 새로운 방식으로 자기인식 문제를 조명하고 시사해 준다. 즉 무의식과 소통하는 의식 주체는 (데카르트가 주장하듯이) 직접적으로 자신을 알 수는 없지만, 그렇다고 (프로이트를 비롯한 포스트모더니스트들이 주장하듯이) 자신을 알 수 없는 것도 아니라는 것, 철학적 꿈분석의 먼 길을 우회하면 자신을 알 수 있다는 것을 보여 준다. 이는 철학적 꿈분석이 이룬 철학적 성과 중의 하나이다.

참고문헌

김선희, 『자아와 행위』, 철학과현실사, 1996.

______, 「인격의 개념과 동일성의 기준」, 『철학연구』 제41집, 철학연구회, 1997.

______, 『사이버시대의 인격과 몸』, 아카넷, 2004.

______, 「자아정체성에 기초한 철학상담 방법론」, 『철학연구』 제85집, 철학연구회, 2009.

______, 「여성의 정체성과 철학상담: 여성주의 철학상담은 가능한가?」, 『철학연구』 제89집, 철학연구회, 2010.

______, 「톨스토이의 참회록에 나타난 의미의 위기에 대한 철학상담」, 『철학실천과 상담』 제1집, 한국철학상담치료학회, 2010.

______, 「죽음과 의미상실에 대한 철학적 치유의 가능성: 철학적 사고실험을 통한 상담방법과 실천적용」, 『철학연구』 제93집, 철학연구회, 2011.

______, 「삶의 의미상실에 대한 철학상담: 철학적 사고실험을 적용한 상담사례」, 『철학실천과 상담』 제2집, 한국철학상담치료학회, 2011.

______, 『과학기술과 인간 정체성: 인간, 자아, 젠더』, 아카넷, 2012.

______, 「철학적 사고실험을 적용한 상담사례 분석: 죽음과 의미상실의 문제를 중심으로」, 『철학연구』 제97집, 철학연구회, 2012.

______, 「철학상담/철학실천의 정신과 방법」, 『철학실천과 상담』 제3집, 한국철학상담치료학회, 2012.

______, 「기술시대의 인간긍정의 인문학」, 『철학과 현실』 93호, 철학문화연구소, 2012.

______, 「감정의 문제에 대한 여성주의 철학상담의 가능성: 여성의 분노와 우울증을 중심으로」, 『한국여성철학』 제19권, 한국여성철학회, 2013.

______, 「꿈에 대한 철학적 분석의 가능성: 철학상담에서 어떻게 꿈을 다룰 수 있는

가?」, 『철학연구』 제102집, 철학연구회, 2013.

______, 「인간의 고통과 치유의 하느님」, 『철학논집』 제35집, 서강대학교 철학연구소, 2013.

______, 「철학적 꿈분석 방법론을 적용한 상담사례와 그것의 실천적 효과」, 『철학』 제121집, 한국철학회, 2014.

______, 『철학상담: 나의 가치를 찾아가는 대화』, 아카넷, 2015.

______, 『철학상담 방법론: 철학적 사고실험과 자기치유』, 아카넷, 2016.

______, 「소통과 치유의 공동체는 어떻게 가능한가?」, 『철학』 제132집, 한국철학회, 2017.

______, 『사소하지 않은 생각: 죽음에게 삶을 묻다』, 자음과모음, 2017.

______, 「행위자의 주관과 객관의 이중성은 어떻게 양립가능한가?: 시뮬레이션 집단사고실험 모델을 중심으로」, 『철학』 제133집, 한국철학회, 2017.

______, 「비트겐슈타인이 '정신분석'을 한다면?」, 『비트겐슈타인과 정신분석』(존 히턴 지음, 석기용 옮김), 필로소픽, 2017, 부록.

______, 특별 대담 「철학상담의 창시자, G. 아헨바흐와의 인터뷰: 고통 받는 사람을 위한 철학상담」, 『철학연구』 제120집, 철학연구회, 2018.

______, 「부조리한 고통에 관한 철학적 성찰: 「욥기」의 부조리 상황과 부조리 철학의 관점을 비교 분석함」, 『철학』 제137집, 한국철학회, 2018.

______, 『혐오 미러링: 여성주의 전략으로 가능한가?』, 연암서가, 2018.

______, 『자유로이 너의 길을 가라』, 연암서가, 2020.

______, 『인공지능, 마음을 묻다』, 한겨레출판, 2021.

______, 「철학적 꿈분석 방법: 숙고적 연상」, 『철학연구』 제149집, 철학연구회, 2025.

버트런드 러셀, 『러셀 서양철학사』, 서상복 옮김, 을유문화사, 2019.

루 매리노프, 『철학으로 마음의 병을 치료한다』, 이종인 옮김, 해냄, 2000.

서인석, 『기호학 교육론』, 성바오로출판사, 1989.

쇼펜하우어, 『세상을 보는 방법』, 권기철 옮김, 동서문화사, 1978.

지그문트 프로이트, 『정신분석 강의』, 임홍빈·홍혜경 옮김, 열린책들, 2011.

______________, 『꿈의 해석』, 이환 편역, 돋을새김, 2014.

______________, 『꿈 심리학』, 정명진 옮김, 부글북스, 2017.

카를로 로벨리, 『나 없이는 존재하지 않는 세상』, 김정훈 옮김, 이중원 감수, 쌤앤파커스, 2023.

임마누엘 칸트, 『순수이성비판』(전 2권), 백종현 옮김, 아카넷, 2006.

폴 리쾨르, 『해석의 갈등』, 양명수 옮김, 한길사, 2012.

프리드리히 니체, 『차라투스트라는 이렇게 말했다』, 장희창 옮김, 민음사, 2004.

Achenbach, Gerd B., "Philosophy, Philosophical Practice, and Psychotherapy", in R. Lahav & M. Tillmanns (eds), 1995.

Boele, Dries, "The Training of a Philosophical Counselor", in R. Lahav & M. Tillmanns (eds), 1995.

Cassingena-Trévedy, François, *Quand La Parole Prend Feu*, Abbaye de Ballefontaine, Bégrolles-en-Mauges, 1999. [서인석 옮김, 『말씀의 불꽃』, 서울: 분도출판사, 2002.]

Cohen, Elliot D., "Philosophical Counseling: Some Roles of Critical Thinking", in R. Lahav & M. Tillmanns (eds), 1995.

Eilon, Eli & Lahav, Ran, "Transcending The Unconscious." in P. Raabe (ed.), 2006.

Freud, Sigmund, *Vorlesungen zur Einführung in die Psychoanalyse*, S. Fischer Verlage, 1917. [임홍빈·홍혜경 옮김, 『정신분석 강의』, 서울: 열린책들, 2011.]

Gouws, Andries, "Mankind Cannot Bear Too Much Reality: Wishful Thinking and The Unconscious", in P. Raabe (ed.), 2006.

Grimes, Pierre, "The Pathologos: the Unsuspected Underlying Belief", in P. Raabe (ed.), 2006.

Gruengard, Ora, "Can Philosophers Deal With the Unconscious?" in P. Raabe (ed.), 2006.

Hadot, Pierre, *Philosophy as a Way of Life: Spiritual Exercises from Socrates to Foucault,* Cambridge, Massachusetts: Blackwell, 1995.

Heaton, John M., *Wittgenstein and Psychoanalysis*, Totem Books, 2000. [석기용 옮김, 『비트겐슈타인과 정신분석』, 서울: 필로소픽, 2017.]

Howard, A., *Philosophy for Counseling and Psychotherapy : Pythagoras to Postmodernism,* London: MacMillan, 2000.

Kim, Jaegwon, *Philosophy of Mind*, 3rd Edition, New York: Routledge, 2010. [권홍우 외 옮김, 『심리철학』, 서울: 필로소픽, 2023.]

Jenkins, Fiona, "Addressing Crisis of Meaning: Towards a 'Psychotheological' Reading of the Unconscious", in P. Raabe (ed.), 2006.

Kealey Alexander, "Dialogue and the Unconscious", in P. Raabe (ed.), 2006.

Lahav, R. & Tillmanns, M., (eds.), *Essays on Philosophical Counseling,* Lanham, MD: University Press of America, 1995.

Lindseth, Anders, *Zur Sache der Philosophischen Praxis: Philosophieren in Gesprächen mit ratsuchenden Menschen*, Freiburg Br.: Alber, 2005.

Peterman, James F. *Philosophy as Therapy: An Interpretation and Defense of Wittgenstein's Later Philosophical Project*, Albany, NY: State University of New York Press, 1992.

Polis, Dennis, "Unconscious and Philosophical Counseling", in P. Raabe (ed.), 2006.

Raabe, Peter B., *Philosophical Counseling: Theory and Practice,* Westport: Praeger, 2001.

______, *Issues in Philosophical Counseling,* Westport: Praeger, 2002.

______, (ed.) *Philosophical Counselling and the Unconscious*, Amherst, NY: Trivium Publications, 2006.

Rickles, Dean, "Your Cosmos Needs You! From Nothingness to Quantum Existentialism", https://philsci-archive.pitt.edu/23074/1/NothingnessRickles.pdf

Roy, Bernard, "Hidden Kantian Full Thoughts in Modern Socratic Dialogues," in P. Raabe (ed.), 2006.

Schuster, Shlomit C., *Philosophy Practice: An Alternative to Counseling and Psycho therapy*, Westport: Praeger, 1999.

_______, 「What makes a good counselor and what is the condition of successful counseling?」, 『철학실천과 상담』 제1집, 한국철학상담치료학회, 2010.

Segal, Steven, "Meaning Crisis: Philosophical Counseling and Psychotherapy", in R. Lahav & M. Tillmanns (eds), 1995.

Suter, Ronald, *Interpreting Wittgenstein*, Temple University Press, 1989. [남기창 옮

김, 『비트겐슈타인과 철학』, 서울: 서광사, 1998.]

Williams, Bernard, "The Makropulos case: reflections on the tedium of immortality", in *Problems of the Self*, Cambridge: Cambridge University Press. 1973.

Wittgenstein, L., *Philosophical Investigations*, ed. G. E. M. Anscombe and Rush Rhees, trans. G. E. M. Anscombe, Oxford: Blackwell, 1958. [이영철 옮김, 『철학적 탐구』, 서울: 책세상, 2019.]

___________, *Lectures and Conversations on Aesthetics, Psychology and Religious Belief*. ed. Cyril Barrett, Berkeley: California University Press, 1966. [이영철 옮김, 『미학·종교적 믿음·의지의 자유 및 프로이트에 관한 강의와 대화』, 서울: 필로소픽, 2022.]

___________, *Culture and Value*, ed. G. H. von Wright, trans. Peter Winch, Chicago: Chicago University Press, 1980. [이영철 옮김, 『문화와 가치』. 서울: 책세상, 2020]

찾아보기

철학적 꿈분석

초판 1쇄 발행 | 2026년 2월 23일

지 은 이 | 김선희
펴 낸 이 | 이은성
편 집 | 구윤희
디 자 인 | 백지선
펴 낸 곳 | 필로소픽

주 소 | 서울특별시 종로구 창덕궁길 29-38, 4-5층
전 화 | (02) 883-9774
팩 스 | (02) 883-3496
이 메 일 | philosophik@naver.com
등록번호 | 제2021-000133호

ISBN 979-11-5783-391-7 93100

필로소픽은 푸른커뮤니케이션의 출판 브랜드입니다.